PraxisWissen

von Wietersheim
Privates Baurecht

PraxisWissen

Privates Baurecht

von
Prof. Dr. Mark von Wietersheim

Rechtsanwalt
Honorarprofessor für privates
Baurecht und Vergaberecht an der
Hochschule Osnabrück

3. Auflage 2018

www.beck.de

ISBN 978 3 406 71519 8

© 2018 Verlag C.H.Beck oHG
Wilhelmstraße 9, 80801 München

Druck: Nomos Verlagsgesellschaft mbH & Co. KG / Druckhaus Nomos
In den Lissen 12, D-76547 Sinzheim

Satz: Fotosatz H. Buck
Zweikirchener Str. 7, 84036 Kumhausen

Umschlaggestaltung: Ralph Zimmermann – Bureau Parapluie

Gedruckt auf säurefreiem, alterungsbeständigem Papier
(hergestellt aus chlorfrei gebleichtem Zellstoff)

Vorwort

Dieser Leitfaden stellt das private Baurecht dar, also die vertraglichen und gesetzlichen Grundlagen für die Ausführung von Bauvorhaben. Dabei folgt er dem Ablauf eines Bauvorhabens: Nach Klärung einiger grundlegender Begriffe wird der Vertragsabschluss beschrieben, dann die möglichen Problembereiche bei der Abwicklung des Bauvorhabens. Dabei wird das Recht dargestellt, das für Verträge gilt, die ab dem 1.1.2018 geschlossen werden. Die Darstellung ist außerdem um die seit Erscheinen der Vorauflage ergangenen wichtigen Gerichtsentscheidungen ergänzt.

Nach der Darstellung der Vertragsbeziehungen zwischen Auftraggeber und dem ausführenden Bauunternehmer geht der Leitfaden auf einige andere wichtige Verträge ein, insbesondere auf Verträge über Architekten- und Ingenieurleistungen sowie Projektsteuerer-Verträge. Als letztes werden in knapper Form andere Rechtsbereiche angesprochen, vor allem das auf Baustellen zu beachtende Arbeitsschutzrecht und Strafvorschriften.

Dabei richtet sich der Leitfaden an den bautechnischen Praktiker, an Studierende und Lernende. Daher wurden Hinweise auf Rechtsprechung und Literatur sparsam eingefügt. Die vorhandenen Rechtsprechungs- und Literaturhinweise dienen vor allem dazu, Ausgangspunkt für weitere Recherchen zu sein und erheben in keiner Weise den Anspruch, vollständig oder ausgewogen zu sein.

Soweit nicht anders vermerkt, folgt dieser Leitfaden der höchstrichterlichen Rechtsprechung. Gibt es keine höchstrichterliche Rechtsprechung, finden sich in diesem Buch oft Ausführungen, die eine subjektive Annäherung an diese Themen bedeuten.

Hinweise können Sie gerne an den Autoren senden:
ra@vonwietersheim.net

Berlin, März 2018

Inhaltsverzeichnis

Inhaltsverzeichnis

Inhaltsverzeichnis

Inhaltsverzeichnis

Inhaltsverzeichnis

Inhaltsverzeichnis

Inhaltsverzeichnis

Inhaltsverzeichnis

Inhaltsverzeichnis

Inhaltsverzeichnis

1. Teil
Grundlegendes zum privaten Baurecht

I. Rechtsgrundlagen des Privaten Baurechts

1. Privates und öffentliches Baurecht

Dieses Buch widmet sich in ganz wesentlichen Teilen den Fragen, die bei **1** der Abwicklung von Verträgen für Bauvorhaben von Bedeutung sind, also z.B. dem Vertragsschluss, Änderungen des Vertrages, Mängel bei der Durchführung, der Zahlung des Werklohnes etc., also Gegenständen des **privaten Baurechts**. Gegenstand des privaten Baurechts sind dabei die zivilrechtlichen Beziehungen zwischen den Vertragspartnern untereinander, aber auch zivilrechtliche Beziehungen zu Dritten, also z.B. Nachbarn oder nur zufällig Beteiligten. In 2017 wurden für bestimmte Vertragstypen spezifische Regelungen im BGB geschaffen. Das BGB ist auch im Übrigen eine entscheidende Rechtsgrundlage für die hier betrachteten Verträge.

Außer dem privaten Baurecht existiert auch der große Bereich des **2** **öffentlichen Baurechts**. Das öffentliche Baurecht ist zwar für die Ausführung von Bauvorhaben auch von großer Bedeutung, berührt aber in der Regel nicht die Durchführung der einmal begonnen Baumaßnahme und soll daher hier nicht näher dargestellt werden. Das öffentliche Baurecht regelt z.B. die Voraussetzungen für die Erteilung von Baugenehmigungen, also die Anforderungen, die für eine Baugenehmigung an die innere und äußerliche Ausgestaltung von geplanten Bauvorhaben zu stellen sind. Allgemeiner gesprochen umfasst das öffentliche Baurecht alle Rechtsvorschriften betreffend die Zulässigkeit von baulichen Anlagen, ihre Errichtung, Änderung, Beseitigung und ihre notwendige Beschaffenheit. Weiter regelt das öffentliche Baurecht die Ordnung, Förderung und die Grenzen der baulichen und sonstigen Nutzung. Im öffentlichen Recht finden sich darüber hinaus nicht baurechts-spezifische Vorschriften wie etwa die des Arbeitsschutzrechts.

Zwischen privatem und öffentlichem Baurecht besteht eine Reihe von **3** **Querverbindungen**. Übernimmt ein Generalunternehmer oder ein Architekt aufgrund eines privatrechtlichen Vertrages die Aufgabe, eine Planung zu erstellen, so muss diese (auch) den öffentlich-rechtlichen Vorschriften entsprechen. Es kann auch einen **Mangel** darstellen, wenn die Bauleistung nicht den öffentlich-rechtlichen Vorschriften entspricht oder der Architekt nicht die Dauerhaftigkeit der Baugenehmigung oder der Bauvoranfrage sichern kann.

2. Vertrag und andere Rechtsgrundlagen

4   Das private Baurecht enthält seit 2017 spezifische Regelungen für einige Verträge, insbesondere für Bauverträge i.S.d. § 650a BGB und Verbraucherbauverträge i.S.d. § 650i BGB. Vieles ist hingegen nicht speziell für diese Verträge gesetzlich geregelt, auch sind viele Verträge weiterhin einfache Werkverträge i.S.d. § 631 ff. BGB. Wichtigste Rechtsgrundlage für die beiderseitigen Rechte und Pflichten ist der zwischen den Vertragspartner abgeschlossene **Vertrag**. Tauchen bei seiner Abwicklung Fragen oder Probleme auf, so sollten beide Partner als erstes den Vertrag lesen, ob die aufgetretene Frage dort vielleicht – und sei es durch Verweisung auf andere Unterlagen – geregelt ist. So kann etwa nur der Vertrag festlegen, welche Leistungen der Auftragnehmer ausführen soll.

5   Wenn der Vertrag keine oder undeutliche oder widersprüchliche Regelungen enthält oder wenn die vertraglichen Regelungen wegen Gesetzesverstoß unwirksam sind, können die **gesetzlichen Regelungen** als Ergänzung herangezogen werden. Eine wichtige und wohl in keinem Bauvertrag wiederholte Regelung ist das Sicherungsrecht des Auftragnehmers nach § 650f BGB.

> **Hinweis:**
> Das **Bürgerliche Gesetzbuch** (BGB) ist das wichtigste zivilrechtliche Gesetz und auch für das private Baurecht zu beachten. Das BGB ist u.a. zu beachten für die Prüfung:
> – ob Regelungen eines Vertrages wirksam sind, etwa wegen einer vom Gesetz abweichenden, einseitigen Regelung;
> – wie ein Vertrag verstanden werden muss (Auslegung);
> – ob es allgemeine und zusätzlich geltende Rechtspflichten gibt;
> – sowie für das Füllen von vertraglichen Lücken, etwa bei der Gewährleistung, Sicherheitsrechten oder der Abnahme oder dem Anordnungsrecht bei Bauverträgen.

6   Insbesondere für die wichtigen Bereiche der **Leistungsbeschreibung** und der Vertragstermine gibt es keinerlei gesetzliche Vorgaben. Regeln die Vertragspartner diese Punkte nicht, bleibt es dauerhaft bei dieser „Null-Regelung". Anders z.B. bei den Mängelansprüchen: Enthält der Vertrag hierzu nichts, greifen die Regelungen des BGB ein.

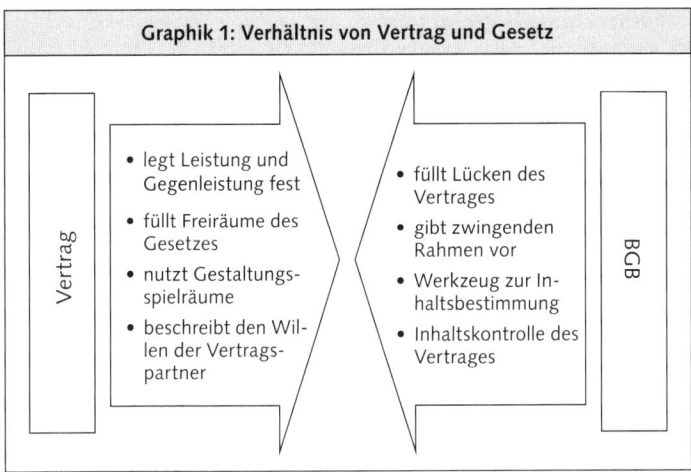

Graphik 1: Verhältnis von Vertrag und Gesetz

Vertrag
- legt Leistung und Gegenleistung fest
- füllt Freiräume des Gesetzes
- nutzt Gestaltungsspielräume
- beschreibt den Willen der Vertragspartner

BGB
- füllt Lücken des Vertrages
- gibt zwingenden Rahmen vor
- Werkzeug zur Inhaltsbestimmung
- Inhaltskontrolle des Vertrages

Welche Regelung (Vertrag oder Gesetz) rechtlich relevant ist, worauf also 7 die Vertragspartner gegebenenfalls Rechte und Pflichten stützen können, ist nach folgendem Schema festzustellen:

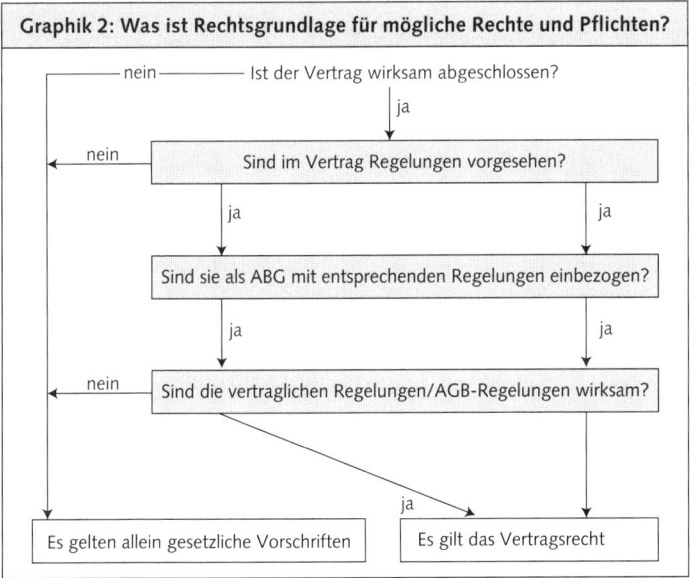

Graphik 2: Was ist Rechtsgrundlage für mögliche Rechte und Pflichten?

- nein — Ist der Vertrag wirksam abgeschlossen? / ja
- nein — Sind im Vertrag Regelungen vorgesehen? / ja ... ja
- Sind sie als ABG mit entsprechenden Regelungen einbezogen? / ja ... ja
- nein — Sind die vertraglichen Regelungen/AGB-Regelungen wirksam? / ja

Es gelten allein gesetzliche Vorschriften

Es gilt das Vertragsrecht

3. Gesetzliche Regelungen

8   Das **BGB** ist ein Teil der gesetzlichen Ordnung der Bundesrepublik, deren höchste Stufe das Grundgesetz ist. Das Grundgesetz hat allerdings im privaten Baurecht kaum Auswirkungen.

9   Weitere wichtige gesetzliche Vorgaben finden sich für die **Vergabe öffentlicher Aufträge** im Gesetz gegen Wettbewerbsbeschränkungen (GWB), in der Vergabeverordnung (VgV) und in der VOB/A.

Das **Preisrecht** der **Architekten und Ingenieure** ist in der HOAI geregelt.

Bei der Abwicklung des Bauvorhabens sind insbesondere die **Arbeitsschutzvorschriften** des ArbSchG, des SGB und der BaustellV zu berücksichtigen.

10   **Prozessuale** Fragen von Beweissicherungsverfahren, Klageverfahren und des einstweiligen Rechtsschutzes sind u.a. in der ZPO geregelt.

11   Die **zivil- und strafrechtliche Haftung** der am Bauvorhaben Beteiligten ist u.a. im Gesetz zur Sicherung von Baugeldforderungen und im StGB geregelt, außerdem gibt es eine Reihe von Ordnungswidrigkeits- und Straftatbeständen in anderen Vorschriften wie dem bereits erwähnten ArbSchG oder der BaustellV.

Die Frage, ob und was gebaut werden kann, ist in Vorschriften des **öffentlichen Rechts** geregelt.

12   Die Allgemeinen Vertragsbedingungen für Bauleistungen in Teil B der Vergabe- und Vertragsordnung für Bauleistungen **(VOB/B)** sind **keine gesetzliche Vorschrift**, vielmehr stellt die VOB/B **Allgemeine Geschäftsbedingungen** dar. Die VOB/B gilt nur dann, wenn die Vertragspartner dies ausdrücklich vereinbaren. Gibt es keine solche Vereinbarung, ist die VOB/B nicht Vertragsbestandteil. Die VOB/B enthält eine Reihe von Regelungen, die vom BGB abweichen und ist, wenn sie ohne inhaltliche Abweichungen insgesamt vereinbart wird, jedenfalls bei Verträgen zwischen Unternehmen nicht den gleichen Prüfungen wie andere allgemeine Vertragsbedingungen unterworfen (vgl. §§ 310 Abs. 1 S. 3 BGB; vgl. zur VOB/B ausführlich unten Rdnr. 164 ff.).

4. Vertragsinhalt/Vorliegen eines Anspruches

13   Bei der Vertragsabwicklung stellen sich immer wieder für beide Seiten zwei entscheidende Fragen: Was darf der Vertragspartner von mir verlangen, was muss ich für ihn tun? Was darf ich von dem Vertragspartner verlangen, was muss er für mich tun?

14   Juristisch gesprochen geht es um die gegenseitigen **Ansprüche**. Das juristische Denken ist geprägt von der Frage nach den Ansprüchen: Wer

schuldet wem was woraus? Die gegenseitigen Ansprüche sind immer ein
Teil der Rechtsposition eines Vertragspartners; genauer gesagt: Die gesamte Rechtsposition einer Partei besteht aus vielen Ansprüchen. Ohne
Ansprüche keine Rechtsposition. Deswegen bezieht sich dieses Buch auch
immer wieder auf die Kernfrage, ob ein bestimmter Anspruch besteht und
worauf er sich richtet. Jeder Anspruch muss auf eine rechtliche Grundlage
gestützt werden, dies wird als **Anspruchsgrundlage** bezeichnet.

Ob eine Partei einen von ihr behaupteten Anspruch hat, ist in der Regel **15**
in folgender Reihenfolge zu prüfen:

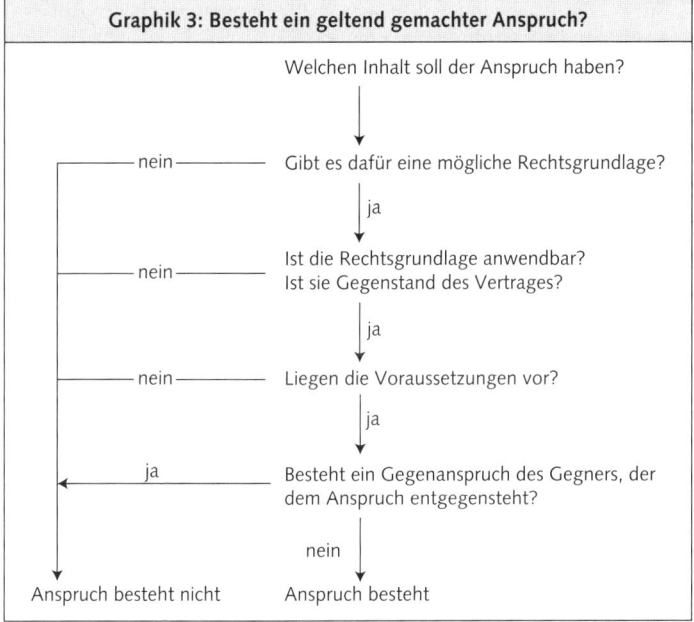

Graphik 3: Besteht ein geltend gemachter Anspruch?

Welchen Inhalt soll der Anspruch haben?

— nein — Gibt es dafür eine mögliche Rechtsgrundlage?

ja

— nein — Ist die Rechtsgrundlage anwendbar?
Ist sie Gegenstand des Vertrages?

ja

— nein — Liegen die Voraussetzungen vor?

ja

ja ← Besteht ein Gegenanspruch des Gegners, der
dem Anspruch entgegensteht?

nein

Anspruch besteht nicht   Anspruch besteht

II. Grundbegriffe

Dieses Buch bemüht sich um Klärung der Grundfragen im Baubereich. **16**
Dafür ist vorab eine Festlegung notwendig, welche Begriffe verwendet
werden. Das BGB benutzt andere Begriffe als die VOB/B und in der
baurechtlichen und baufachlichen Literatur gibt es noch andere Begriffe.
Deswegen wird nachfolgend erläutert, welche Begriffe in diesem Buch
verwendet werden sollen.

1. Auftraggeber/Besteller/Bauherr, Unternehmer/ Auftragnehmer, Subunternehmerverträge

17 Grundlage des privaten Baurechts ist das Werkvertragsrecht des BGB, §§ 631–651v. Dort werden die Partner des Werkvertrages als *Besteller* und *Unternehmer* bezeichnet. In der Baupraxis sind diese Begriffe ganz unüblich. Vielmehr wird dort – wie in der VOB/B – von **Auftraggeber** und **Auftragnehmer** gesprochen, wobei der Auftraggeber der Besteller des BGB ist, der Auftragnehmer der Unternehmer des BGB. Diesem Sprachgebrauch folgt auch dieses Buch.

18 Soweit Auftragnehmer ihrerseits Bauleistungen an andere Auftragnehmer vergeben **(Subunternehmerverträge)**, wird entsprechend dem üblichen Sprachgebrauch wie folgt unterschieden:

19

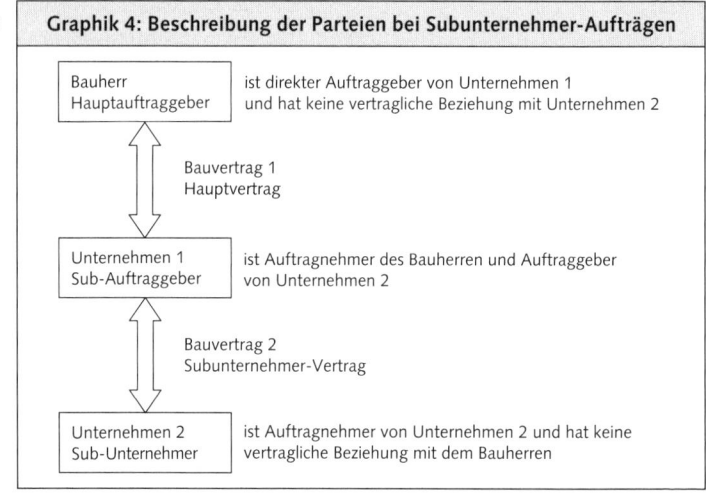

Graphik 4: Beschreibung der Parteien bei Subunternehmer-Aufträgen

Bauherr
Hauptauftraggeber   ist direkter Auftraggeber von Unternehmen 1 und hat keine vertragliche Beziehung mit Unternehmen 2

Bauvertrag 1
Hauptvertrag

Unternehmen 1
Sub-Auftraggeber   ist Auftragnehmer des Bauherren und Auftraggeber von Unternehmen 2

Bauvertrag 2
Subunternehmer-Vertrag

Unternehmen 2
Sub-Unternehmer   ist Auftragnehmer von Unternehmen 2 und hat keine vertragliche Beziehung mit dem Bauherren

Entsprechend dieser Darstellung wird nachfolgend bei solchen mehrstufigen Auftragsverhältnissen von **Hauptauftraggeber, Sub-Auftraggeber** und **Subunternehmer** gesprochen. Typisches Beispiel ist der Generalunternehmervertrag, der unten näher dargestellt ist (vgl. unten Rdnr. 729 ff.). Dort finden sich auch Hinweise für die Gestaltung von Subunternehmerverträgen und gelegentliche direkte Ansprüche zwischen Hauptauftraggeber und Subunternehmer (vgl. unten Rdnr. 736 ff.). Die VOB/B nennt den Subunternehmer übrigens z.B. in § 4 Abs. 4 Nr. 1 VOB/B „**Nachunternehmer**".

Der **Bauherr** ist in der Regel auch Auftraggeber von Bauleistungen. 20
Dieser Begriff taucht aber weder im BGB noch in der VOB auf. Nur in
der BaustellV wird er verwendet, und dort muss man den Begriff in ganz
besonderer Weise verstehen. Da der Bauherr aber stets in seiner Rolle als
Auftraggeber betrachtet wird, werden Rechte und Pflichten des Bauherrn
stets als die des Auftraggebers beschrieben. Eine Ausnahme gilt nur dann,
wenn der Bauherr tatsächlich besondere Rechte und Pflichten hat, wie z.B.
in der bereits erwähnten BaustellV.

2. Werkvertrag/Bauvertrag/Verbraucherbauvertrag und BGB-Vertrag/VOB-Vertrag

Umgangssprachlich wurde der Begriff des „Bauvertrags" schon lange 21
verwendet. Für Verträge, die ab dem 1.1.2018 geschlossen werden, hat
dieser Begriff eine besondere, in § 650a BGB vorgegebene Bedeutung
bekommen. Wenn in diesem Buch von „Bauvertrag" gesprochen wird,
ist ausschließlich dieser gesetzlich definierte Vertragstyp gemeint. Auch
der Begriff des „Verbraucherbauvertrages" und des „Bauträgervertrages"
werden entsprechend ihrer Definition im BGB verwendet. Rechtlich sind
Bauverträge und Verbraucherbauverträge **Werkverträge** im Sinne des
BGB, sie unterscheiden sich aber in ihren (rechtlichen) Detailregelungen.

Nach dem neuen § 650a BGB liegt ein **Bauvertrag** vor, wenn folgende 22
Voraussetzungen erfüllt sind: Der Vertrag betrifft Herstellung, Wieder-
herstellung, Beseitigung oder Umbau entweder eines Bauwerks, einer
Außenanlage oder eines Teils davon.

Nicht in das neue Bauvertragsrecht sollen Verträge fallen, bei denen
es um letztlich für das Bauwerk unwesentliche Instandhaltungsmaßnah-
men geht. Nur wenn die **Instandhaltungsleistung** für die Konstruktion
den Bestand oder den bestimmungsgemäßen Gebrauch von wesentlicher
Bedeutung ist, handelt es sich um einen Bauvertrag. Man kann ganz grob
fragen: „funktioniert" das Bauwerk auch ohne die Instandhaltungsmaß-
nahme? Wenn ja, handelt es sich nicht um einen Bauvertrag im Sinne des
BGB. Bei Modernisierungs- und Umbauarbeiten sind im Zweifel alle
Arbeiten, bei denen in konstruktive Elemente des Gebäudes eingegriffen
wird, erfasst. Aber auch andere Arbeiten können erforderlich sein, die
Funktion eines Gebäudes zu erhalten, z.B. die Wartung von technischen
Anlagen. Auch die Instandhaltung von Außenanlagen führt nicht zum
Vorliegen eines Bauvertrages.

Verbraucherbauverträge sind nach der neuen Vorschrift des § 650i
BGB nur solche Verträge, bei denen der Auftragnehmer dem Verbraucher
als Auftraggeber ein neues Gebäude baut oder wenn er sich zu erheblichen

Umbaumaßnahmen an einem bestehenden Gebäude verpflichtet. Das heißt im Umkehrschluss, dass nicht erhebliche Umbaumaßnahmen oder lediglich unwesentliche Reparaturen kein solcher Verbraucherbauvertrag sind. Eine Umbaumaßnahme ist erheblich, wenn sie letztlich einem Neubau vergleichbar ist.

23   Der besseren Lesbarkeit halber werden auch in diesem Buch gelegentlich Verträge, bei denen die Partner die Geltung der VOB/B vereinbart haben, als **VOB-Vertrag** bezeichnet, alle anderen Verträge als **BGB-Vertrag**. Dies darf jedoch nicht darüber hinwegtäuschen, dass VOB-Verträge keineswegs immer die VOB/B ohne Änderungen übernehmen! Außerdem gilt ergänzend zur VOB/B auch das BGB, jedenfalls soweit Vertrag und VOB/B keine Regelungen vorsehen oder diese Regelungen unwirksam sind. Deswegen sind VOB-Verträge eben zugleich auch (nachrangig) BGB-Verträge.

3. Werkvertrag/Kaufvertrag/Dienstvertrag

24   Da das BGB je nach Art des Vertrages verschiedene Regelungen vorsieht, ist für jeden Vertrag festzustellen, ob es sich um einen Werkvertrag, einen Kaufvertrag, einen Mietvertrag, einen Dienstvertrag oder einen anderen Vertrag handelt. Praktisch alle Verträge betreffend Leistungen für Bauvorhaben von Planung bis hin zur Ausführung sind Werkverträge (insbesondere alle Bauverträge und Verbraucherbauverträge), so dass der Schwerpunkt dieses Buches bei der Darstellung des Werkvertragsrechtes liegt. Aber auch andere Verträge sind im Baubereich wichtig, etwa der Kaufvertrag über Baumaterialien.

Die wichtigsten Vertragsarten und ihre Unterschiede werden nachfolgend kurz erläutert.

a) Werkvertrag/Kaufvertrag

25   Besonders die Unterscheidung zwischen **Werkvertrag** und **Kaufvertrag** ist wegen der rechtlichen Unterschiede für die Praxis von großer Bedeutung. Alle Baumaterialien werden mit Kaufverträgen beschafft, genauso wie alle anzuliefernden Sonderanfertigungen wie Fenster, Balkonplatten, aber auch große Bauteile wie Silo-Anlagen können betroffen sein. Die Unterschiede sind insbesondere:

– bei **Kaufverträgen zwischen Unternehmen** muss der Käufer eine gelieferte Sache unverzüglich **untersuchen** und Mängel **rügen**, um nicht sämtliche Gewährleistungsansprüche zu verlieren – also völlig unabhängig davon, ob er Mängel kennt oder nicht. Beim Werkvertrag kann

er nur bei tatsächlicher Kenntnis von Mängeln und nach Abnahme viele
Gewährleistungsansprüche verlieren;

— das **Wahlrecht**, ob der Auftragnehmer eine mangelhafte Sache nachbessern oder eine ganz neue Sache liefern muss, steht im Werkvertragsrecht
dem Auftragnehmer zu (§ 635 Abs. 1 BGB) und im Kaufvertragsrecht
dem Käufer (§ 439 Abs. 1 BGB);

— dementsprechend kann sich der Verkäufer auch nicht auf eine bestimmte Art der **Nacherfüllung** beschränken, sondern muss sich entsprechend
dem Wunsch des Käufers verhalten (sofern der Käufer die durch § 439
Abs. 3 BGB gesetzten Grenzen einhält);

— beim Kaufvertrag gibt es kein **Selbstvornahmerecht** des Käufers. Der
Käufer darf also Mängel nicht selber beseitigen, und damit entfällt zugleich die Möglichkeit, Einbehalte in Höhe des Doppelten der voraussichtlichen Kosten der Mängelbeseitigung zu machen (die Möglichkeit,
andere Zurückbehaltungsrechte geltend zu machen, bleibt natürlich
unberührt);

— der Käufer hat kein freies gesetzliches **Kündigungsrecht**, wie es dem
Werkbesteller nach § 648 BGB zusteht. Er kann also einen Kaufvertrag
nur aus wichtigem Grund beenden. Gibt es keinen wichtigen Grund,
muss er den Kaufgegenstand abnehmen, egal ob ihn benötigt oder
nicht.

> **Hinweis:**
> Kaufrecht ist immer dann anwendbar, wenn die vertragliche **Hauptleistung**
> einer Seite darin besteht, dem anderen Vertragspartner das Eigentum an
> einer bestimmten Sache zu verschaffen. Bei Werkverträgen hingegen schul-
> det der Auftragnehmer einen bestimmten Leistungserfolg.

Dementsprechend können von vornherein alle Verträge über erfolgsbezo- 26
gene Leistungen ohne Übergabe von Gütern keine Kaufverträge sein. Dies
betrifft z.B. Verträge über Planungs- und Bauüberwachungsleistungen.

Kaufrecht ist nach § 650 BGB immer auch dann anwendbar, wenn die 27
Leistung des Auftragnehmers darin besteht, dass er herzustellende oder
zu erzeugende **bewegliche Sachen** liefern muss. Bewegliche Sachen sind
solche, die nicht wesentliche Bestandteile eines Grundstücks werden, vgl.
§ 94 BGB. Wenn also z.B. ein Schreiner für den Auftraggeber maßgefer-
tigte Fenster anfertigt und sein Vertrag mit der Übergabe dieser Fenster an
den Auftraggeber erfüllt ist, weil der Auftraggeber sie selber einbauen will,
ist Kaufvertragsrecht anwendbar. Nur wenn der Schreiner auch den Einbau
der von ihm hergestellten bzw. gelieferten Gegenstände übernimmt, gilt
das Werkvertragsrecht. Auf die Größe der gelieferten Gegenstände oder

die Komplexität der Planung und Herstellung kommt es nicht an, nur darauf, wer sie einbaut. In einem vom BGH entschiedenen Fall wurde etwa eine große, extra geplante und hergestellte Silo-Anlage per Kaufvertrag erworben, weil der Auftraggeber sie selber einbauen wollte.

> **Hinweis:**
> Betrifft ein Vertrag die Herstellung von beweglichen Sachen, so ist Kaufrecht anzuwenden, wenn der Auftraggeber die gelieferten Gegenstände selber einbaut. Werkvertragsrecht gilt, wenn der Auftragnehmer sie einbaut.

Wegen der sich daraus ergebenden Bedeutung des Kaufrechts wird unten in Rdnr. 751 ff. ausführlicher auf das Kaufrecht eingegangen.

b) Werkvertrag/Dienstvertrag

28 Bei der Abgrenzung zwischen Dienst- und Werkvertrag kommt es entscheidend darauf an, was **Gegenstand des Vertrages** ist. Schuldet der Auftragnehmer einen bestimmten Erfolg, also z.B. die Errichtung eines Gebäudes, die Beseitigung eines Gebäudeteiles, eine genehmigungsfähige Planung, so liegt ein Werkvertrag vor. Als **Erfolg** ist dabei jedes festgelegte Arbeitsergebnis anzusehen. Soll der Auftragnehmer hingegen nur tätig werden, **ohne** einen solchen Erfolg zu schulden, liegt ein reiner Dienstvertrag vor.

29 Die Unterscheidung ist bei Verträgen über die Ausführung von Bauleistungen einfach. So sind Bauverträge im Sinne von § 650a BGB immer Werkverträge. Bei anderen Verträgen wie Architekten-Verträgen, Ingenieur-Verträgen, Projektsteuerungsverträgen, Verträgen mit dem Koordinator im Sinne der BaustellV ist im Einzelfall zu prüfen, was genau der Auftragnehmer schuldet.

30 **Beispiel für einen Werkvertrag:**
Der Architekt soll eine Genehmigungsplanung erstellen oder die Bauleitung übernehmen.

Beispiel für einen Dienstvertrag:
Der Projektsteuerer soll nur die eingehenden Rechnungen erfassen und in einer Datenbank zusammenstellen.

4. Verbraucher/Unternehmer

31 An vielen Stellen dieses Buches werden die Begriffe „Verbraucher" und „Unternehmer" verwendet, da Verträge mit Verbrauchern bzw. Unternehmern in einigen Hinsichten besonderen rechtlichen Anforderungen

und Grenzen unterliegen. So setzt der „Verbraucherbauvertrag" des § 650i BGB voraus, dass der Auftraggeber als Verbraucher handelt. Verbraucher haben z.B. bei Internetkäufen ein Rücktrittsrecht, Unternehmer nicht. Unternehmer müssen bei Kaufverträgen mit anderen Unternehmen die gelieferte Ware unverzüglich untersuchen, Verbraucher trifft eine solche Untersuchungspflicht nicht. Unternehmer müssen höhere Verzugszinsen zahlen als Verbraucher, nämlich 9 Prozentpunkte anstelle nur 5 Prozentpunkte über Basiszinssatz.

Verbraucher ist nach der gesetzlichen Definition in § 13 BGB jede 32 natürliche Person, die ein Rechtsgeschäft zu einem Zweck abschließt, der weder ihrer gewerblichen noch ihrer selbständigen beruflichen Tätigkeit zugerechnet werden kann. Um festzustellen, ob jemand als Verbraucher handelt, muss man also feststellen, ob

– es sich um eine natürliche Person handelt und

– ob der Zweck des Rechtsgeschäfts weder der gewerblichen oder der selbständigen beruflichen Tätigkeit zugerechnet werden kann.

Unternehmer ist nach § 14 BGB jede natürliche oder juristische Person 33 oder jede rechtsfähige Personengesellschaft, die bei Abschluss eines Rechtsgeschäfts in Ausübung ihrer gewerblichen oder selbständigen beruflichen Tätigkeit handelt.

Eine **natürliche Person** kann also mal als Verbraucher, mal als Unter- 34 nehmer anzusehen sein. Ob eine natürliche Person als Verbraucher oder als Unternehmer handelt, ist jeweils bezogen auf den Zweck des einzelnen Rechtsgeschäfts festzustellen.

Fallbeispiel:
Architekt Kunstvoll erwirbt für seine Privatwohnung einen Computer, um darauf Computerspiele laufen zu lassen. Bezogen auf diesen Vertrag ist er Verbraucher.
Wenn Architekt Kunstvoll den gleichen Computer noch einmal kauft, um ihn in seinem Studio für Architekten-Software zu verwenden, handelt er als Unternehmer.

Eine juristische Person, also etwa eine Aktiengesellschaft oder eine GmbH, 35 kann nie ein Verbraucher sein.

Die verschiedenen Rollen von natürlichen Personen sind in der Graphik 36 näher dargestellt:

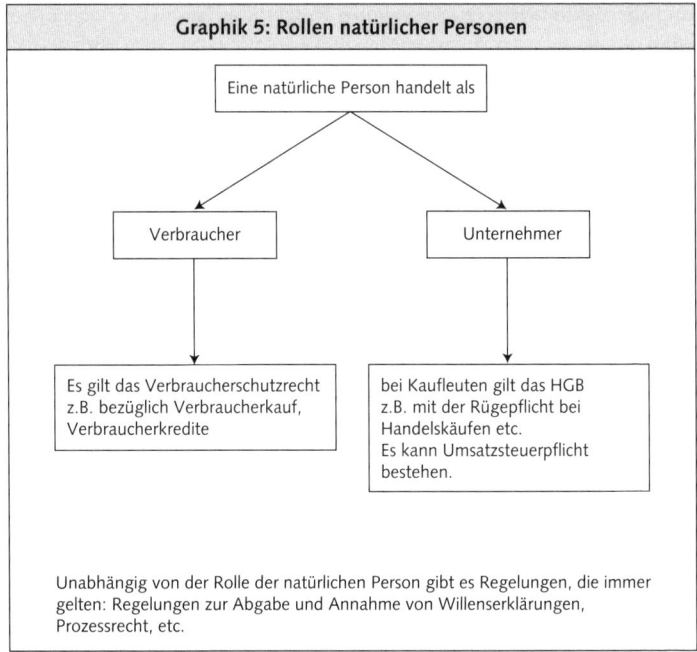

Graphik 5: Rollen natürlicher Personen

Eine natürliche Person handelt als

Verbraucher

Unternehmer

Es gilt das Verbraucherschutzrecht z.B. bezüglich Verbraucherkauf, Verbraucherkredite

bei Kaufleuten gilt das HGB z.B. mit der Rügepflicht bei Handelskäufen etc. Es kann Umsatzsteuerpflicht bestehen.

Unabhängig von der Rolle der natürlichen Person gibt es Regelungen, die immer gelten: Regelungen zur Abgabe und Annahme von Willenserklärungen, Prozessrecht, etc.

2. Teil
Der Vertragsschluss

I. Abschluss des Vertrages

1. Zustandekommen: Angebot und Annahme

Ein Vertrag kommt zustande, indem sich die Verhandlungspartner über **37** den Vertragsinhalt einig werden und dann den Vertrag abschließen. Meist läuft es so, dass eine Seite einen Vorschlag macht, den die andere Seite annimmt, damit ist dann der Vertrag geschlossen. Diese allgemeine, nur scheinbar unjuristische Vorstellung des Vertragsschlusses liegt auch dem juristischen Verständnis des Vertragsschlusses zugrunde. Danach kommt ein Vertrag durch sich deckende Willenserklärungen zustande, wobei die zeitlich erste Willenserklärung als **Angebot**, die zeitlich zweite Willenserklärung als **Annahme** bezeichnet wird. Angebot und Annahme müssen sich inhaltlich decken und jeweils den Inhalt haben, den jeweiligen Vertrag mit dem festgelegten Inhalt abzuschließen.

Ob ein Vertrag vorliegt, ist also nach folgendem Schema zu prüfen:

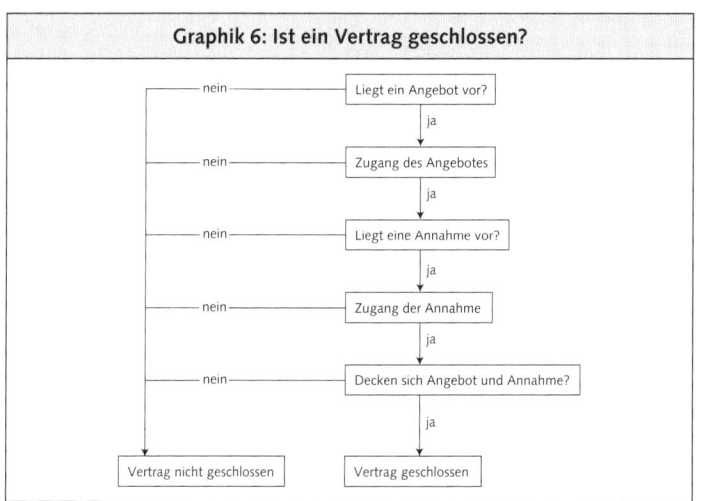

Graphik 6: Ist ein Vertrag geschlossen? **38**

- Liegt ein Angebot vor? — nein
- ja → Zugang des Angebotes — nein
- ja → Liegt eine Annahme vor? — nein
- ja → Zugang der Annahme — nein
- ja → Decken sich Angebot und Annahme? — nein
- ja → Vertrag geschlossen
- nein → Vertrag nicht geschlossen

a) Willenserklärungen und Zugang

39 Eine Willenserklärung ist juristisch gesprochen die Äußerung eines auf die Herbeiführung einer Rechtswirkung gerichteten Willens. **Schweigen** hat regelmäßig **keine Rechtsfolgen.** Nur bei kaufmännischen Bestätigungsschreiben hat Schweigen eine rechtsgeschäftliche Wirkung, nämlich die Annahme des Vertrages (vgl. dazu unten Rdnr. 49).

40 Willenserklärungen haben regelmäßig nur dann Folgen, wenn sie dem jeweiligen Empfänger zugehen. Eine Willenserklärung geht dem Empfänger beispielsweise zu, wenn er am Telefon eine Erklärung hört, wenn er einen Brief oder eine Mail liest.

41 Es ist zu trennen zwischen Willenserklärungen gegenüber Anwesenden und gegenüber Abwesenden. Mündliche Willenserklärungen müssen für den Empfänger hörbar sein und von ihm auch tatsächlich verstanden werden. Gegenüber Anwesenden erfolgen Willenserklärungen mündlich bzw. telefonisch, gegenüber Abwesenden in der Regel schriftlich. **Zugang** setzt voraus, dass die Erklärung in den Bereich des Empfängers gelangt und dass er unter normalen Umständen die Möglichkeit hat, Kenntnis von ihr zu nehmen. Bei schriftlichen Erklärungen reichen daher Einwerfen und Übergabe des Schreibens aus, bei Einwurf ist nur zu überlegen, ob man eine sofortige Kenntnisnahme erwarten darf oder nicht. Eine außerhalb der üblichen Geschäftszeiten (z.B. nachts oder sonntags) eingeworfene Erklärung geht erst am nächsten Geschäftstag zu.

42 **Zugang** heißt aber nicht immer, dass der Empfänger tatsächlich Kenntnis von der Erklärung bekommt, die Möglichkeit der Kenntnisnahme reicht aus. Damit wird verhindert, dass der Empfänger willkürlich die Wirksamkeit einer Erklärung verweigern kann. Insbesondere bei schriftlichen Willenserklärungen wäre dies sonst möglich:

43 **Fallbeispiel:**
Bauunternehmer Guckindieluft stellt fest, dass er sich bei einem Angebot verkalkuliert hat und viel zu niedrig liegt. Da er davon ausgeht, dass der Auftraggeber den Auftrag schriftlich annehmen wird, beschließt er, für ein paar Wochen nicht mehr den Briefkasten zu leeren. Kann er so den Vertragsschluss verhindern?

Guckindieluft kann den Zugang der Vertragsannahme nicht verhindern. Sie ist mit Einwurf im Briefkasten, spätestens aber am Morgen des nächsten Geschäftstages zugegangen. Damit ist der Vertrag geschlossen und Guckindieluft macht sich schadensersatzpflichtig, wenn er den Auftrag nicht ausführt.

44 Bei der **Zugangsvereitelung** (z.B. wenn der eingeschriebene Brief nicht von der Post abgeholt wird) hat der Erklärende die Wahl, entweder den Zugang auf andere Weise herbeizuführen oder aber die Erklärung durch Untätigkeit ungeschehen machen. Der Empfänger darf aus dem wegen der

Vereitelung verspäteten Zugang keine Vorteile haben, so darf er sich z.B. nicht auf die Überschreitung einer Kündigungsfrist berufen.

b) Angebot und Annahme, Vertragsschluss

Ein **Angebot** liegt vor, wenn eine Willenserklärung den Inhalt hat, einen **45** bestimmten Vertrag abzuschließen. Dies Angebot muss dem jeweiligen angedachten Vertragspartner zugehen.

Der Empfänger des Angebotes muss die **Annahme** erklären. Dabei **46** muss er sich auf das Angebot beziehen.

Diese Annahmeerklärung muss dem Anbietenden **rechtzeitig** zugehen. **47** Der Anbietende ist nicht zeitlich unbefristet an sein Angebot gebunden. Sofern er dem Empfänger keine andere Frist vorgibt, kann der Empfänger des Angebotes die Annahme bei mündlichen (auch telefonischen) Angeboten nur sofort, bei schriftlichen Angeboten innerhalb angemessener Frist annehmen, § 147 BGB.

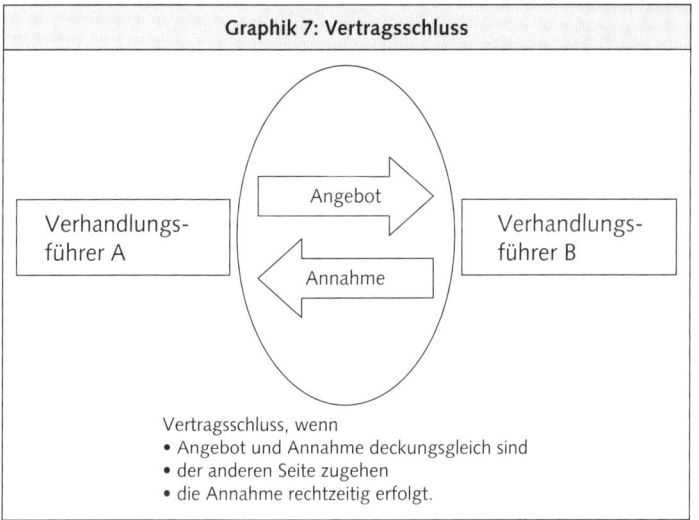

Graphik 7: Vertragsschluss **48**

Angebot

Verhandlungs-
führer A

Annahme

Verhandlungs-
führer B

Vertragsschluss, wenn
• Angebot und Annahme deckungsgleich sind
• der anderen Seite zugehen
• die Annahme rechtzeitig erfolgt.

Wenn sich Angebot und Annahme **decken**, ist der Vertrag geschlossen. Verbindet ein Verhandlungspartner seine „Annahme" mit neuen oder geänderten Bedingungen, handelt es sich nicht um eine Annahme des Vertrages. Ganz im Gegenteil hat so eine „Annahme" die Folge, dass das ursprüngliche Angebot als abgelehnt gilt und die „Annahme" als neues Angebot anzusehen ist. Dieses neue Angebot wiederum muss der andere

Vertragspartner annehmen, damit ein Vertrag zustande kommt. Nimmt der andere Vertragspartner das Angebot nicht an, enden die Verhandlungen ohne Vertragsschluss.

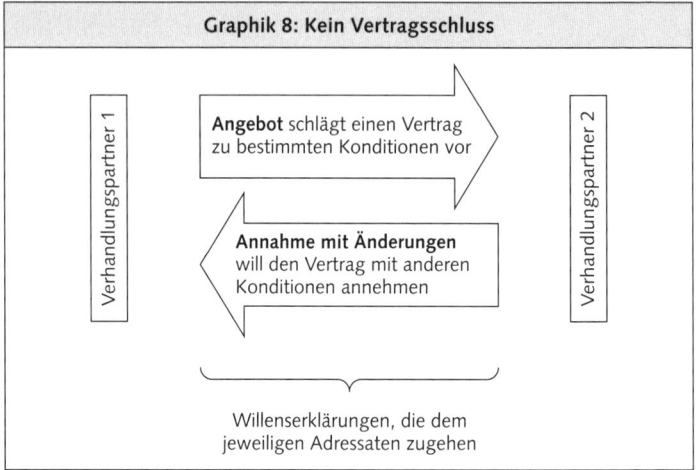

Graphik 8: Kein Vertragsschluss

Verhandlungspartner 1

Angebot schlägt einen Vertrag zu bestimmten Konditionen vor

Annahme mit Änderungen will den Vertrag mit anderen Konditionen annehmen

Verhandlungspartner 2

Willenserklärungen, die dem jeweiligen Adressaten zugehen

c) Kaufmännisches Bestätigungsschreiben

49   Ausnahmsweise hat das **Schweigen** eine rechtliche Folge, und zwar wenn der Schweigende vorher ein kaufmännisches Bestätigungsschreiben erhalten hat. Diese Möglichkeit besteht aber nur, wenn ausschließlich Kaufleute betroffen sind. Verbraucher werden durch ein Schweigen auf keinen Fall verpflichtet.

50 | **Hinweis:**
Ein solches kaufmännisches Bestätigungsschreiben liegt vor, wenn es
– zwischen Kaufleuten erfolgt;
– auf eine vorhergehende mündliche Vereinbarung Bezug nimmt;
– diese Vereinbarung inhaltlich wiedergibt;
– innerhalb kurzer Frist nach der Verhandlung dem Empfänger zugeht.

51   Schweigt der Empfänger eines solchen Bestätigungsschreibens, dann kommt eine **Einigung** mit dem Inhalt des Schreibens zustande. Um dies zu verhindern, kann der Empfänger widersprechen. Dieser **Widerspruch** muss kurzfristig (regelmäßig innerhalb von 1–2 Werktagen) erfolgen und dem Absender des Bestätigungsschreibens zugehen.

Ein Widerspruch ist nur dann **ausnahmsweise entbehrlich,** wenn der 52
Absender die Vereinbarung bewusst unrichtig oder entstellt wiedergegeben hat oder wenn eine Abweichung von dem mündlich Verhandelten vorliegt, bei der der Absender vernünftigerweise nicht mit einer Zustimmung
des Empfängers rechnen kann. Kleinere Unterschiede zu dem tatsächlich
Verhandelten sind hingegen irrelevant, der Vertrag kommt dann mit dem
Inhalt des Bestätigungsschreiben zustande.

Im Unterschied zur **Auftragsbestätigung** kann ein kaufmännisches 53
Bestätigungsschreiben eine Vereinbarung herbeiführen. Schweigen auf
eine Auftragsbestätigung hat demgegenüber keine Rechtsfolgen. Eine
Auftragsbestätigung liegt vor, wenn auf ein bestimmtes Vertragsangebot
Bezug genommen wird und der Vertrag bereits vor der Bestätigung zu-
stande gekommen ist.

2. Form

Verträge über Bauleistungen können grundsätzlich **ohne** Beachtung be- 54
stimmter Formvorschriften geschlossen werden. Ein Vertrag über Bauleistungen kann also mündlich, schriftlich oder in anderer Weise (z.B.
notariell beurkundet) abgeschlossen werden.

> **Hinweis:** 55
> Von dieser Formfreiheit gibt es nur wenige **Ausnahmen**:
> – Verbraucherbauverträge müssen nach § 650i Abs. 2 BGB in Textform
>   abgeschlossen werden;
> – Verträge, die in unlösbarem Zusammenhang mit Grundstückskaufverträ-
>   gen stehen; diese müssen nach § 311b BGB notariell beurkundet werden;
> – Verträge mit Gemeinden müssen nach den meisten Gemeinde-Ordnun-
>   gen schriftlich abgeschlossen werden;
> – gleiches gilt für Verträge mit Genossenschaften, hier sind u.U. die Form-
>   vorschriften des Genossenschaftsgesetzes zu beachten.

Soweit **Schriftform** oder **Textform** vorgeschrieben ist, enthält das BGB 56
genaue Vorgaben, wie diese einzuhalten ist. Dabei unterscheidet das BGB
zwischen der **gesetzlich vorgeschriebenen** und der **gewillkürten,** also auf
Parteivereinbarung beruhenden Schriftform.

§ 126 BGB regelt die Anforderungen an die **gesetzlich** vorgeschriebene 57
Schriftform. Danach müssen beide Vertragspartner den gleichen Vertrag
unterschreiben, oder sie müssen gleichlautende Vertragstexte unterschreiben und das Original der anderen Seite übergeben.

Bei der **gewillkürten** Schriftform (also von den Vertragspartnern ver- 58
einbarter, etwa aufgrund üblicher Schriftformklauseln wie „Dieser Ver-

trag kann nur schriftlich geändert werden.") reicht es nach § 127 BGB aus, wenn die beiderseitigen Erklärungen schriftlich sind. Die Unterschrift unter die gleiche Urkunde ist aber nicht erforderlich. So kann ein Partner die Änderung schriftlich vorschlagen und der andere Partner sie durch kurzes Annahmeschreiben wirksam annehmen.

59   Im BGB und vor allem in der VOB/B wird an vielen Stellen die sog. **Textform** angesprochen. Die Textform ist in § 126a BGB beschrieben. Die Textform ist eingehalten, wenn die Willenserklärung in einer Urkunde (also schriftlich) abgegeben wird, so die erste Möglichkeit des § 126a BGB. Mit der zweiten Möglichkeit öffnet sich das BGB gut versteckt in Richtung elektronische Kommunikation. Es soll auch ausreichen, wenn eine Willenserklärung in einer „zur dauerhaften Wiedergabe in Schriftzeichen geeignete Weise abgegeben [wird], die Person des Erklärenden genannt und der Abschluss der Erklärung durch Nachbildung der Namensunterschrift oder anders erkennbar gemacht werden". Übersetzt man diesen Gesetzestext und wendet ihn auf die E-Mail an, wird klar: Die E-Mail kann diese sog. Textform einhalten!

60   Wird die vorgeschriebene Form nicht eingehalten, ist der Vertrag **nichtig**. Diese Rechtsfolge kann auch nachträglich nur ausnahmsweise geheilt werden.

3. Vertretung

61   Nicht jeder, der einen Vertrag abschließen oder der auf einer Baustelle über Änderungen verhandeln will, kann oder will dies in eigener Person tun. Bei natürlichen Personen sind es eher praktische Hindernisse, bei juristischen Personen ist es hingegen zwingend erforderlich, dass sie von einer anderen natürlichen Person vertreten werden. Je nachdem, ob die Vertretung auf zwingenden gesetzlichen Gründen beruht oder auf einer freien Entscheidung, wird zwischen **gesetzlicher** und **gewillkürter** oder auch rechtsgeschäftlicher Vertretung unterschieden.

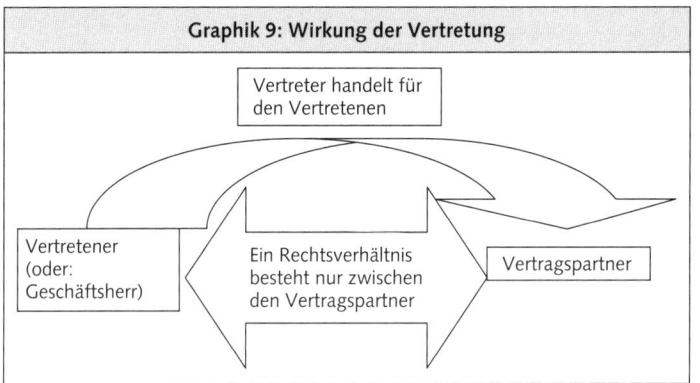

Graphik 9: Wirkung der Vertretung   62

Gesetzliche Vertretung ist in der Praxis vor allem bei juristischen Personen und Minderjährigen wichtig. Juristische Personen, insbesondere GmbH, AG, GmbH & Co KG oder die Unternehmensgesellschaft (haftungsbeschränkt) als rein rechtliche Konstrukte können naturgemäß nicht selber handeln, sie werden im Geschäftsverkehr durch ihre gesetzlichen Vertreter vertreten. Wer gesetzlicher Vertreter einer solchen juristischen Person ist, ergibt sich in erster Linie aus dem **Handelsregister**. Hat z.B. eine GmbH mehrere Geschäftsführer, so kann man durch Einsicht im Handelsregister feststellen, ob die Geschäftsführer die Gesellschaft einzeln vertreten dürfen oder ob sie gemeinsam handeln müssen. Gleiches gilt für Vorstände einer AG oder für Prokuristen.

Gesetzliche Vertreter einer juristischen Person können – wie jede natürliche Person auch – andere bevollmächtigen, an ihrer Stelle zu handeln. 63 Diese Vollmacht ist dann eine rechtsgeschäftlich erteilte, **gewillkürte Vollmacht**. Die Vollmacht kann schriftlich oder auch mündlich erteilt werden. Eine bestimmte Form ist nur ausnahmsweise erforderlich, nämlich immer dann, wenn der Vertrag einer bestimmten Form bedarf (zur Form von Verträgen vgl. oben Rdnr. 55).

64

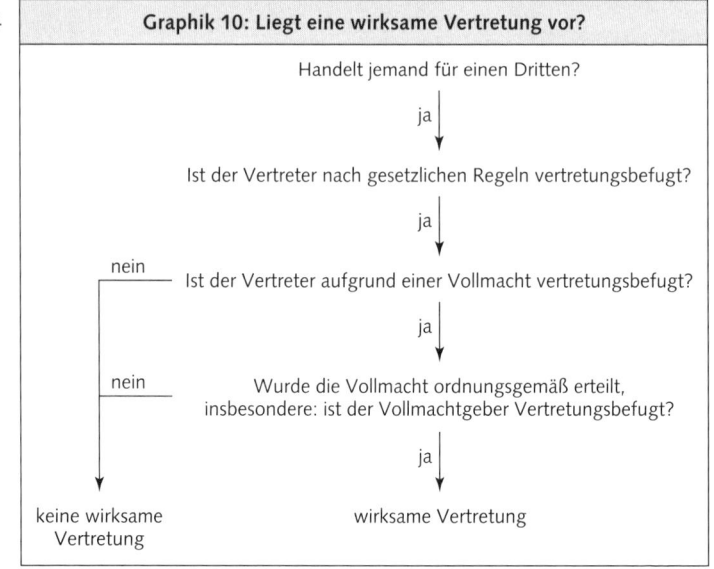

Graphik 10: Liegt eine wirksame Vertretung vor?

Handelt jemand für einen Dritten?

ja

Ist der Vertreter nach gesetzlichen Regeln vertretungsbefugt?

ja

nein ——— Ist der Vertreter aufgrund einer Vollmacht vertretungsbefugt?

ja

nein ——— Wurde die Vollmacht ordnungsgemäß erteilt,
insbesondere: ist der Vollmachtgeber Vertretungsbefugt?

ja

keine wirksame   wirksame Vertretung
Vertretung

a) Anscheinsvollmacht

65   Tritt jemand für einen anderen auf, ohne ausdrücklich bevollmächtigt zu
     sein, kann eine nicht ausdrückliche Vollmacht nach den Grundsätzen der
     Anscheinsvollmacht vorliegen. Die Grundsätze der Anscheinsvollmacht
     auf der Grundlage von Vertrauenstatbeständen lassen sich am besten an
     einem Beispiel verdeutlichen:

66   **Fallbeispiel:**
     Sekretärin Sigornja arbeitet bei der Baufirma Banpau. Weil es zu wenig zu
     tun gibt, beginnt sie, eigenverantwortlich das etwas vernachlässigte La-
     ger zu führen. Sie bestellt mehrfach bei Zulieferer Zuhliv Steine und Mör-
     tel. Die Buchhaltung von B bezahlt die Rechnungen von Z anstandslos.
     Eines Tages ist zufällig der Geschäftsführer von B anwesend, als Z wieder
     eine Lieferung anliefert. Der Geschäftsführer verweigert die Annahme,
     weil er Produkte von Yängi besser findet. Er habe bei Z nichts bestellt. S
     sei nicht berechtigt, B zu vertreten. Muss B die bestellte Lieferung von Z
     annehmen und bezahlen?

     Lösung: Der Zulieferer Z konnte aufgrund der Tatsache, dass B die von
     S bestellten Leistungen stets bezahlt hat, auf deren Bevollmächtigung
     vertrauen. B kann sich daher nicht mehr darauf zurückziehen, dass S

eigentlich keine Vollmacht hat und muss daher die von ihr bestellte Lieferung bezahlen!

Hinweis: 67
Voraussetzungen für eine Anscheinsvollmacht:
– Schaffung eines Vertrauenstatbestandes auf Seite des Vertretenen
– Vertrauen hierauf auf Seite des Geschäftspartners

Wie man sich gegen solche gefährlichen „Pseudo-Vollmachten" schützen 68
kann, soll die Variante zu dem Fall in Rdnr. 66 deutlich machen:

Fallbeispiel:
Bereits die erste Bestellung der S fällt dem Geschäftsführer von B auf und er verweigert die Annahme der Leistung und die Bezahlung.

Da B keinen Vertrauenstatbestand geschaffen hat, kann Z von B keine Bezahlung verlangen.

Tritt jemand für einen anderen auf, ohne wirksam bevollmächtigt zu sein, 69
handelt er als **Vertreter ohne Vertretungsmacht** und läuft – wenn er die andere Seite nicht auf die fehlende Vollmacht hinweist – Gefahr, als solcher nach § 179 BGB zu haften. Diese unten in Rdnr. 75 näher erläuterte **Haftung** kann so weit gehen, dass der Vertreter ohne Vertretungsmacht einen Vertrag erfüllen muss, den er im Namen eines anderen abschließen wollte.

Fallbeispiel:
In der Variante gemäß Rdnr. 68 könnte S also Z gegenüber haften.

Nach der Rechtsprechung des BGH hat derjenige, den ein eingeladener 70
Vertragspartner zu einer Verhandlung schickt, eine Anscheinsvollmacht, für den Eingeladenen zu handeln (BGH v. 27.2.2011, VII ZR 186/09).

b) Umfang der Vollmacht von Architekten, Bauleitern und anderen fachlich Beteiligten

Architekten und **Bauleiter** sind regelmäßig **nicht berechtigt**, ihren Auf- 71
traggeber uneingeschränkt zu vertreten. Anders ist es nur bei Weisungen oder Aufträgen, die von untergeordneter Bedeutung und tatsächliche bzw. technische Feststellungen betreffen sind. Diese darf der Architekt erteilen, allerdings ist die insoweit bestehende Vollmacht des Architekten eng auszulegen. Dies gilt auch für Ingenieure und andere am Bau fachlich Beteiligte.

So sind diese regelmäßig berechtigt

– Mängel zu rügen,

– geleistete Arbeiten entgegenzunehmen,

– Anweisungen im Sinne des § 4 Abs. 1 Nr. 3 VOB/B zu erteilen,

– die Schlussrechnung zu prüfen und

– Bedenkenanzeigen und Vorbehalte des Auftragnehmers entgegenzunehmen.

Bei Bedenkenanzeigen und erst recht bei Behinderungsanzeigen ist der Auftragnehmer jedoch besser beraten, diese spätestens dann dem Auftraggeber persönlich zukommen zu lassen, wenn der Architekt die Anzeigen für unberechtigt hält. Der Architekt darf ohne gesonderte Vollmacht insbesondere **nicht** die Abnahme erklären, eine Schlussrechnung als berechtigt anerkennen, Fertigstellungstermine verschieben oder Zusatzaufträge an Sonderfachleute erteilen.

72   Wenn der Auftraggeber dem Architekten jedoch die umfassende Leitung der Baumaßnahme überträgt, kann die Vollmacht des Architekten im Einzelfall auch diese Handlungen umfassen. Es empfiehlt sich daher – im Interesse aller Beteiligten – immer eine deutliche **Festlegung** des Auftraggebers gegenüber Auftragnehmer und dem Architekten.

Formulierungsvorschlag:
Entweder:
Der Architekt ist nicht berechtigt, den Auftraggeber rechtsgeschäftlich zu vertreten. Er ist insbesondere nicht berechtigt, Zusatzleistungen oder Vertragsänderungen zu beauftragen sowie Willenserklärungen abzugeben oder entgegenzunehmen. Bei Gefahr im Verzug darf er Maßnahmen zur Gefahrenabwehr und zur Sicherung der erbrachten Bauleistungen anordnen.
Oder:
Der Architekt ist berechtigt, für den Auftraggeber zu handeln. Er darf für den Auftraggeber sämtliche für die Durchführung des Bauvorhabens erforderlichen Willenserklärungen abgeben und entgegennehmen. Er darf insbesondere Zusatzleistungen und Vertragsänderungen beauftragen.
[Als Zusatz möglich: Die Vollmacht zur Erweiterung oder Änderung des Vertrages ist auf solche Maßnahmen beschränkt, die Zusatzkosten von weniger als 1.000 € zur Folge haben.]

---

73 Die wirksame Vertretung des Auftraggebers kann auch gegen seinen eigentlichen Willen angenommen werden, wenn er selber bestimmte, vertrauensbildende Umstände gesetzt hat.

Beispielsfall:
Auftraggeber Penibel beauftragt Bauunternehmer Schonett mit der Errichtung eines Mehrfamilienhauses, die Geltung der VOB/B ist vereinbart. Architekt Anstandslos gibt S mehrfach Zusatzaufträge über besonders

hochwertige Ausführungsweisen. S stellt dem Bauherrn über diese Leistungen als nachträglich bestellte Zusatzleistungen mehrere Rechnungen, die er alle bezahlt. Erst als P auf Anweisung des Architekten vergoldete Türklinken einbaut, will P nicht zahlen. Er behauptet, A dürfe ihn bei solchen Verträgen nicht vertreten.

Die Verteidigung des P hat wenig Aussicht auf Erfolg, da er selber am Entstehen einer **Anscheinsvollmacht** mitgewirkt hat (die Anscheinsvollmacht ist oben in Rdnr. 67 näher erläutert). **74**

c) Haftung des Vertreters ohne Vertretungsmacht

Wenn jemand als Vertreter für einen Dritten handelt, ohne dazu bevollmächtigt zu sein, kann er dem vermeintlichen Vertragspartner gegenüber als Vertreter ohne Vertretungsmacht haften. **75**

Als Beispiel eine Variante zu dem Fall in Rdnr. 73: **76**

Fallbeispiel:
Architekt A gibt zum ersten Mal eine zusätzliche und besonders hochwertige Leistung in Auftrag. Auftragnehmer S führt die Leistung aus. Als Auftraggeber P die Rechnung erhält, weigert er sich zu zahlen.

A hat keine rechtsgeschäftliche Vollmacht, für P diesen Zusatzauftrag zu erteilen. Da P gleich beim ersten Mal die Zahlung verweigert, gibt es auch keinen Ansatz für eine Anscheinsvollmacht. P wird daher gegenüber S aus dem Zusatzauftrag nicht vertraglich verpflichtet. Hätte S die Leistung noch nicht ausgeführt, könnte P ihn hierzu auch nicht auffordern. **77**

S wird daher auf jeden Fall Probleme haben, von P eine Zahlung zu erhalten, weil ohne Anweisung die Voraussetzung des § 2 Abs. 5 VOB/B nicht vorliegen. Es ist zwar zu prüfen, ob S Ansprüche aus anderen Rechtsgrundlagen (etwa § 2 Abs. 8 VOB/B) hat, dies ist nach dem Sachverhalt aber nicht anzunehmen. **78**

S kann jedoch A in auf Zahlung in Anspruch nehmen. **79**

Nach § 179 Abs. 1 BGB ist A verpflichtet, gegenüber dem Bauunternehmer entweder den Vertrag zu **erfüllen** oder aber **Schadensersatz** zu zahlen, wenn der Bauherr (wie im Beispiel geschehen) die Genehmigung des Vertrages verweigert. Hat sich der Vertretene (im Beispiel der Bauherr) noch nicht zu dem Handeln des vollmachtlosen Vertreters geäußert, muss sich der Andere Klarheit verschaffen und ihn zur Genehmigung auffordern. Äußert sich der Vertretene gar nicht, gilt die Genehmigung als verweigert.

Wenn die **andere Seite** allerdings **wusste** oder **wissen musste**, dass der Vertreter ohne Vertretungsmacht handelte, kann sie keine Ansprüche gegen den Vertreter stellen, § 179 Abs. 3 BGB. Die andere Seite muss sich aber nur **ausnahmsweise** erkundigen, ob der Vertreter eine entsprechende **80**

Vollmacht hat oder nicht. Bei **Architekten** muss sich der Auftragnehmer beispielsweise dann vergewissern, wenn der Auftraggeber den Vertrag persönlich abgeschlossen hat und der Vertrag vorsieht, dass nur der Auftraggeber selber zusätzliche oder geänderte Leistungen beauftragen darf.

4. Widerrufsrechte

80a   Im Falle eines Widerrufes wird ein Vertrag von Anfang an beseitigt und er fällt als Grundlage für etwaig ausgetauschte Leistungen insgesamt weg. Die Möglichkeit zum Widerruf besteht nur, wenn dies gesetzlich oder vertraglich vorgesehen ist.

80b   Widerrufsrechte bestehen vor allem unter zwei Voraussetzungen für Verbraucher (Online- bzw. Fernabsatzverträgen oder Teilzahlungsverträge sollen in diesem Zusammenhang nicht näher dargestellt werden).

80c   Für **Verbraucherbauverträge** (s. zur Definition Rdnr. 22) sehen §§ 650l, 355 BGB ein Widerrufsrecht vor.
       Nach § 312g Abs. 1 BGB steht dem Verbraucher **bei außerhalb von Geschäftsräumen geschlossenen Verträgen** ein Widerrufsrecht zu.

80d   Die Widerrufsfrist beträgt nach § 355 Abs. 2 jeweils 14 Tage. Sie beginnt regelmäßig mit dem Vertragsschluss, allerdings setzt dies eine ordnungsgemäße Belehrung nach § 356 Abs. 3 BGB voraus. Unterbleibt diese Belehrung, so erlischt das Widerrufsrecht spätestens 12 Monate und 14 Tage nach näher bestimmten Zeitpunkten, wobei dies im Baubereich regelmäßig der Vertragsschluss ist.

80e   Für Architekten- und Ingenieurverträge i.S.d. § 650p Abs. 1 BGB sieht § 650r BGB ein Sonderkündigungsrecht vor. Eine danach erklärte Kündigung beendet den Vertrag allerdings nicht rückwirkend, sondern nur für die Zukunft.

80f   Sind vor der Erklärung des Widerrufs bereits Leistungen ausgetaucht worden, sind diese dem jeweils anderen Vertragspartner zurückzugeben. Ist eine Rückgabe ausgeschlossen (z.B. bei einer ausgehobenen Baugrube), kommt es zu einer wertmäßigen Abrechnung.

5. Änderungen des Vertrages

81   Ein wichtiger Grundsatz für alle Arten von Verträgen ist, dass sie von beiden Seiten so durchgeführt werden müssen, wie sie abgeschlossen wurden: Der Verkäufer muss das bestellte Auto in der beauftragten Farbe liefern, der Käufer muss den Kaufpreis zahlen, der Vermieter muss genau die angemieteten Räume übergeben usw. Änderungen müssen bei allen Arten von Verträgen grundsätzlich vereinbart werden. Dabei kommt eine

solche **Änderungsvereinbarung** genau so wie ein Vertrag zustande. Ob eine Änderung vereinbart wurde, ist daher in den gleichen Schritten zu prüfen wie die Frage, ob überhaupt ein Vertrag zustande gekommen ist, vgl. oben Rdnr. 37 ff.

Für **Bauverträge** i.S.d. § 650a BGB sieht das BGB als **Ausnahme** von 81a dieser Regel in § 650b BGB die Möglichkeit vor, dass der Vertrag **einvernehmlich oder durch Anordnung des Auftraggebers** geändert werden kann. Dabei sind je nach Planungsverantwortung und Art der Änderung vier unterschiedliche Varianten zu berücksichtigen. Diese sind in der Darstellung in Rdnr. 248 im Überblick dargestellt. Die **Folgen für die Vergütung** regelt § 650c BGB. Nähere Einzelheiten sind unten in Rdnr. 246 ff. erläutert.

Die **VOB/B** gibt dem Auftraggeber auch ein einseitiges Recht, den Ver- 82 trag zu ändern bzw. zu ergänzen. Allerdings ist diese Regelung deutlich weniger differenziert als § 650b BGB. Die VOB/B sieht bei Änderungen und Ergänzungen jeweils auch eine Anpassung der Vergütung vor. Vergleichbare Regelungen zu Anordnungen und Vergütungsanpassung können natürlich auch außerhalb der VOB/B vereinbart werden. Ohne eine solche Anpassungsregel hat der Auftraggeber keine Möglichkeit, einseitig einen Vertrag zu ändern! Dies entspricht natürlich nicht der Wirklichkeit auf den Baustellen, weil es wegen Baugrundverhältnissen, Fortschreibung und Präzisierung der Planung, Änderung von Vorstellungen etc. immer zu kleinen und großen Änderungen kommt.

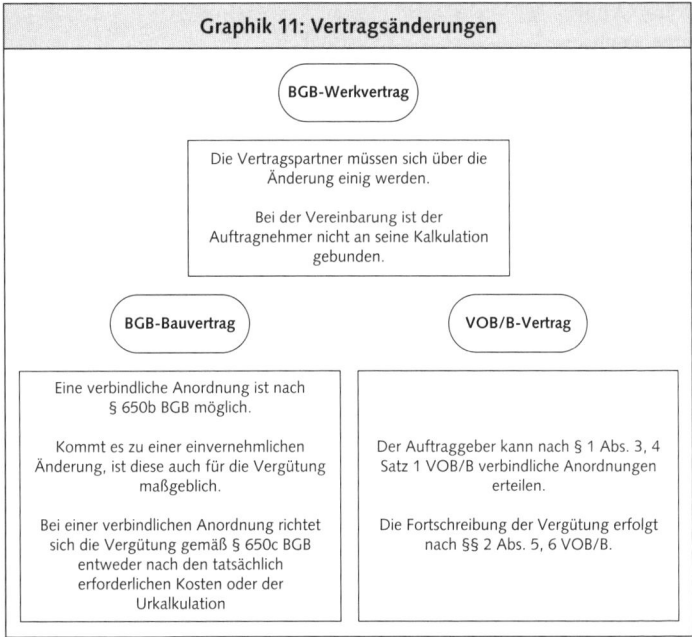

83   Die VOB/B erkennt an, dass Änderungen des Vertrages beim Auftragneh-
mer auch andere Kosten auslösen. Daher kann er bei Änderungen einen
Nachtrag stellen und seine Mehr- und Minderkosten entsprechend der
Kalkulation geltend machen.

      Die Änderung von Verträgen ist unten näher dargestellt, in Rdnr. 246 ff.
für BGB-Verträge und für VOB-Verträge in Rdnr. 251 ff.

6. Vorvertragliche Pflichtverletzungen

84   Bereits während der Vertragsverhandlungen haben die zukünftigen Vertragspartner bestimmte **Sorgfaltspflichten**. Unberechtigter Abbruch von
Vertragsverhandlungen, unwahre Erklärungen oder das Verletzung von
Hinweispflichten können Schadensersatzansprüche des Verhandlungs-
partners begründen.

85   Dies ist in **§ 280 BGB** geregelt, der auch solche vorvertraglichen
Pflichtverletzungen umfasst und der Rechtsgrundlage für **Schadensersatzansprüche** wegen Pflichtverstößen während Vertragsverhandlungen ist. Klassisches **Beispiel** für solche Ansprüche sind der unberechtigte

Abbruch von Vertragsverhandlungen (die ein gewisses Stadium erreicht haben müssen) oder die Verletzung von Rechten eines Interessenten, der noch keinen Vertrag abgeschlossen hat (die Verletzung von Aufklärungspflichten während der Vertragsverhandlungen; wenn etwa ein Bieter den Auftraggeber nicht über Fehler der Leistungsbeschreibung informiert). Für die Feststellung, ob eine Pflichtverletzung vorliegt, ist es unerheblich, ob der Schuldner diese zu vertreten hat. Das **Verschulden** spielt nach § 280 Abs. 1 BGB erst dann eine Rolle, wenn es darum geht, welche Ansprüche dem Geschädigten wegen der Pflichtverletzung zustehen. Das ist in §§ 281 bis 283 BGB geregelt. Als Pflicht im Sinne des § 280 Abs. 1 BGB gelten alle Hauptleistungspflichten und sämtliche Nebenleistungspflichten im Gegenseitigkeitsverhältnis, unabhängig davon, ob eine Nebenpflicht leistungsbezogen ist oder nicht. § 280 Abs. 1 BGB ist daher auch auf alle Arten von Pflichtverletzungen anwendbar. Eine Ausnahme ergibt sich aus § 280 Abs. 2 BGB für Schadenersatz wegen verspäteter Leistung; für den Anspruch müssen zusätzlich die Voraussetzungen des Verzuges nach § 286 BGB vorliegen.

Verletzt eine Partei schuldhaft eine Pflicht aus dem Schuldverhältnis, **86** muss sie daher der anderen Seite den deswegen entstandenen Schaden ersetzen. Auf § 280 BGB wird weiter unten in Rdnr. 771 ff. im Rahmen von Nebenpflichten noch näher eingegangen.

7. Grundsätze des Vergaberechts

Das Vergaberecht regelt, wie **öffentliche Auftraggeber** ihre Aufträge **87** vergeben müssen. Öffentliche Auftraggeber stehen im Wesentlichen aus zwei Gründen im Rampenlicht des Vergaberechts:

– Öffentliche Aufträge sind ein wesentlicher Faktor auf dem Markt für Bauleistungen und sollten daher möglichst vielen Bietern offenstehen.

– Die öffentliche Hand ist in besonderer Weise dazu verpflichtet, die ihr zugestandenen (Steuer-) Gelder wirtschaftlich einzusetzen.

Um sicherzustellen, dass öffentliche Aufträge nicht unter dem Ausschluss **88** der Öffentlichkeit „unter der Hand" vergeben werden können, existieren schon lange Vergabevorschriften. In den letzten Jahren hat die EU ganz wesentlichen Einfluss auf die Entwicklung des Vergaberechts gehabt. Die EU-Vorgaben sind in Deutschland mittlerweile vollständig in deutsches Recht umgesetzt. Dabei hat sich für die Vergabe von Aufträgen, die den EU-Schwellenwert von 5.548.000 € (Stand 1.1.2018) überschreiten, folgender Aufbau des Vergaberechts ergeben, die sog. **Kaskadenlösung**:

89	**Graphik 12: Die Vergaberechtskaskade im Bauvergaberecht für Öffentliche Auftraggeber (für Verträge oberhalb der EU-Schwellenwerte)**

	Regelungsgegenstand u.a.:
Gesetz gegen Wettbewerbsbeschränkungen GWB	Definition öffentliche Auftraggeber/öffentlicher Auftrag Rechtsschutz Bieterinformation
Vergabeverordnung VgV	Festlegung Schwellenwerte Anwendungsbefehl für Vergabeordnung VOB/A-EU Ausgeschlossene Personen
Vergabe- und Vertragsordnung für Bauleistungen Teil A VOB/A-EU	Ablauf des Vergabeverfahrens Bekanntmachungen Dokumentation

90   Im **GWB** ist definiert, welche **Auftraggeber** nach den Regeln des Vergaberechtes vorgehen müssen. Außer den klassischen öffentlichen Auftraggebern Bund, Ländern, Gemeinden etc. werden dort auch andere Auftraggeber wie die Sektorenauftraggeber (z.B. DB AG) als öffentliche Auftraggeber definiert. Der Gesetzgeber hat dort außerdem einige Grundbegriffe des Vergaberechts definiert, z.B. wann überhaupt ein „öffentlicher" Auftrag und insbesondere ein Bauauftrag vorliegt und die Kriterien, nach denen Aufträge zu vergeben sind. Außerdem finden sich dort die wesentlichen Regeln für den **Rechtsschutz** im Vergabeverfahren. Dort ist auch die Vorabinformation der nicht für den Zuschlag vorgesehenen Bieter und eine bei Verstößen drohende Nichtigkeit geregelt.

91   Die **Vergabeverordnung** (VgV) verbindet die Regelungen im GWB und in der VOB/A-EU. So ist dort die Schätzung des Auftragswertes beschrieben, was entscheidend für die Frage ist, ob der Schwellenwert überschritten ist, ab dem das Vergaberecht eingreift. Die VgV bestimmt außerdem welcher Auftraggeber die Anwendbarkeit der VOB-EU für die Vergabe von Bauleistungen

Auf gleicher Stufe wie die VgV enthält die **Sektorenverordnung** (Sekt-VO) das Vergaberecht für die sog. Sektorenauftraggeber.

92   Die **Vergabe- und Vertragsordnung für Bauleistungen** enthält in ihren Teilen A vor allem Vorgaben für die Vergabeverfahren: Unter welchen Voraussetzungen kann der Auftraggeber auf eine förmliche Ausschreibung verzichten, in welcher Form müssen Angebote eingereicht werden, welche Regeln sind für die Verhandlung von Angeboten zu beachten, wann ist ein Angebot auszuschließen usw.

In der VOB/A finden sich zwei Abschnitte. Der sog. 1. Abschnitt ist eine gewissermaßen außergesetzliche Regelung und betrifft Aufträge, bei denen die EU-Schwellenwerte nicht erreicht werden. Diese sind ohne

Anwendung der Regelungen in GWB und VgV nach sog. Haushaltsrecht zu vergeben. Dieses Haushaltsrecht liegt in der Hand des jeweilig Verantwortlichen und ist in Bund, Ländern und Gemeinden teils unterschiedlich geregelt. Der 2. Abschnitt der VOB/A-EU enthält „richtiges" Vergaberecht und gilt über die Verweisung in der VgV als Gesetz.

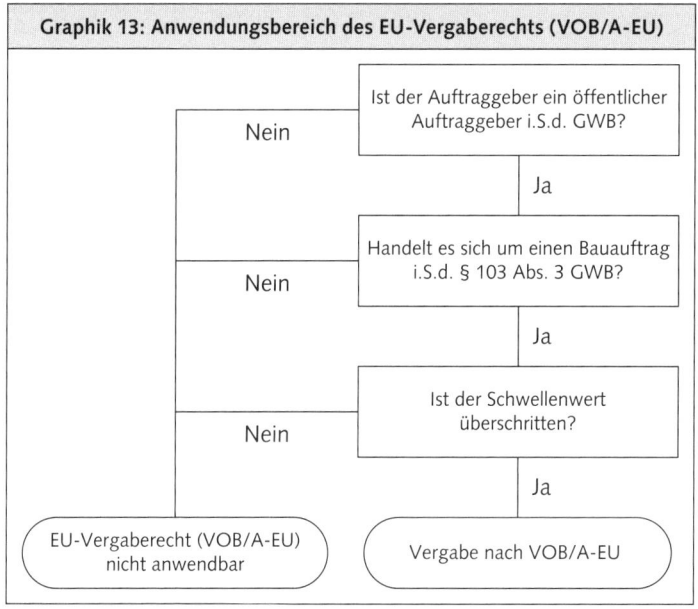

Graphik 13: Anwendungsbereich des EU-Vergaberechts (VOB/A-EU)

Ist der Auftraggeber ein öffentlicher Auftraggeber i.S.d. GWB?
Nein
Ja

Handelt es sich um einen Bauauftrag i.S.d. § 103 Abs. 3 GWB?
Nein
Ja

Ist der Schwellenwert überschritten?
Nein
Ja

EU-Vergaberecht (VOB/A-EU) nicht anwendbar

Vergabe nach VOB/A-EU

Die Vorschriften des Vergaberechts sind aber auch dann anzuwenden, **93** wenn die öffentliche Hand Zuschüsse erteilt und verlangt, dass diese Zuschüsse nach den Regeln des Vergaberechts verwendet werden. Solche Auflagen finden sich oft (gut versteckt) in den Nebenbestimmungen zu **Förderbescheiden**. Hält ein derart bezuschusster Bauherr die Vorgaben des Vergaberechts nicht ein, muss er damit rechnen, dass die öffentliche Hand die Zuschüsse zurückfordert.

In den **Mittelstandsrichtlinien** einiger Länder wird z.B. auch ver- **94** langt, dass die Bauherren ihre Auftragnehmer dazu verpflichten, auch bei der Vergabe an Sub-Unternehmer die Vorschriften des Vergaberechts zu beachten! Auf diese Weise kann es dazu kommen, dass ein Auftraggeber, der weder ein öffentlicher Auftraggeber ist noch Zuschüsse erhält, das Vergaberecht einhalten muss.

II. Inhalt des Vertrages

95   Wie schon oben in Rdnr. 4 bei dem Verhältnis von Vertrag und gesetzlichen Vorschriften angesprochen, sind die gegenseitigen Verpflichtungen der Vertragspartner erstrangig anhand des **Vertrages** zu ermitteln. Welche Leistungen der Auftragnehmer schuldet, welche Termine er einhalten muss, was der Auftraggeber ihm zu zahlen hat, etc.: Dies ergibt sich in erster Linie aus dem Vertrag, dieser ist gewissermaßen die „Bibel" des jeweiligen Bauvorhabens.

96   Die Ermittlung des Vertragsinhaltes ist unter anderem wichtig für

- Vertragserfüllung
- Zahlungsansprüche
- Bestehen von Mängelansprüchen
- Abnahmereife
- Anfall von Vertragsstrafen
- Kundenzufriedenheit

und vieles anders mehr.

97   Der Vertrag kann nur dann nicht herangezogen werden, wenn er

- undeutlich oder widersprüchlich ist oder
- der Vertrag Lücken aufweist oder
- die relevante Vertragsklausel aus rechtlichen oder tatsächlichen Gründen unwirksam ist.

98   Wenn der Vertrag undeutlich ist, muss man versuchen, durch **Auslegung** den gewollten eindeutigen Inhalt zu ermitteln. Bei **Widersprüchen** ist festzustellen, ob diese durch eine Rangfolgeregelung aufgelöst werden. Nur wenn dies nicht der Fall ist, muss auch insoweit der Vertrag ausgelegt werden.

99   Kommt man auch mit der Auslegung zu keinem Ergebnis, ist zu prüfen, ob die damit entstandene **Lücke** des Vertrages gefüllt werden kann. Eine solche Lückenfüllung ist auch erforderlich, wenn ein Teil des Vertrages aus rechtlichen oder tatsächlichen Gründen unwirksam ist. Der in der Praxis wichtigste Grund für die Unwirksamkeit von Klauseln ist ein Verstoß gegen die Vorschriften zu Allgemeinen Geschäftsbedingungen (AGB), die in §§ 305 ff. BGB zu finden sind. Einen Sonderfall bildet dabei die VOB/B, die zwar ebenfalls allgemeine Geschäftsbedingungen darstellt, aber eine gewisse Bevorzugung genießt. Vertragliche Lücken kann man fast immer schließen, indem man entweder den Vertrag ergänzend auslegt oder aber gesetzliche Vorschriften heranzieht.

1. Bestimmung des Vertragsinhaltes

Der Inhalt eines Vertrages bestimmt sich maßgeblich nach seinem **Wort-** **100**
laut. Nur wenn dieser – aus welchen Gründen auch immer – nicht eindeutig ist, muss man weitere Überlegungen dazu anstellen, wie der Inhalt des
Vertrages zu ermitteln ist.

Bei Verträgen ist es der erste und oft wichtigste Schritt, die Rang- **101**
folge der Vertragsunterlagen festzustellen, um auf diese Weise mögliche
Widersprüche oder sonstige Unklarheiten zu beseitigen. Führt dies nicht
zum Ziel, ist der Vertrag auszulegen. Diese Schritte werden nachfolgend
erläutert.

2. Rangfolgeregelungen

Verträge sind teilweise sehr umfangreich. Neben der eigentlichen Ver- **102**
tragsurkunde, dem Leistungsverzeichnis, den Vorbemerkungen dazu und
den übergebenen Pläne verwenden Auftraggeber und Auftragnehmer
gerne andere Vertragsunterlagen wie Allgemeine Vertragsbedingungen,
Besondere Ausführungsbedingungen, Technische Vertragsbedingungen
und Zusätzliche technische Vertragsbedingungen, daneben gibt es Ver-
weise auf Regelwerke, Herstellerempfehlungen oder DIN-Vorschriften,
Festlegungen und Vereinbarungen in Briefen, Protokollen, usw. usw. Auch
eine Baugenehmigung kann wichtige Punkte für die Bauausführung festlegen und daher als Vertragsbestandteil genannt sein. Was gilt, wenn sich
diese vielen Unterlagen in einzelnen Punkten widersprechen?

Hinweis: **103** Bei Widersprüchen von Unterlagen ist zu prüfen: – ob diese Vertragsbestandteil geworden sind und – in welcher Rangfolge sie stehen. In der Rangfolge geht jeweils die vorrangige Regelung den nachrangigen vor.

a) Welche Unterlagen sind Vertragsbestandteil?

Der Inhalt des Vertrages und damit die Vertragsbestandteile müssen sich **104**
aus dem Vertrag selber ergeben. Geht man von dem weithin üblichen Fall
aus, dass beide Vertragspartner einen bestimmten Vertrag im Sinne einer
einheitlichen Vertragstextes unterschrieben haben, ist der Inhalt des Vertrages anhand dieses Textes zu bestimmen.

105   Für weitere Unterlagen wie Protokolle etc. gilt dabei die einfache Grundregel, dass diese nur dann Vertragsbestandteil sind, wenn sie im Vertrag genannt sind.

106   **Fallbeispiel:**
Auftraggeber Angsthas und Auftragnehmer Leichtfuß verhandeln über einen Vertrag. Der ursprüngliche Vertragsentwurf sieht im beigefügten Leistungsverzeichnis vor, dass Wände und Decken normalen Brandschutzforderungen entsprechen müssen. Noch während der Vertragsverhandlung erhält A die Baugenehmigung. In der Baugenehmigung ist die Auflage enthalten, dass A wegen der von ihm geplanten ungewöhnlichen Verwendung besondere Brandschutzauflagen beachten muss. Der Vertrag wird im März unterschrieben.

a) Die Vertragspartner sprechen gar nicht über die Baugenehmigung.

Lösung: Es ist klar, dass sie auch nicht Vertragsbestandteil geworden ist. L kann für die Erfüllung der Brandschutzauflagen einen Nachtrag geltend machen.

Variante: In einem Verhandlungsprotokoll wird im Februar vor Vertragsunterzeichnung als Verhandlungsergebnis festgehalten, dass L diese Brandschutzauflagen beachtet und hierfür zusätzlich € 10.000,00 netto erhält.

b) Das Verhandlungsprotokoll ist im Vertrag als Vertragsbestandteil genannt.

Lösung: Dann muss L die Leistungen ausführen und erhält hierfür zusätzliche 10.000 €.

c) Das Verhandlungsprotokoll ist nicht ausdrücklich als Vertragsbestandteil genannt.

Lösung: Dann ist unklar, ob die zusätzlichen Leistungen und die zusätzliche Vergütung Teil des Vertrages sind. Möglicherweise nennt der Vertrag eine Auftragssumme ohne die zusätzlichen 10.000 €. Es kann sein, dass das Verhandlungsprotokoll nicht Vertragsbestandteil geworden ist und die Partner neu verhandeln müssen bzw. der Auftraggeber die Leistungen anordnen muss.

b) Rangfolge

107   Eine Rangfolgeregelung ist immer dann wichtig, wenn die einzelnen Vertragsbestandteile unterschiedliche und vor allem widersprüchliche Inhalte haben.

108   **Fallbeispiel:**
In dem in Rdnr. 106 geschilderten Fall ist das Verhandlungsprotokoll vom Februar über die zusätzlichen Brandschutzauflagen als Vertragsbestandteil im Vertrag genannt. Im Leistungsverzeichnis verlangt der Auftraggeber für die Ausführung der Wände ausdrücklich einen bestimmten Standard, der aber dem alten Planungsstand entspricht. Die entsprechende Klausel lautet auszugsweise:

„Die nachfolgend genannten Unterlagen sind nachrangig zu diesem Vertrag Vertragsbestandteil

– das Leistungsverzeichnis
– die Verhandlungsprotokolle vom 1.2., 1.3., 1.4
– …

Der jeweils zuerst genannte Vertragsbestandteil geht nach nachfolgend genannten im Range vor."

Muss L aufgrund dieses Vertrages die zusätzlichen Brandschutzauflagen bei der Durchführung seiner Leistung beachten?

Lösung:
Da das Leistungsverzeichnis gegenüber dem Verhandlungsprotokoll vom 1.2. vorrangig ist, muss der Auftragnehmer die im Leistungsverzeichnis beschriebene Leistung ausführen. Die im nachrangigen Verhandlungsprotokoll genannte Leistung des besonderen Brandschutzes schuldet er dem Auftraggeber nicht (und erhält natürlich auch nicht die zusätzlichen 10.000 €).

Damit man den Vertragsinhalt bestimmen kann, sollten die Vertragspartner im Zweifel immer eine Rangfolgeregelung **vereinbaren**. Die **VOB/B** enthält in § 1 Abs. 2 VOB/B eine solche Rangfolgeregelung (dazu gleich unten Rdnr. 117). **109**

Es gibt keine gesetzlichen Vorgaben für solche Rangfolgevereinbarungen. Die Vertragspartner sind also frei darin, die Rangfolge der Vertragsbestandteile festzulegen. **110**

Als **Faustregel** lässt sich sagen: **111**

– Je spezieller ein Vertragsbestandteil auf das jeweilige Bauvorhaben zugeschnitten ist, desto höherrangiger sollte er sein;
– später erfolgte Festlegungen sollten gegenüber früheren Festlegungen vorrangig sein.

Legen die Vertragspartner **keine Rangfolgeregelung** fest, sind grundsätzlich alle Regelungen gleichwertig. Widersprüche im Vertrag führen dann dazu, dass der betroffene Punkt im Ergebnis gar nicht geregelt ist. Dies kann zu empfindlichen Regelungslücken führen. In der Praxis häufiges Beispiel ist die Festlegung von sog. Nebenleistungen wie Entsorgung, Transport, Sicherungsmaßnahmen u.ä., die an verschiedenen Stellen im Vertrag unterschiedlich geregelt ist. **112**

Enthält der Vertrag **keine Rangfolgeregelung** und ist der Inhalt auch nicht wie im obigen Beispiel durch Auslegung (zur Auslegung unten ausführlich Rdnr. 188) zu ermitteln, führt jeder Widerspruch in den Vertragsunterlagen dazu, dass dieser Punkt letztlich nicht verbindlich geregelt ist. **113**

Fallbeispiel:
In zwei gleichrangigen Vertragsbestandteilen fordert der Auftraggeber
an der einen Stelle besonders einbruchsichere Eingangstüren der Marke
X und an der anderen Stelle normale Eingangstüren der Marke y.

114 Diese offensichtlich widersprüchlichen Festlegungen haben zur Folge,
dass die vom Auftragnehmer geschuldete Leistung anhand des Vertrages
nicht eindeutig festzulegen ist. Für solche Fälle gibt es eine gesetzliche
Auffangklausel: Wenn eine Beschaffenheit nicht vereinbart ist, muss sich
das fertig gestellte Werk für die übliche Verwendung eignen, so § 633
Abs. 2 S. 2 BGB. Es ist also in diesem Fall zu ermitteln, welches die übliche
Verwendung des Werkes ist und welche Leistung sich hierfür eignet.

115 Bezogen auf den Fall mit den Türen hilft dies allerdings nur in Ausnahmefällen weiter. Wenn es sich nicht um ein Gebäude mit erhöhten
Sicherheitsanforderungen wie z.B. eine Bank handelt, eignet sich grundsätzlich jede Eingangstür. Regelungslücken dieser Art sind natürlich äußerst streitträchtig, zumal eine Seite ja fest glaubt, eindeutige Vorgaben im
Vertrag verankert zu haben.

116 Es ist daher schlussendlich unter Rückgriff auf § 243 BGB davon auszugehen, dass der Auftragnehmer eine Leistung mittlerer Art und Güte
schuldet, die für die übliche Verwendung des Bauwerkes geeignet ist.
Letztlich schuldet der Auftragnehmer in dem Fallbeispiel in Rdnr. 113
eine dem für ihn ersichtlichen Nutzungszweck des Hauses entsprechende
Tür mit normalem Einbruchschutz.

c) Rangfolgeregelung in § 1 Abs. 2 VOB/B

117 Wenn die Vertragspartner die Geltung der **VOB/B** vereinbart haben,
ohne im Vertrag eine Rangfolgeregelung vorzusehen, so greift die Regelung des § 1 Abs. 2 VOB/B. In § 1 Abs. 2 VOB/B ist eine Rangfolge
von Vertragsunterlagen, die typischerweise von öffentlichen Auftraggebern bei VOB-Verträgen verwendet werden, vorgesehen. So sind dort die
Rangfolge von Leistungsbeschreibung, Besonderen Vertragsbedingungen
und technischen Vertragsbedingungen festgelegt. Diese Rangfolgeregelung berücksichtigt jedoch z.B. keine Protokolle, Briefwechsel, andere im
Einzelfall wichtige Unterlagen wie Bodengutachten oder unterschiedliche Bestandteile der Leistungsbeschreibung. Es bleibt daher auch bei
VOB-Verträgen dabei, dass sich eine ausdrückliche Rangfolgeregelung
im Vertrag empfiehlt.
Die Rangfolge des § 1 Abs. 2 VOB/B kann natürlich geändert oder
ergänzt werden.

3. Anerkannte Regeln der Technik

Man muss bei Bauleistungen davon ausgehen, dass auch die ausführlichste **118** Beschreibung im Vertrag nicht so umfassend sein kann, dass der Unternehmer die Leistung ohne Rückgriff auf die anerkannten **Regeln der Technik** ausführen kann. Nur kurze Blicke in die vorhandenen Regelwerke der DIN oder in die VOB/C zeigen, dass eine vollständige Wiederholung dieser Vorschriften (die die anerkannten Regeln der Technik nicht einmal vollständig beinhalten) kaum möglich ist und den Vertrag nur unnötig aufblähen würde. Deswegen ist es eigentlich eine Selbstverständlichkeit, dass der Auftragnehmer die anerkannten Regeln der Technik beachten muss. Nach langjähriger Rechtsprechung gehört zur vertragsgerechten Leistung die Einhaltung der anerkannten Regeln der Technik (unverändert seit BGH v. 20.3.1975, VII ZR 221/75, BauR 1975, 341). Weicht der Vertrag von den anerkannten Regeln der Technik ab, so gilt natürlich die vertragliche Festlegung, allerdings muss der Auftragnehmer auf diesen Umstand hinweisen (OLG Düsseldorf, Urteil v. 16.06.2017 – 22 U 14/17). Ist der Auftragnehmer unsicher über die auszuführende Leistung und befürchtet er Mängel, muss er den Weg der Bedenkenanmeldung gehen (dazu Rdnr. 442).

III. Einbeziehung von Allgemeinen Geschäftsbedingungen (AGB)

Praktisch jeder Unternehmer hat irgendwann für seine Leistungen eine **119** Art **Mustervertrag** oder Mustervertragsbedingungen entwickelt, die er immer wieder inhaltsgleich verwendet. Wichtigster Fall von Mustervertragsbedingungen ist die **VOB/B**, auf die unten in Rdnr. 164 in einem eigenen Abschnitt eingegangen wird.

Ein Mustervertrag ist oft ein Flickenteppich aus Vertragsteilen, die der **120** Unternehmer in anderen Verträgen gesehen hat, oft stammt er aus einem Musterhandbuch. Vielleicht hat sich der Unternehmer sogar extra für seine besonderen Anforderungen einen Vertrag entwerfen lassen. Egal wie ein Mustervertrag zustande gekommen ist und wie er gestaltet ist, rechtlich gesehen wird es sich bei diesem Mustervertrag um allgemeine Geschäftsbedingungen (**AGB**) handeln. Dies führt dazu, dass dieser Vertrag einer besonders scharfen **Inhaltskontrolle** unterzogen werden kann mit der Gefahr, dass er ganz oder teilweise als unwirksam erkannt wird. Diese Kontrolle ist in §§ 305 ff. BGB geregelt und beruht auf dem Gedanken, dass ein solcher Mustervertrag im Zweifel einseitig zu Gunsten des Unternehmers formuliert wurde, der den Vertrag entwickelt hat. Wird der Mustervertrag unverändert verwendet, hatte die Gegenseite in der Regel keine Möglichkeit, die einseitigen Klauseln zu verhandeln, vermutlich weil er in der schlechteren Verhandlungsposition war. Das Gesetz will für solche Fälle vorbeugen und den schwächeren Vertragspartner vor unfairen Vertragsklauseln schützen.

121   Insbesondere Verträge mit **Verbrauchern** sind einer verschärften Kontrolle unterworfen, vgl. unten Rdnr. 156 ff. Überspitzt gesagt ist in Verträgen mit Verbrauchern jede vom Gesetz abweichende Klausel – also nicht bloße Ergänzungen – der Gefahr unterworfen, als allgemeine Geschäftsbedingung angesehen zu werden und unwirksam zu sein.

122   Nachfolgend wird dargestellt, wann Vertragsklauseln AGB sind, wie sie wirksam in den Vertrag einbezogen werden und wie die Wirksamkeit von AGB geprüft wird. Im Anschluss werden in Rdnr. 156 ff. die Besonderheiten von Verträgen mit Verbrauchern, mit Unternehmen in Rdnr. 159 ff. und in Rdnr. 164 ff. im Zusammenhang mit der VOB/B erläutert.

1. Was sind AGB

123 | **Hinweis:**
Allgemeine Geschäftsbedingungen sind nach der gesetzlichen **Definition** des § 305 Abs. 1 BGB „alle für eine Vielzahl von Verträgen vorformulierten Vertragsbedingungen, die ein Vertragspartner (Verwender) dem anderen Vertragspartner bei Abschluss eines Vertrags stellt".

Graphik 14: Vertragliche Beziehungen bei AGB

Verwender ⟶ formuliert den Vertrag und gibt ihn vor ⟶ Vertragspartner

⟵ Prüfung erfolgt zu seinen Ungunsten

---

124   Es kommt also entscheidend darauf an, ob eine Seite – der Verwender – die Vertragsbedingungen **vorformuliert** und sie der anderen Seite **stellt**. Es ist egal, ob der Verwender die Bedingungen selber formuliert oder ob er von Dritten verfasste Vertragsbedingungen verwendet. So sind nicht nur alle gekauften Formulare AGB, auch notarielle Verträge können – zumindest gegenüber Verbrauchern – AGB darstellen. So ist bei Bauträgerverträgen nach der Rechtsprechung des BGH davon auszugehen, dass es sich um AGB handelt.

125   Die AGB müssen für eine **Vielzahl** von Verträgen vorgesehen sein. Eine bestimmte Mindestanzahl wird weder vom Gesetz noch von der

Rechtsprechung gefordert; daher kann auch die vorgesehene zweifache Verwendung bereits ausreichen. Werden Vertragsbedingungen verwendet, die ein anderer als AGB formuliert hat – zum Beispiel handelsübliche **Muster-Formularverträge** – sind dies auch dann AGB, wenn der Verwender sie nur einmal verwenden will.

Der Verwender **stellt** die AGB, indem er sie dem anderen Vertrags-   126
partner einseitig vorgibt, ohne dass die Möglichkeit besteht, darüber zu verhandeln. Um AGB von individuell ausgehandelten Vertragsbedingungen abzugrenzen, kommt es darauf an, ob der andere Vertragspartner eine echte Verhandlungschance hatte. Diese Chance hat er nicht, wenn der Verwender die Vertragsklauseln nur erläutert und nicht ernsthaft bereit ist, den Vertrag zu ändern. Diese Haltung „so oder gar nicht" wird zum Beispiel dann vermutet, wenn der Vertrag keine Änderungen enthält. Auch wenn der andere Vertragspartner nur die Wahl unter mehreren vorformulierten Vertragsklauseln hat, einzelne Teile streichen konnte oder in einem Text nur eine Zahl (etwa den Prozentsatz einer Sicherheit) einsetzen konnte, ändert dies nichts daran, dass er auf den Inhalt der Klauseln keinen Einfluss hatte.

a) Wie werden AGB zum Vertragsbestandteil

Hinweis: 127 AGB werden nur dann Vertragsinhalt, wenn der Verwender – bei Vertragsabschluss eindeutig darauf hinweist, dass seine AGB Vertragsbestandteil werden soll und – der andere Vertragspartner bei Vertragsabschluss, also vor der Vertragsannahme, die Möglichkeit hat, die AGB einzusehen.

Ausnahmen gelten für Verträge mit Unternehmen und für überraschende   128
Klauseln, hierauf wird weiter unten eingegangen.

Der **Hinweis** auf die Verwendung der AGB muss im Vertrag selber   129
erfolgen, z.B. mit der Formulierung „Dieser Bestellung liegen unsere Allgemeinen Geschäftsbedingungen zugrunde". Die Rechtsprechung stellt hohe Anforderungen an diesen Hinweis, er muss unmissverständlich und für den Kunden klar erkennbar sein und bei Vertragsabschluss erfolgen. **Nachträglich** können AGB nur im Wege einer Vertragsänderung einbezogen werden, ein Hinweis in einer Auftragsbestätigung reicht also z.B. nicht aus, da dies eine Änderung des Angebotes bedeutet. Damit besteht insoweit keine Einigung zwischen den Vertragspartnern. Auch wenn die Vertragspartner mehrere Verträge miteinander schließen (oder schon geschlossen haben) muss der Hinweis bei jedem einzelnen Vertrag erfolgen.

130 Der Verwender muss dem anderen Vertragspartner die **Einsichtnahme** ermöglichen und kann hierzu

– entweder die AGB dem Vertrag in vollem Wortlaut beifügen oder

– dem Vertragspartner durch Aushang oder in ähnlicher Form die AGB zugänglich machen.

131 Bei einem schriftlich geschlossenen Vertrag müssen die AGB der anderen Seite also übersandt werden, z.B. auf der Rückseite des Angebotsschreibens oder als separate Anlage, wenn der Vertragspartner des Verwenders keine andere Möglichkeit hat, die AGB einzusehen. Wird ein Vertrag in den Geschäftsräumen des Verwenders geschlossen, reicht es regelmäßig aus, dass der Verwender die AGB zur Einsicht bereithält.

132 Bei Verträgen mit **Unternehmen** kann die Einbeziehung von AGB auch einfacher erfolgen, da § 305 Abs. 2 und 3 BGB für solche Verträge nicht gelten, vgl. § 310 Abs. 1 BGB. Gegenüber Unternehmen werden AGB also bereits dann wirksam in den Vertrag einbezogen, wenn der Verwender in dem Vertrag seine AGB als Vertragsinhalt **benennt**. Er muss die AGB weder dem Vertrag beifügen noch dem unternehmerischen Vertragspartner in anderer Weise die Kenntnisnahme ermöglichen. Der Unternehmer als anderer Vertragspartner sollte in solchen Fällen darauf drängen, dass er ein Exemplar der AGB erhält, um nicht aus Unkenntnis gegen sie zu verstoßen und um sich vor rechtlichen Überraschungen zu schützen.

133 **Überraschende Klauseln** werden jedoch nicht Vertragsinhalt. Eine Klausel ist dann überraschend, wenn der Vertragspartner des Verwenders mit einer solchen Klausel nicht rechnen musste. Dabei kommt es darauf an, ob die Klausel

– ungewöhnlich ist und

– der Vertragspartner von ihr überrascht ist.

134 Eine Klausel ist dann **ungewöhnlich**, wenn sie mit dem Wesen des Vertrages unvereinbar ist, der Werbung des Verwenders widerspricht oder erheblich vom nicht zwingenden Recht abweicht.

135 Die Klausel muss außerdem noch **überraschend** sein, typischer Fall ist die in den AGB versteckte Hauptleistungspflicht, z.B. eine Vergütung für Kostenvoranschläge. Eine solche Klausel wird nur dann Vertragsinhalt, wenn sie ausreichend hervorgehoben ist.

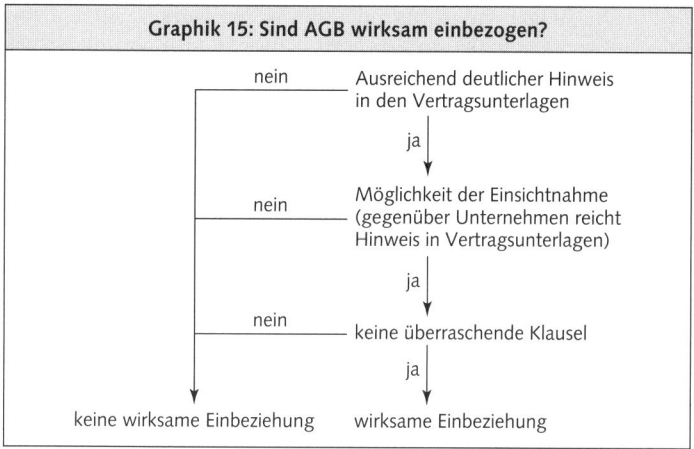

b) Vorrang von Individualvereinbarungen

Individualvereinbarungen haben gegenüber AGB stets Vorrang, so aus- **136**
drücklich § 305b BGB. Jede Vertragsklausel, die – anders als AGB – nur
für den Einzelfall formuliert und von beiden Seiten nach inhaltlicher
Auseinandersetzung akzeptiert wurde, ist eine solche Individualvereinbarung. Ein **Aushandeln** im Sinne § 305 Abs. 1 a.E. BGB liegt vor, wenn
beide Seiten über die einzelne Klausel sprechen und diese dabei inhaltlich
besprechen. Dabei müssen beide Seiten ernsthaft gewillt sein, die Klausel
bei Vorliegen guter Gründe zu verändern. Ein Aushandeln liegt nicht vor,
wenn der Vertragspartner seine Gründe zwar vorbringt, der Verwender
ihm aber nur die Möglichkeit lässt, den Vertrag in der vorgelegten Form
zu unterschreiben oder es bleiben zu lassen.

Eine Individualvereinbarung liegt also auch **nicht** vor, wenn der Ver- **137**
tragspartner nur unter mehreren vom Verwender vorformulierten Vorschriften wählen kann oder wenn in einen vorformulierten Text Lücken
handschriftlich ausgefüllt werden.

c) Prüfung von AGB und Rechtsfolgen

Ob und nach welchen Maßstäben die Inhalte von AGB zu prüfen sind, **138**
hängt davon ab, ob der Vertragspartner des Verwenders

– ein Verbraucher oder

– ein Unternehmer ist oder

– zu keiner der beiden Gruppen zählt.

Die bei **Verbrauchern** als Vertragspartnern geltenden schärferen Regeln umfassen die in diesem Abschnitt dargestellte Prüfung und gehen noch darüber hin aus. Diese weitergehenden Regelungen sind unten in Rdnr. 156 dargestellt. Für **Unternehmer** als Vertragspartner gelten insgesamt weniger strengen Regeln, also nicht die in diesem Abschnitt dargestellten Grundregeln. Die für Unternehmer als Vertragspartner geltenden Grundsätze sind unten in Rdnr. 158 ff. dargestellt. Die in diesem Abschnitt dargestellten Grundsätze gelten also nur für Verbraucher bzw. Personen, die weder als Unternehmer noch als Verbraucher handeln.

139   Wenn AGB von Rechtsvorschriften abweichen, sind sie nach den Vorschriften §§ 307, 308, 309 BGB zu prüfen. Wiederholen AGB nur die Bestimmungen geltenden Rechts, ist eine solche Prüfung nicht durchzuführen. Einzige Ausnahme ist das Verbot **unklarer AGB** in §§ 307 Abs. 2 Nr. 3 i.V.m. Abs. 1 BGB, diese betrifft auch Regelungen, die nicht von Rechtsvorschriften abweichen.

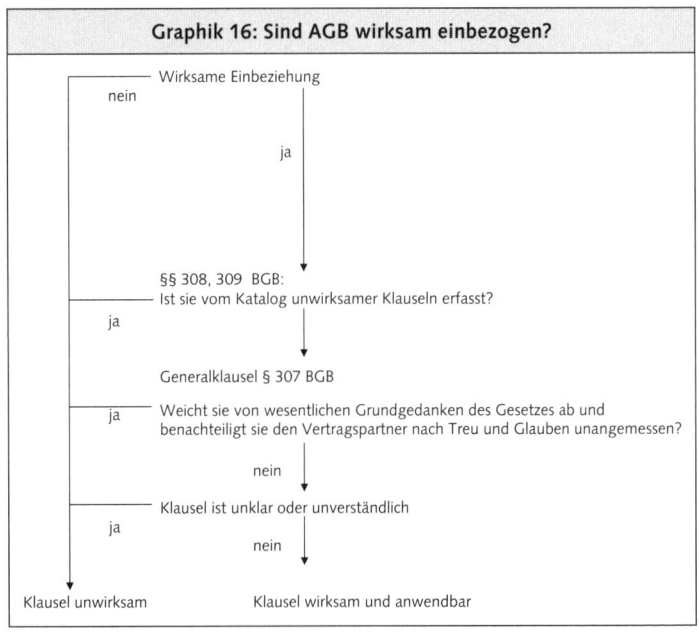

Graphik 16: Sind AGB wirksam einbezogen?

Wirksame Einbeziehung
nein
ja

§§ 308, 309 BGB:
Ist sie vom Katalog unwirksamer Klauseln erfasst?
ja
ja

Generalklausel § 307 BGB
Weicht sie von wesentlichen Grundgedanken des Gesetzes ab und benachteiligt sie den Vertragspartner nach Treu und Glauben unangemessen?
nein

ja
Klausel ist unklar oder unverständlich
nein

ja
Klausel unwirksam   Klausel wirksam und anwendbar

140   Die **Prüfreihenfolge** sieht so aus, dass der Inhalt einer AGB-Regelung erst nach §§ 308, 309 BGB geprüft werden muss, danach erst ist die AGB-Regelung anhand der Generalklausel des § 307 BGB zu prüfen. Die beiden

Vorschriften §§ 308, 309 BGB enthalten Kataloge unwirksamer Klauseln. Diese Kataloge greifen aber nicht ein, wenn es um einen Vertrag zwischen Unternehmen geht, für solche Verträge gilt nur § 307 BGB.

Nachfolgend werden vor allem Grundsätze der Prüfung von AGB **141** dargestellt, auf einzelne Klauseln wird weiter hinten im Buch im Zusammenhang mit dem jeweiligen Thema näher eingegangen.

§ 308 BGB nennt unzulässige Klauseln, bei denen noch eine Wertung **142** im Einzelfall erfolgen muss, **Klauselverbote mit Wertungsmöglichkeit**. Typisches Beispiel ist § 308 Nr. 2 BGB, wonach eine Bestimmung unwirksam ist, durch die sich der Verwender für die von ihm zu bewirkende Leistung abweichend von Rechtsvorschriften eine unangemessen lange oder nicht hinreichend bestimmte Nachfrist vorbehält. Die Unwirksamkeit hängt vor allem davon ab, ob die jeweils genannte Nachfrist unangemessen lang ist oder nicht.

§ 309 BGB benennt solche Klauseln, die auf jeden Fall unwirksam sind, **143** vom Gesetzgeber werden sie als **Klauselverbote ohne Wertungsmöglichkeit** bezeichnet. Danach sind z.B. Vertragsstrafen für den Fall des Zahlungsverzuges verboten oder ein Aufrechnungsausschluss für unbestrittene oder rechtskräftig festgestellte Forderungen.

Nach der **Generalklausel** des § 307 Abs. 1 BGB ist eine Bestimmung **144** in AGB unwirksam, die den Vertragspartner entgegen den Geboten von Treu und Glauben unangemessen benachteiligt. Diese sehr abstrakte Formulierung wird in § 307 Abs. 2 BGB etwas konkretisiert, dort sind Regelbeispiele der unangemessenen Benachteiligung genannt. So liegt nach § 307 Abs. 2 Nr. 1 BGB im Zweifel eine **unangemessene Benachteiligung** vor, wenn

– die AGB-Regelung mit wesentlichen Grundgedanken der gesetzlichen Regelung, von der abgewichen wird, nicht zu vereinbaren ist (§ 307 Abs. 2 Nr. 1 BGB) oder

– die AGB-Regelung wesentliche Rechte oder Pflichten, die sich aus der Natur des Vertrags ergeben, so einschränkt, dass die Erreichung des Vertragszwecks gefährdet ist (§ 307 Abs. 2 Nr. 2 BGB).

Nach § 307 Abs. 2 Nr. 3 BGB sind auch Klauseln unangemessen, die **unklar** oder **unverständlich** sind, ohne dass sie von Rechtsvorschriften abweichen (Transparenzgebot). Der Gesetzgeber will mit dieser Unwirksamkeitsklausel – die auch zugunsten von Unternehmern eingreift – verhindern, dass sich der Verwender durch undeutliche Formulierung seiner AGB Vorteile verschafft, die der Vertragspartner bei Vertragsschluss nicht erwarten kann.

Grundsätzlich gilt bei der Prüfung von AGB, dass sich der **Verwender** **145** nicht auf die Unwirksamkeit einer für ihn ungünstigen AGB-Klausel berufen kann. Er hat den Vertrag selber formuliert und ist im Ergebnis selber schuld, wenn eine Regelung ihn selber benachteiligt. Der Verwender soll keinen Freibrief erhalten, in solchen Fällen nach seinem Belieben vom Vertrag abzuweichen.

146   Die **Rechtsfolge** eines Verstoßes ist in § 306 BGB geregelt. Danach ist grundsätzlich nur derjenige Teil des Vertrages unwirksam, der den Verstoß in sich trägt, § 306 Abs. 1 BGB. Dies kann dazu führen, dass einzelne Bestimmungen der AGB teilweise unwirksam sind, teilweise wirksam.

147   An die Stelle der unwirksamen Klausel tritt die gesetzliche Regelung, § 306 Abs. 2 BGB, sofern eine gesetzliche Regelung existiert.

148   **Fallbeispiel:**
Verbraucher Varblos lässt von Auftragnehmer Glasklar eine Heizung einbauen. G verwendet vorgefertigte Vertragsbedingungen, in denen er die Verjährungsfrist für Mängelansprüche auf ein Jahr beschränkt. Als sich nach drei Jahren Mängel zeigen, weigert sich G, diese zu beseitigen. Zu Recht?

Lösung:
G's Vertragsbedingungen verstoßen gegen das Verbot in § 309 Nr. 8 b) ff) BGB. Danach darf die Verjährungsfrist für Arbeiten an einem Bauwerk (§ 634a Abs. 1 Nr. 2 BGB) nicht verkürzt werden. Anstelle der vertraglichen Regelung greift die gesetzliche Verjährungsfrist von 5 Jahren ein. V kann also Mängelansprüche gegen G geltend machen.

149   Der Verwender trägt also das Risiko, die in den AGB vorgesehenen Rechtsvorteile **insgesamt** zu verlieren und, soweit gesetzliche Regelungen bestehen, nur noch seine gesetzlichen Rechte zu haben. Weicht eine Klausel in unzulässiger Weise zugunsten des Verwenders von den gesetzlichen Regeln für Mängelansprüche ab, gelten im Ergebnis die gesetzlichen Regeln. Gibt es aber keine gesetzlichen Regelungen, verliert der Verwender den gesamten erhofften Vorteil.

150   **Beispiel:**
In AGB ist eine Vertragsstrafe ohne Höhenbegrenzung vorgesehen. Nach ständiger Rechtsprechung muss eine Vertragsstrafe der Höhe nach begrenzt sein, in der Regel werden 5–10 % des Werklohnes für wirksam gehalten. Die fehlende Begrenzung führt dazu, dass die Klausel insgesamt unwirksam ist, sie gilt also nicht mit einer vom Richter zu ergänzenden Höhenbegrenzung weiter.

151   Nur ganz ausnahmsweise ist der Vertrag insgesamt unwirksam. Der Gesetzgeber hat dies in § 306 Abs. 3 BGB für den Fall vorgesehen, wenn die nach § 306 Abs. 2 BGB eintretende Vertragsänderung (anstelle der AGB gelten die gesetzlichen Regelungen) für eine Vertragspartner eine unzumutbare Härte mit sich bringen würde.

d) Sich widersprechende AGB

Wenn zwei Unternehmen einen Vertrag schließen, wird im Zweifel jedes 152
Unternehmen darauf bestehen, dass seine eigenen AGB Vertragsbestandteil werden. In der Regel wird dies jedoch nicht ausdrücklich individuell
geregelt.

Fallbeispiel:
Unternehmen A bestellt bei Unternehmen B Bauleistungen. Im Bestell- 153
schreiben heißt es: „Für diese Bestellung gelten unsere Allgemeinen
Geschäftsbedingungen." Unternehmen B bestätigt den Auftrag. Auf
dem Briefboten findet sich der Hinweis „Aufträge werden nur auf der
Grundlage unserer Allgemeinen Vertragsbedingungen ausgeführt."

In solchen Fällen kommt der Vertrag **weder** zu den Bedingungen des Auf- 154
traggebers **noch** zu denen des Auftragnehmers zustande, da keine Seite die
Bedingungen der jeweils anderen Seite akzeptiert hat. Es gilt insbesondere
nicht eine Art „Recht des letzten Wortes".

In solchen Fällen gelten – wie immer – vorrangig die individuell aus- 155
gehandelten Vertragsbedingungen. Kommt es auf Regelungen aus den
AGB an, so gelten die AGB beider beteiligter Unternehmen, **soweit** sie sich
decken oder ergänzen. Bei Widersprüchen gilt die gesetzliche Regelung,
sofern eine solche existiert.

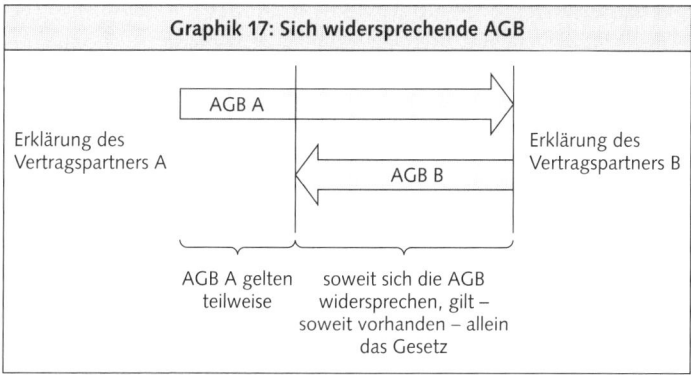

2. Verträge mit Verbrauchern

Bei Verträgen mit Verbrauchern sind AGB nach **schärferen Bedingungen** 156
zu prüfen.

157 | **Hinweis:**
Ein Verbraucher ist jede natürliche Person, die ein Rechtsgeschäft zu einem Zweck abschließt, der weder ihrer gewerblichen noch ihrer selbständigen beruflichen Tätigkeit zugerechnet werden kann, § 13 BGB, vgl. auch oben Rdnr. 32 ff.

158 Nach § 310 Abs. 3 BGB gelten für Verbraucherverträge über die §§ 307, 308, 309 BGB hinaus folgende Besonderheiten:

– Allgemeine Geschäftsbedingungen gelten als vom **Unternehmer** gestellt, es sei denn, dass sie durch den Verbraucher in den Vertrag eingeführt wurden, § 310 Abs. 3 Nr. 1 BGB, wobei diese Vermutung widerlegt werden kann;

– AGB unterliegen auch dann der Inhaltskontrolle nach §§ 307 ff. BGB, wenn der Verwender sie nur für eine **einmalige Verwendung** formuliert hat und soweit der Verbraucher auf Grund der Vorformulierung auf ihren Inhalt keinen Einfluss nehmen konnte, § 310 Abs. 3 Nr. 2 BGB. Im Ergebnis gilt also jeder Vertrag, der dem Verbraucher fertig formuliert vorgelegt wird, als AGB;

– bei der Beurteilung der unangemessenen Benachteiligung nach § 307 BGB sind auch die den Vertragsabschluss begleitenden **Umstände** zu berücksichtigen, § 310 Abs. 3 Nr. 3 BGB, also darf z.B. die Werbung des Verkäufers nicht dem Vertrag und seinen Ausschlüssen widersprechen.

3. Verträge mit Unternehmen

159 Wenn der Vertragspartner des Verwenders ein Unternehmer ist, sind die §§ 308, 309 BGB mit den darin enthaltenen Katalogen nicht direkt anwendbar.

160 | **Hinweis:**
Unternehmer ist nach § 14 BGB jede natürliche oder juristische Person oder jede rechtsfähige Personengesellschaft, die bei Abschluss eines Rechtsgeschäfts in Ausübung ihrer gewerblichen oder selbständigen beruflichen Tätigkeit handelt, vgl. auch oben Rdnr. 32 ff.

161 Abgesehen von der vereinfachten **Einbeziehung** von AGB (vgl. oben Rdnr. 132) hat der Verwender damit bei Verträgen mit Unternehmern auch **inhaltlich** größere Gestaltungsmöglichkeiten. Bei Verträgen mit einem Unternehmen sind AGB nur nach den Maßstäben des § 307 BGB zu prüfen, insbesondere also darauf, ob die AGB den Vertragspartner unangemessen benachteiligen.

Die Rechtsprechung zeigt jedoch eine erhebliche Neigung, die Kataloge in §§ 308, 309 BGB als Indiz für eine unangemessene Benachteiligung heranzuziehen. Der Grundgedanke dieser Rechtsprechung ist, dass eine unangemessene Benachteiligung nach § 307 BGB regelmäßig anzunehmen ist, wenn eine Klausel von den wesentlichen Grundgedanken der gesetzlichen Regelung abweicht. Die in den **Katalogen** der §§ 308, 309 BGB genannten unzulässigen Abweichungen sollen nach dieser Rechtsprechung zugleich Abweichungen von den wesentlichen Grundgedanken der betroffenen gesetzlichen Regelungen darstellen. **162**

Daher ist auch bei Verträgen mit Unternehmern **Vorsicht** bei vom Gesetz abweichenden Regelungen geboten. An vielen Stellen dieses Buches finden sich bei der Darstellung Hinweise auf spezifische Rechtsprechungen zur Zulässigkeit bzw. Unzulässigkeit von Abweichungen in AGB. **163**

4. Die VOB/B

Die VOB/B ist ein im Bauwesen allgemein bekanntes und weithin anerkanntes Regelwerk. Die VOB heißt (seit der Ausgabe 2002) in Langform **„Vergabe- und Vertragsordnung für Bauleistungen – Teil B: Allgemeine Vertragsbedingungen für die Ausführung von Bauleistungen"**. Sie wird vom Deutschen Vergabe- und Vertragsausschuss für Bauleistungen (**DVA**) laufend an die Rechtsentwicklung angepasst. Mit der Ausgabe 2009 wurde die Gliederung der VOB/B umgestellt und dem Aufbau von Gesetzen angepasst. **164**

Die bisherige Gliederung sah als Gliederungsstufen vor:
§   Nr.   *(Abs.)*   *lit.*
Die neue Gliederung sieht vor:
§   *(Abs.)*   Nr.   *lit.*
Aus § 2 Nr. 7 Abs. 2 VOB/B ist also (ohne inhaltliche Änderung) § 2 Abs. 7 Nr. 2 VOB/B geworden. Dennoch findet man in manchen (insoweit nicht dem aktuellen Stand entsprechenden) Formularen oder Büchern die alte Gliederung.

Die Vergabe- und Vertragsordnung für Bauleistungen (VOB) umfasst drei Teile: **165**

– **Teil A** enthält Regelungen zur Durchführung von Vergabeverfahren öffentlicher Auftraggeber und wurde oben in Rdnr. 91 beim Thema Vergaberecht angesprochen;

– **Teil B** enthält in 18 Paragraphen Regelungen für die Durchführung von Verträgen über Bauleistungen;

– **Teil C** enthält Zusätzliche Technische Vertragsbedingungen, mit Festlegungen zu technischen Fragen wie Regelausführungsweisen und
Abrechnungsmethoden.

Die Regelungen in Teil B und Teil C sollen dazu beitragen, dass die Vertragspartner einen möglichst vollständigen Vertrag abschließen. Diese
Regelungen sind immer dann maßgeblich, wenn der **Vertrag** keine anderslautenden Festlegungen enthält. So ist es kaum üblich, Aufmaß- und
Abrechnungsmethoden im Vertrag zu beschreiben, diese sind aber ausführlich in Teil C geregelt.

Gegenstand dieser Darstellung ist allein die VOB/B.

166   Der wichtigste allgemeine Hinweis zur VOB/B ist, dass sie nur dann
eingreift, wenn ihre Geltung ausdrücklich und ordnungsgemäß vereinbart
wurde. Es ist ein häufiger Fehler in der Praxis, sich auf Regelungen der
VOB/B zu stützen, ohne die Geltung der VOB/B vorher vereinbart zu
haben, mehr zur Vereinbarung der VOB/B unten Rdnr. 181.

167   Ob eine Klausel der VOB/B eingreift oder nicht, ist nach folgendem
Schema zu prüfen:

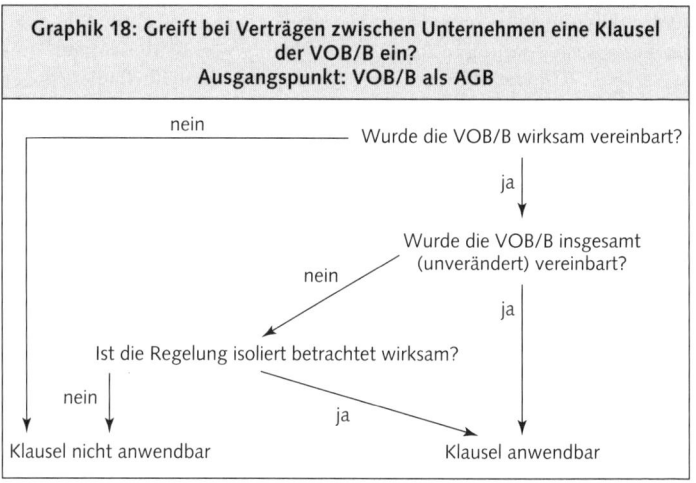

a) Rechtsnatur und Privilegierung

168   Die VOB/B enthält vom DVA vorformulierte Vertragsbedingungen, also
eindeutig **Allgemeine Vertragsbedingungen** im Sinne der §§ 305 ff. BGB.
Sie müssen sich also hinsichtlich

– Einbeziehung und

– Wirksamkeit

an den Maßstäben der §§ 305 ff. BGB messen lassen. Das kann bedeuten, dass eine in der VOB/B formulierte und für den Verwender günstige Regelung als AGB unwirksam ist. Allerdings betrifft dies Risiko nur ganz wenige Regelungen, so dass diese AGB-rechtliche Überprüfung in der Praxis kaum eine Rolle spielt.

Die VOB/B genießt allerdings gegenüber anderen AGB einen besonderen Vorteil: Wenn die VOB/B „**insgesamt**" im Sinne von „**unverändert**" vereinbart ist, werden die einzelnen Klauseln nicht jede für sich nach den §§ 305 ff. BGB geprüft. Die Rechtsprechung geht vielmehr davon aus, dass die VOB/B insgesamt in sich ausgewogen und fair ist und dass es daher keiner Kontrolle mehr bedarf. Diese Bevorzugung der VOB/B insgesamt wird auch als **Privilegierung** bezeichnet. Wenn die VOB/B hingegen nicht insgesamt vereinbart wurde, kann und muss ein Gericht im Streitfall jede Klausel der VOB/B prüfen, ob sie als AGB wirksam ist oder nicht. Die VOB/B ist dann „insgesamt" vereinbart, wenn der Vertrag **an keiner einzigen Stelle** von ihr abweicht (BGH, Urteil vom 22.1.2004 – VII ZR 419/02). **169**

Diese Privilegierung hat allerdings durch ein grundlegendes Urteil des BGH (BGH, Urteil vom 24.7.2008 – VII ZR 55/07) eine wesentliche **Einschränkung** erfahren: Gegenüber **Verbrauchern** gilt diese Privilegierung nicht, d.h. bei Verbrauchern als Vertragspartner (und dem Unternehmen als Verwender) rettet auch eine unveränderte Vereinbarung der VOB/B nicht davor, dass für den Verbraucher ungünstige Klauseln als AGB geprüft werden. Dies hat zu einer erheblichen Diskussion geführt, ob mit Verbrauchern überhaupt noch die VOB/B vereinbart werden soll. **170**

Im Gesetz finden sich diese Privilegierung und ihre Einschränkung in § 310 Abs. 1 S. 2, 3 BGB. **171**

b) Anwendungsbereich der VOB/B

Die Geltung der VOB/B kann nur für **Bauleistungen** vereinbart werden. Was darunter zu verstehen ist, ist in § 1 VOB/A festgehalten. Der Anwendungsbereich der VOB/B ist aber nicht identisch mit der Definition des Bauvertrages in § 650a BGB (vgl. Rdnr. 22). **172**

> **Hinweis:** **173**
> Bauleistungen sind Arbeiten jeder Art, durch die eine bauliche Anlage hergestellt, instandgehalten, geändert oder beseitigt wird, § 1 VOB/A.

174 Die Geltung der VOB/B kann also z.B. **nicht vereinbart** werden für
- Bauträgerverträge, also kombinierte Kauf- und Werkverträge
- Verträge über Architekten- und Ingenieurleistungen
- Mietverträge über Gerüste etc.
- Kaufverträge über zu liefernde Einzelanfertigungen, Baustoffe usw.

175 Bei gemischten Verträgen wie Generalunternehmerverträgen, bei denen der Generalunternehmer neben der Ausführung der Bauleistung auch Planungsleistungen übernimmt, kann die VOB/B nur für die eigentlichen Bauleistungen vereinbart werden. Für die Planungsleistungen gilt die VOB/B also nicht.

c) Pflicht zur Anwendung der VOB/B

176 Es gibt grundsätzlich keine wie auch immer geartete gesetzliche **Pflicht**, in einem Vertrag über die Ausführung von Bauleistungen die Geltung der VOB/B zu vereinbaren.
Es gibt insoweit drei wichtige **Ausnahmen**.

177 – Die **VOB/A** sieht in den Abschnitten 1 und 2 vor, dass öffentliche Auftraggeber im Rahmen von Vergabeverfahren ihren Verträgen die VOB/B zu Grunde legen müssen. Besteht eine solche Pflicht, die VOB/B anzuwenden, darf der Auftraggeber in seinen Vertragsbedingungen auch nicht von den inhaltlichen Regelungen der VOB/B abweichen.

178 – In der **VOB/B** findet sich eine weitere Ausnahme. Will der Auftragnehmer Leistungen entgegen § 4 Abs. 8 Nr. 1 VOB/B nicht im eigenen Betrieb ausführen, kann er mit Zustimmung des Auftraggebers Subunternehmer beauftragen. Bei der Beauftragung der Subunternehmer hat er nach § 4 Abs. 8 Nr. 2 VOB/B die VOB/B zu vereinbaren.

179 – Erhält ein Auftraggeber **Fördermittel**, kann man ihn dazu verpflichten, die Mittelstandsrichtlinien eines Bundeslandes zu beachten. In diesen Mittelstandsrichtlinien ist regelmäßig vorgesehen, dass Auftraggeber ihren Auftragnehmern die VOB/B aufgeben müssen.

180 Aber auch bei diesen Ausnahmefällen gilt: Der jeweilige Vertrag muss die Einbeziehung der VOB/B vorgesehen, sonst greift die VOB/B nicht! Als **Rechtsfolge** einer pflichtwidrig unterlassenen Einbeziehung der VOB/B kommt in der Regel nur ein Schadensersatzanspruch in Frage.

d) Einbeziehung

Bei der Frage, **wie** die VOB/B einzubeziehen ist, ist zu unterscheiden   **181**
zwischen Verträgen mit

- im Bauwesen Erfahrenen und Unternehmern und
- im Bauwesen unerfahrenen Personen, insbesondere mit Verbrauchern.

Bei im Bauwesen **Erfahrenen** und **Unternehmern** reicht es wie bei anderen   **182**
AGB aus, bei Vertragsschluss auf deren Geltung hinzuweisen. Die VOB/B
muss diesen Vertragspartnern nicht mitgeteilt oder übersandt werden.

Anders aber bei anderen Personen, insbesondere bei **Verbrauchern**.   **183**
Diesen muss man die VOB/B wie andere AGB auch übergeben, z.B. als
Abdruck auf der Rückseite eines Angebotsschreibens. Dies ist die sicherste
Methode, die Einbeziehung der VOB/B zu gewährleisten. Es reicht bei-
spielsweise nicht aus, dass der Verwender dem Verbraucher nur anbietet,
ihm auf Nachfrage einen Abdruck der VOB/B zu übergeben.

In der Praxis sehr wichtig ist dabei die Frage des **Nachweises**.   **184**

e) Risiken: gerichtliche Überprüfung

Wird die VOB/B nicht insgesamt, also unverändert, vereinbart, ist im   **185**
Streitfall jede Klausel des Vertrages und der VOB/B einzeln zu prüfen, ob
sie nach den Vorschriften zu AGB, §§ 307 ff. BGB, wirksam ist oder nicht.
Bei der **isolierten Prüfung** wurden bereits einige Klauseln für unwirksam
gehalten, so die Regelungen zur Schlusszahlung in § 16 Abs. 3 VOB/B.
Hierauf wird auch weiter unten bei der Darstellung der Regelungen im
Detail näher eingegangen.

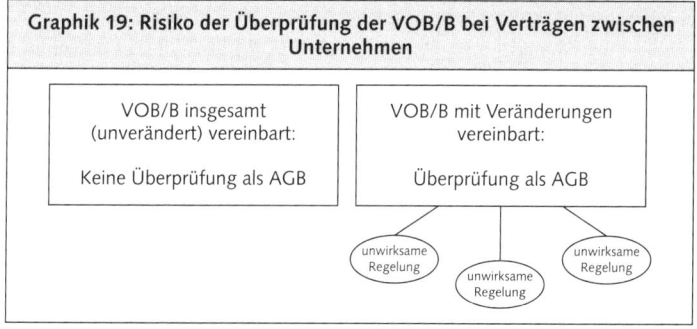

Graphik 19: Risiko der Überprüfung der VOB/B bei Verträgen zwischen Unternehmen

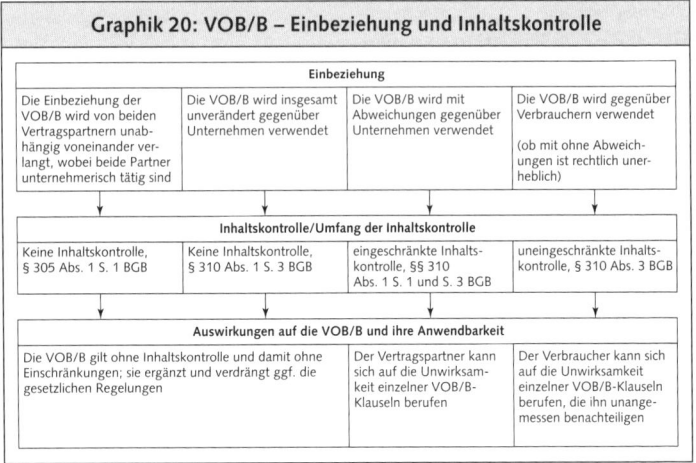

Graphik 20: VOB/B – Einbeziehung und Inhaltskontrolle

Einbeziehung			
Die Einbeziehung der VOB/B wird von beiden Vertragspartnern unabhängig voneinander verlangt, wobei beide Partner unternehmerisch tätig sind	Die VOB/B wird insgesamt unverändert gegenüber Unternehmen verwendet	Die VOB/B wird mit Abweichungen gegenüber Unternehmen verwendet	Die VOB/B wird gegenüber Verbrauchern verwendet (ob mit ohne Abweichungen ist rechtlich unerheblich)

Inhaltskontrolle/Umfang der Inhaltskontrolle			
Keine Inhaltskontrolle, § 305 Abs. 1 S. 1 BGB	Keine Inhaltskontrolle, § 310 Abs. 1 S. 3 BGB	eingeschränkte Inhaltskontrolle, §§ 310 Abs. 1 S. 1 und S. 3 BGB	uneingeschränkte Inhaltskontrolle, § 310 Abs. 3 BGB

Auswirkungen auf die VOB/B und ihre Anwendbarkeit			
Die VOB/B gilt ohne Inhaltskontrolle und damit ohne Einschränkungen; sie ergänzt und verdrängt ggf. die gesetzlichen Regelungen		Der Vertragspartner kann sich auf die Unwirksamkeit einzelner VOB/B-Klauseln berufen	Der Verbraucher kann sich auf die Unwirksamkeit einzelner VOB/B-Klauseln berufen, die ihn unangemessen benachteiligen

5. Andere Unwirksamkeitsgründe

186 Außer bei Verstößen gegen Formvorschriften (vgl. oben Rdnr. 55 ff.) kann ein Vertrag in folgenden Fällen **unwirksam** sein:

  – wenn **keine Einigung** über den Werklohn oder die Leistung zustande kommt und diese fehlende Einigung beiden Seiten bewusst ist;

  – wenn der Vertrag **sittenwidrig** gemäß § 138 BGB ist, z.B. wegen der völlig überzogenen Höhe des festgelegten Werklohnes;

  – bei Verstößen gegen **gesetzliche Verbote**, § 134 BGB. Im Baubereich sind u.a. das Gesetz zur Bekämpfung der Schwarzarbeit, das Arbeitnehmerüberlassungsgesetz und natürlich die Steuergesetze zu beachten;

  – bei einem Verstoß gegen die Pflicht zur Vorabinformation nach § 134 GWB, z.B. weil ohne Vorliegen der Voraussetzungen nur mit einem einzigen Unternehmen verhandelt wird.

187 Verträge über **Architektenleistungen** sind wegen Verstoß gegen das Kopplungsverbot in § 3 Gesetz zur Regelung von Ingenieur- und Architektenleistungen unwirksam, wenn sich ein Grundstückskäufer im Zusammenhang mit dem Grundstückserwerb verpflichtet, einen bestimmten Architekten oder Ingenieur mit der Bauwerksplanung und/oder –ausführung zu beauftragen (als nicht verfassungswidrig bestätigt mit BGH v. 22.7.2010, VII ZR 144/09).

6. Inhaltsbestimmung durch Auslegung

Verträge unterliegen wie alles Menschengemachte dem Risiko von Feh-   **188**
lern, unvollkommenen Formulierungen und Lücken. Grundsätzlich gilt
natürlich der **Wortlaut** von Verträgen. Was ist aber, wenn der Wortlaut
aufgrund der „Fehlerquelle Mensch" falsch, missverständlich oder lücken-
haft ist? In solchen Fällen kann es oft möglich sein, den Vertragsinhalt
durch Auslegung zu ermitteln.

> **Fallbeispiel 1:**   **189**
> Im der Präambel des Vertrages heißt es, dass der Auftraggeber das
> zu bauende Gebäude bereits vermietet hat und dass es daher beson-
> ders wichtig ist, dass das Gebäude am 31.12.2020 bezugsfertig ist. In
> der Vertragsstrafenklausel wird vereinbart, dass der Auftragnehmer bei
> schuldhaftem Überschreiten des Fertigstellungstermins 31.12.2020 eine
> Vertragsstrafe in Höhe der vom Auftraggeber genannten Monatsmiete
> schuldet. Die Vertragsfristen werden durch Bezugnahme auf eine Anla-
> ge 1 „Terminplan" vereinbart. Dort ist versehentlich als Fertigstellungs-
> termin der 31.12.2220 genannt. Bis wann muss der Auftragnehmer das
> Gebäude fertig stellen?
>
> **Lösung:**
> Aufgrund der zweimaligen Nennung des 31.12.2020 und der offensicht-
> lich viel zu langen Frist zwischen Vertragsschluss und dem Jahr 2220
> ist die Anlage im Wege der Auslegung dahin zu verstehen, dass der
> 31.12.2020 gemeint war.
>
> **Fallbeispiel 2:**
> In einem Pauschalvertrag ist eine Außentreppe nur in einem Plan einge-
> zeichnet, aber in den Vorbemerkungen nicht angesprochen. Pläne und
> Vorbemerkungen sind gleichwertige Vertragsbestandteile. Muss der Auf-
> tragnehmer für den Pauschalpreis auch diese Außentreppe ausführen?
>
> **Lösung:**
> Im Vertrag soll die Leistung im Zweifel als sinnvolles Ganzes beschrieben
> werden. Ein Widerspruch zwischen den Vertragsbestandteilen besteht
> nicht. Daher müssen alle Teile der Leistungsbeschreibung berücksichtigt
> werden und der Auftragnehmer muss auch die Außentreppe ausführen.

Es gibt folgende Methoden der Vertragsauslegung: **190**

- Ausgangspunkt ist stets der **Wortlaut** des Vertrages. Dieser ist nach
  dem allgemeinen Sprachgebrauch zu verstehen, bei Verwendung von
  Fachausdrücken kommt es auf deren Bedeutung in der Fachsprache an.
- Darüber hinaus sind bei Unklarheiten die **Begleitumstände** des Ver-
  tragsabschlusses und die jeweilige **Interessenlage** zu berücksichtigen.
  Es ist davon auszugehen, dass völlig ungewöhnliche und unerwartete
  Risiken regelmäßig nicht erfasst sein sollen.

191   Diese Auslegungsgrundsätze gelten auch für einseitige Willenserklärungen wie Mahnungen etc.

192   Die Auslegung richtet sich grundsätzlich nach dem **Empfängerhorizont**. Wie musste der Empfänger der Erklärung den Inhalt verstehen? Verlangt z.B. die **VOB/C** vom Auftraggeber, bestimmte Angaben zu machen (vgl. BGH v. 21.3.2013, VII ZR 122/11)? Dabei kommt es nicht allein auf den reinen Wortlaut an. Der reine Wortlaut ist ein wichtiger, aber nicht der einzige Anknüpfungspunkt für das, was wirklich gemeint war.

193   **Fallbeispiel:**
In einem Vertrag nennt Auftragnehmer Sorglos eine Reihe von zu leistenden Abschlagszahlungen. Die genau benannten und aufaddierten Summen ergeben zusammen € 100.000,00. Am Ende des Vertrages fasst S die Vertragspartner den Auftragswert zusammen und S schreibt, dass Auftraggeber Zahllos insgesamt € 10.000,00 zahlen muss.

Ganz offensichtlich hat sich S nur verschrieben und meint – für Z ohne weiteres erkennbar – einen Betrag von € 100.000,00.

194   Bei der Auslegung ist auch zu berücksichtigen, was mit der jeweiligen Erklärung bezweckt wird. So kann ein als „Rücktritt" überschriebenes Schreiben ohne weiteres als Kündigung aus wichtigem Grund ausgelegt werden, wenn sich dies aus dem Schreiben und den Begleitumständen ergibt.

195   Maßgeblich sind dabei die Vorstellungen bei **Abgabe der Erklärung**. Spätere Umstände und Erkenntnisse sind nicht zu berücksichtigen.

IV. Arten der Vergütung und der Leistungsbeschreibung

196   Das vom Auftragnehmer geschuldete Werk und die vom Auftraggeber geschuldete Vergütung hängen eng miteinander zusammen. Was muss der Auftragnehmer für den vereinbarten Werklohn leisten, wofür kann er eine zusätzliche Vergütung verlangen? Die Antwort auf diese Fragen hängt allein vom Inhalt des Vertrages ab. Dabei lassen sich die Art der Vergütung und die Art der Leistungsbeschreibung nicht voneinander trennen.

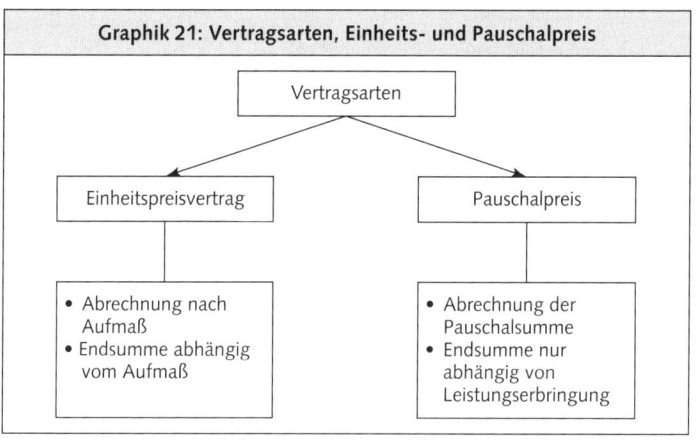

Graphik 21: Vertragsarten, Einheits- und Pauschalpreis

1. Einheitspreisvertrag

Der „Normalfall" bei Verträgen über Bauleistungen ist der Einheitspreis- **197**
vertrag. In der VOB/B ist dies ausdrücklich festgehalten, im BGB ist dies
die dem Verfasser bekannte Praxis.

a) Leistungsinhalt und Abrechnung des Einheitspreisvertrages gemäß BGB

Bei einem Einheitspreisvertrag werden die vom Auftragnehmer geschul- **198**
deten Leistungen in einzelnen **Positionen** eines Leistungsverzeichnisses
beschrieben. Jede einzelne Position bekommt einen Preis bezogen auf eine
Grundeinheit zugeordnet. Grundeinheiten können Masse, Gewichte oder
Stückzahlen sein. Die Einheitspreise beziehen sich also regelmäßig jeweils
auf 1 Stück, 1 t, 1 m³, 1 m² etc. Der Einheitspreis multipliziert mit den vom
Auftraggeber vorgegebenen Mengen ergibt den Angebotspreis.

Die vom Auftragnehmer geschuldeten **Leistungen** lassen sich nach **199**
Art und Umfang genau dem Leistungsverzeichnis entnehmen, wobei
jedoch Abweichungen bei den Maßen der dort beschriebenen Leistungen
möglich sind.

Die **Abrechnung** erfolgt, indem die tatsächlich ausgeführten Einhei- **200**
ten mit dem Einheitspreis multipliziert werden. Weicht die ausgeführte
Leistung mengenmäßig von der ursprünglich bestellten ab, wird dies in
der Schlussrechnung aufgrund dieser Berechnungsweise ohne weiteres
berücksichtigt. Bei der VOB/B ergibt sich dies aus § 2 Abs. 2 VOB/B,
bei Verträgen ohne Einbeziehung der VOB/B sollte dies **ausdrücklich**

vereinbart werden. Bei Bauverträgen verlangt § 650g Abs. 4 BGB eine prüffähige Abrechnung des Auftragnehmers (vgl. dazu unten Rdnr. 528).

Hinweis:

§ 2 Abs. 1 Nr. 2 VOB/B:
Die Vergütung wird nach den vertraglichen Einheitspreisen und den tatsächlich ausgeführten Leistungen berechnet, wenn keine andere Berechnungsart (z.B. durch Pauschalsumme, nach Stundenlohnsätzen, nach Selbstkosten) vereinbart ist.

Ist auch die VOB/C nicht Vertragsbestandteil, sollten auch Aufmaßregeln vereinbart werden.

201 Auftraggeber und Auftragnehmer sind beide an die vereinbarten Einheitspreise gebunden, es handelt sich also um **Festpreise.** Abweichende Vereinbarungen wie Materialpreisgleitklauseln müssen im Einzelfall vereinbart werden.

202 Eine **Anpassung** der Einheitspreise kommt – außer bei einvernehmlich vereinbarten oder vom Auftraggeber angeordneten geänderten oder zusätzlichen Leistungen – allenfalls dann in Frage, wenn ein Fall des Wegfalles der Geschäftsgrundlage vorliegt.

b) Leistungsbeschreibung bei Verträgen mit Verbrauchern

202a Bei Verträgen mit Verbrauchern enthält das BGB an mehreren Stellen besondere Vorgaben für die Leistungsbeschreibung.

202b Bei **Verbraucherbauverträgen** i.S.d. § 650i BGB verlangt § 650j BGB, dass der Auftragnehmer dem Auftraggeber Informationen zum Vertragsinhalt gibt und verweist auf Art. 249 EGBGB. Die gleiche Pflicht gilt auch für Bauträgerverträgen mit Verbrauchern.

202c Die **Baubeschreibung** muss danach mindestens folgende Informationen enthalten:

1. allgemeine Beschreibung des herzustellenden Gebäudes oder der vorzunehmenden Umbauten, gegebenenfalls Haustyp und Bauweise,

2. Art und Umfang der angebotenen Leistungen, gegebenenfalls der Planung und der Bauleitung, der Arbeiten am Grundstück und der Baustelleneinrichtung sowie der Ausbaustufe,

3. Gebäudedaten, Pläne mit Raum- und Flächenangaben sowie Ansichten, Grundrisse und Schnitte,

4. gegebenenfalls Angaben zum Energie-, zum Brandschutz- und zum Schallschutzstandard sowie zur Bauphysik,

5. Angaben zur Beschreibung der Baukonstruktionen aller wesentlichen Gewerke,

6. gegebenenfalls Beschreibung des Innenausbaus,

7. gegebenenfalls Beschreibung der gebäudetechnischen Anlagen,

8. Angaben zu Qualitätsmerkmalen, denen das Gebäude oder der Umbau genügen muss,

9. gegebenenfalls Beschreibung der Sanitärobjekte, der Armaturen, der Elektroanlage, der Installationen, der Informationstechnologie und der Außenanlagen.

Die Baubeschreibung hat verbindliche Angaben zum Zeitpunkt der Fertigstellung des Werks zu enthalten. Steht der Beginn der Baumaßnahme noch nicht fest, ist ihre Dauer anzugeben.

Bei **Verträgen aller Art mit Verbrauchern** ist der Verbraucher nach **202d** § 312a Abs. 2 BGB zu informieren. Dies beinhaltet nach Art. 246 EGBGB unter anderem (soweit typischerweise für Verträge über Bauverträge relevant) folgende Informationen:

– die wesentlichen Eigenschaften der Waren oder Dienstleistungen in dem für die Waren oder Dienstleistungen angemessenen Umfang,

– den Gesamtpreis der Waren und Dienstleistungen einschließlich aller Steuern und Abgaben oder in den Fällen, in denen der Preis auf Grund der Beschaffenheit der Ware oder Dienstleistung vernünftigerweise nicht im Voraus berechnet werden kann, die Art der Preisberechnung.

Die Information muss klar und verständlich sein, eine bestimmte Form ist nicht vorgeschrieben.

Bei **Verträgen, die außerhalb von Geschäftsräumen** geschlossen werden, verweist § 312d Abs. 1 BGB zum Inhalt der zu erteilenden Informationen auf Art. 246a EGBGB. Diese Vorschrift ist deutlich länger als der oben nur auszugsweise wiedergegebene Art. 246 EGBGB, enthält aber typischerweise für Bauverträge keine zusätzlichen Verpflichtungen. **202e**

Diese Information und vor allem eine Bestätigung des Vertrages, in der der Vertragsinhalt wiedergegeben ist, muss der Auftragnehmer dem Auftraggeber nach § 312f Abs. 1 Nr. 2 BGB „alsbald" nach Vertragsschluss **auf Papier** zur Verfügung stellen.

c) Abrechnung des Einheitspreisvertrages nach VOB/B und Änderungen des Vertrages

Die Abrechnungsweise des Einheitspreisvertrages nach BGB und VOB/B **203** ist grundsätzlich gleich. Nach VOB/B und bei Bauverträgen i.S.d. § 50a BGB muss der Auftragnehmer eine **prüffähige Schlussrechnung** erstellen, in der er die ausgeführten Massen mit Hilfe eines Aufmaßes nachweist. Auf die Anforderungen an diese Schlussrechnung wird weiter unten bei der Zahlung des Werklohnes näher eingegangen, vgl. unten Rdnr. 528.

204   Änderungen des Vertrages sind für BGB-Verträge in Rdnr. 246 und für VOB-Verträge in Rdnr. 251 ausführlich dargestellt. Bei BGB-Werkverträgen bedarf jede Änderung einer Vereinbarung, bei Bauverträgen i.S.d. § 650a BGB und bei VOB-Verträgen hat der Auftraggeber ein (eingeschränktes) Anordnungsrecht.

2. Pauschalvertrag

205   Die besondere Eigenheit des Einheitspreisvertrages ist, dass der Werklohn genau nach den ausgeführten Leistungen und Massen abgerechnet wird. Dies wird oft als Nachteil empfunden. Auftraggeber wollen bereits bei Vertragsschluss Sicherheit über die Baukosten haben, Auftragnehmer scheuen den Aufwand für die erforderliche Aufmaßerstellung. Deswegen werden die Leistungen des Auftragnehmers oft pauschaliert. **Pauschalierung** heißt in diesem Zusammenhang, dass man auf einen mathematisch genauen Zusammenhang von Leistung und Vergütung verzichtet und stattdessen eine Art Puffer-Vereinbarung trifft. Liegt die ausgeführte Leistung im Bereich des vereinbarten Puffers, ändert sich die Vergütung nicht. Dabei übernehmen beide Seiten ein gewisses Risiko.

206   Die Pauschalierung kann sich dabei nur die auszuführenden Massen beziehen, so dass der Auftragnehmer unabhängig von den ausgeführten Massen einen festen Preis erhält. Die Vertragspartner können aber auch die Leistung pauschalieren, so dass der Auftragnehmer (stark überspitzt ausgedrückt) unabhängig von Art und Umfang der erbrachten Leistungen einen festen Preis erhält.

207   Die nachfolgende Darstellung folgt einer weit verbreiteten Unterscheidung zwischen sog. **Detailpauschal-** und **Globalpauschalverträgen**, es sind durchaus auch andere Grundmodelle denkbar und verbreitet. Die Grenzen zwischen den dargestellten Grundmodellen sind fließend.

208   Da dies alles in der Hand der Vertragspartner liegt, sind unendlich viele Misch- und Zwischenformen denkbar. So kommt es z.B. häufig vor, dass in einem Einheitspreisvertrag **einzelne Positionen** nur pauschal beschrieben sind. In solchen Fällen ist diese einzelne Position für sich genommen nach den gleichen Regeln wie ein Pauschalvertrag zu behandeln.

209   Die Pauschalierung reicht jedoch auf keinen Fall „unendlich" weit, sondern ist durch die beauftragte Leistung begrenzt, so „weich" oder „weit" diese auch formuliert sein mag. **Ändert** der Auftraggeber die Leistung, ändert sich auch der Pauschalpreis. Die Pauschale umfasst immer nur die

vom ursprünglichen Vertrag und der zugrundeliegenden Leistungsbeschreibung erfassten Leistungen und Risiken. Auftragnehmer können natürlich auch das Risiko unerwarteter Zusatzleistungen übernehmen – allerdings sind an eine solche Risikoübernahme hohe Anforderungen zu stellen, BGH v. 13.8.2008, VII ZR 194/06.

a) Vereinbarung einer Pauschale

Grundsätzlich ist der **Auftragnehmer** beweispflichtig dafür, wie der Vertrag abzurechnen ist, da es um seinen Werklohnanspruch geht. Beruft sich ein Vertragspartner auf die Vereinbarung eines Pauschalpreises, ist dies immer genau zu prüfen. Grundsätzlich trägt der Auftragnehmer die Beweislast dafür, dass eine Leistung nicht von der Pauschalierung erfasst ist und einen Nachtrag rechtfertigt. Allerdings gehen Unklarheiten des Vertrages zu Lasten des Auftraggebers – wenn er ihn formuliert hatte.   210

Es kann auch sein, dass die Vertragspartner nur eine Abrundung oder einen Rabatt vereinbaren wollten, ohne die Leistung in irgendeiner Weise zu pauschalieren. Ein echter Pauschalpreis liegt nur dann vor, wenn Leistung **und** Vergütung pauschaliert werden sollten.

So muss z.B. ein „Festpreis" kein Pauschalpreis sein, da ein Festpreis auch so verstanden werden kann, dass Materialpreis- oder Lohn-Erhöhungen ausgeschlossen sein sollen. Ein „Richtpreis" oder „ca.-Preis" sind begrifflich noch weiter vom Pauschalpreis entfernt, da sie eine gewisse Variabilität beinhalten. Bezieht sich der „ca.-Preis" auf eine äußerst ungenau beschriebene Vergütung, ist Streit vorprogrammiert, da weder Leistung noch Vergütung wirklich bestimmbar sind.   211

Es kann nur geraten werden, bei der Vereinbarung von Pauschalen so deutlich wie möglich festzuhalten, was die Vertragspartner wollen! Es ist ein besonders streitträchtiges Gebiet, den Umfang einer pauschalierten Leistung zu ermitteln.   212

b) Detailpauschalvertrag

Bei dem sog. **Detailpauschalvertrag** gibt typischerweise der Auftraggeber dem Auftragnehmer die Leistung weitgehend vor. Der Auftragnehmer erhält für die Angebotskalkulation z.B. die Entwurfs- oder Ausführungsplanung, vielleicht auch das Raumbuch oder eine mehr oder weniger genaue Baubeschreibung. Auf dieser Grundlage kann der Auftragnehmer die geschuldete Leistung der Art nach weitgehend ermitteln und auch die Massen ziemlich genau feststellen. Für die geschuldete Leistung vereinbaren die Vertragspartner dann einen Pauschalpreis.   213

Besonders schwierig wird es, wenn dem Angebot ein **Leistungsverzeichnis** mit Massen zugrunde lag. Es kommt dann ganz besonders auf die   214 sonstigen Formulierungen im Vertrag an. Wollten der Auftragnehmer und der Auftraggeber das Risiko übernehmen, dass die Massen nicht richtig ermittelt waren? Gewissermaßen als **Faustregel** für die Auslegung solcher Verträge lässt sich folgendes sagen: Je genauer die Leistung beschrieben ist, desto weniger Raum bleibt für eine Pauschalierung, wenn der Vertrag nicht ausdrücklich etwas anderes sagt. Das von der Pauschalierung umfasste Leistungssoll ist also sehr eng beschrieben, so dass bereits geringe Abweichungen zu Ansprüchen auf Anpassung der Vergütung führen können.

Fallbeispiel:
Der Auftragnehmer macht ein Angebot für die Ausführung eines genau beschriebenen Badzimmers für 21.321,00 €. Die Vertragspartner einigen sich darauf, dass der Auftragnehmer für die Leistungen 20.500,00 € erhält. Bei Beginn der Ausführung stellt der Auftragnehmer fest, dass die Zu- und Abwasserleitungen anders liegen als in der ursprünglichen Planung, die Grundlage des Angebotes war. Daher kann z.B. die im Vertrag genau beschriebene Badewanne nicht eingebaut werden, sondern es wird eine Spezialanfertigung benötigt.

Lösung:
Dieses Risiko liegt allein beim Auftraggeber, da hier offensichtlich nur eine Abrundung vereinbart wurde und die Leistung im Übrigen genau beschrieben war, so dass der Auftragnehmer keinerlei Vollständigkeits- oder Funktionsrisiken übernommen hat.

c) Globalpauschalvertrag

215   Der Schulfall eines vollständigen Globalpauschalvertrages lässt sich ungefähr wie folgt formulieren:

Beispiel:
216   „Der Auftragnehmer errichtet ein schlüsselfertiges Wohnhaus mittlerer Art und Güte mit 160 qm Wohnfläche und erhält hierfür eine Pauschalvergütung von € 400.000,00 brutto."

Eine Vereinbarung in dieser Kürze ist natürlich extrem praxisuntauglich, verdeutlicht aber das Prinzip eines Globalpauschalvertrages.

217   Entscheidend für den Globalpauschalvertrag ist dabei das **globale Element** der Leistungsbeschreibung. Meist ist die Beschreibung funktional, wie bei dem gewählten Beispiel. Eine Globalisierung liegt z.B. in den Begriffen „schlüsselfertig, bezugsfertig, gebrauchsfertig" oder in der Beauftragung „aller erforderlichen Leistungen". Der Auftragnehmer trägt bei dieser Art von Leistungsbeschreibung ein sehr großes Risiko, dass Mehrleistungen notwendig werden, die er erbringen muss, obwohl er sie in seiner internen Kalkulation nicht berücksichtigt hat.

Fallbeispiel: 218
Auftragnehmer Tunichgud übernimmt die schlüsselfertige Errichtung
eines Einfamilienhauses für einen Pauschalpreis. In der sehr kurzen Leistungsbeschreibung ist die Baugrube nicht erwähnt. T verlangt die Anpassung des Pauschalpreises. Die Baugrube habe er nicht kalkuliert und
sie bedeute eine deutliche Abänderung der ausgeschriebenen Leistung.

Ergebnis:
Ohne Erfolg. Die Baugrube gehört zu den Leistungen, die T erbringen
muss. Auch wenn sie nicht im Vertrag erwähnt ist, gehört sie zwingend
zur Ausführung des Einfamilienhauses.

Normalerweise ist die Baubeschreibung auch bei Globalpauschalverträgen   219
etwas genauer. Bei einem Wohnhaus würde man sicherlich festhalten,
welche Dachform das Haus haben soll, wie viele Zimmer vorhanden
sein sollen, Lage und ungefähre Größe der Zimmer etc. Je genauer die
Beschreibung wird, desto eher liegt ein Detailpauschalvertrag vor. Die
Pflichten betreffend die Leistungsbeschreibung bei Verträgen mit Verbrauchern (vgl. Rdnr. 202a ff.) bleiben natürlich unberührt.

d) Grenzen der Pauschalierung

Die Pauschalierung der Leistung führt jedoch nicht dazu, dass der Auf-   220
tragnehmer jede Abweichung der ausgeführten von der ausgeschriebenen
Leistung hinnehmen muss. Eine Pauschalvergütung ist immer dann anzupassen, wenn entweder **ein unerträgliches Missverhältnis** zwischen
Gesamtbauleistung und Pauschalpreis entsteht oder wenn es zu **Änderungen der geschuldeten Vertragsleistung** kommt. Wegen der sehr unterschiedlichen Folgen auf die Vergütung sind diese beiden Fälle genau
zu unterscheiden.

Allgemein gesagt kann ein Auftragnehmer die Anpassung eines Pau-   221
schalpreises verlangen, wenn ein **unerträgliches Missverhältnis** zwischen
Gesamtbauleistung dem Pauschalpreis entsteht. Auf Abweichungen bei einzelnen Leistungen (z.B. eines Leistungsverzeichnisses) kommt es nicht an,
sondern auf die gesamte ausgeführte Leistung. Wann ein solches Missverhältnis vorliegt, ist jeweils im Einzelfall zu ermitteln. Die Rechtsprechung
lehnt es ab, sich auf bestimmte Prozentsätze festzulegen. Regelmäßig
kommt ein solches Missverhältnis erst in Betracht, wenn die Mengenab-
weichung – bezogen auf die gesamte Leistung – bei ca. 20 % liegt.

Liegt ein unerträgliches Missverhältnis vor, kann der Auftragnehmer   222
eine Vergütung nur für die Leistungen verlangen, die über das von ihm
übernommene Risiko hinausgehen. Entscheidend ist, dass die Abweichung nicht durch eine Anordnung des Auftraggebers veranlasst wurde,
sondern z.B. wegen unerwarteter Mehrmengen gewissermaßen „zufällig"
entstanden ist.

223 **Fallbeispiel A**

Im Vertrag zwischen Auftraggeber Dreisam und Auftraggeber Edelkind sind die Massen pauschaliert. In dem zugrundeliegenden Leistungsverzeichnis sind 10 Positionen benannt, Bei einer Position weicht die ausgeführte Leistung um 200 % von den in im Leistungsverzeichnis genannten Massen ab. Da es eine sehr minderwertige Leistung ist, steigt der Gesamtumfang nur um ca. 2 % Kann E eine Anpassung der Vergütung verlangen?

Lösung:

Da es auf die Gesamtbauleistung ankommt und diese sich kaum verändert, kann E keine Anpassung verlangen

224 **Fallbeispiel B**

Im Vertrag zwischen Auftraggeber Aalhart und Auftraggeber Betonkopf sind die Massen ebenfalls pauschaliert. In dem zugrundeliegenden Leistungsverzeichnis sind 10 Positionen benannt, Bei drei zusammengehörigen Position muss B anstelle der beschriebenen 100 m jeweils 200 m ausführen. Insgesamt ergibt sich eine Abweichung bei der Vergütung von 40 %. Kann B eine Anpassung der Vergütung verlangen?

Lösung:

In diesem Fall liegt ein unerträgliches Missverhältnis vor. B kann eine zusätzliche Vergütung in Höhe von ca. 20 % der Gesamtleistung verlangen. Die weiteren 20 % Abweichung sind Teil des von ihm übernommenen Massenrisikos.

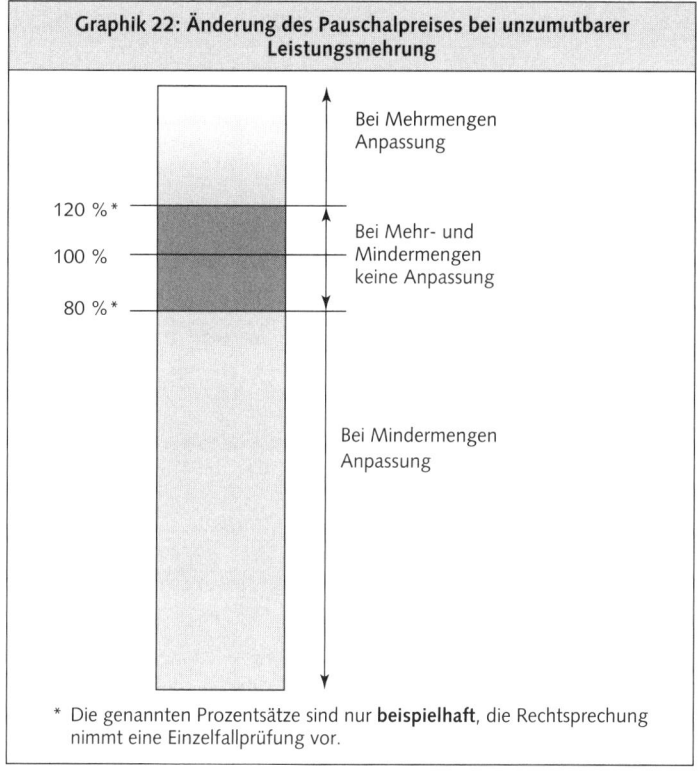

Graphik 22: Änderung des Pauschalpreises bei unzumutbarer Leistungsmehrung

Auch bei einer **Änderung** der beauftragten Leistung ist der Pauschalpreis 225
anzupassen. Eine Änderung kann z.B. darauf beruhen, dass die tatsächlichen Bodenverhältnisse von einem der Kalkulation zugrundeliegenden Bodengutachten abweichen (BGH v. 20.8.2009, VII ZR 205/07) oder sich der Zuschnitt eines Bistros grundsätzlich ändert (BGH v. 13.8.2008, VII ZR 194/06). Eine Abweichung der ausgeführten von der ausgeschriebenen Leistung liegt natürlich immer dann nicht vor, wenn die ausgeführte Leistung aufgrund der Pauschalierung zu den vom Auftragnehmer geschuldeten Leistungen gehört. Bei BGB-Verträgen greifen in diesem Fall die Regelungen zur Fortschreibung der Vergütung in § 650c BGB nicht ein, sondern es kommt auf die übliche Vergütung i.S.d. § 632 Abs. 2 BGB an.

┌───┐
│ **Graphik 23: Änderung der Vergütung bei Pauschalverträgen** │
├───┤
│ Leistung pauschaliert: Änderung des   │
│ Mengenmehrung   Vertrages   │
│ ┌──────────────────────┐   ┌──────────────────────┐ │
│ │ Vergütung   │   │ Anspruch auf   │ │
│ │ erst bei   │   │ Änderung der   │ │
│ │ unzumutbarer   │   │ Vergütung   │ │
│ │ Mengenmehrung   │   │   │ │
│ │   │ Vereinbarte Vergütung   │
│ │   │   │   │ │
│ │   │   │   │ │
│ │   │   │   │ │
│ └──────────────────────┘   └──────────────────────┘ │
└───┘

e) Regelungen der VOB/B zur Pauschalierung

226   Die VOB/B geht an mehreren Stellen auf den Pauschalpreisvertrag ein. Die
VOB/A enthält Vorgaben, wann öffentliche Auftraggeber einen Pauschalpreis vereinbaren können und in der **VOB/B** finden sich wichtige Regeln
zur Abrechnung von Leistungsänderungen.

227   Wann **öffentliche Auftraggeber** einen Pauschalpreis vereinbaren sollen, ist in der VOB zunächst in § 4 Abs. 1 VOB/A grundlegend geregelt. § 4
Abs. 1 Nr. 1 VOB/A bestimmt, dass grundsätzlich vom Einheitspreisvertrag auszugehen ist. Eine Pauschalpreisvereinbarung sollte nur getroffen
werden, wenn die Leistung nach Ausführungsart und Umfang genau
bestimmt ist und mit einer Änderung bei der Ausführung nicht zu rechnen
ist, § 4 Abs. 1 Nr. 2 VOB/A. Andere Auftraggeber, die nicht als öffentliche
Auftraggeber die VOB/A anwenden müssen, sind an diese Vorgaben nicht
gebunden.

228   Der Pauschalpreisvertrag erfasst nur solche Leistungen, die für beide
Vertragspartner bei Vertragsschluss feststanden oder auf jeden Fall als
zur Ausführung vorhersehbar gelten können. Das gilt aber nur für den
Detail-Pauschalvertrag, nicht für den globalen Pauschalvertrag, weil bei
diesem Vertrag seinem Wesen nach der Auftragnehmer das Risiko nicht
vorhersehbarere, erforderliche Leistungen beim Auftragnehmer liegt (so-

weit der Vertrag jeweils dies vorsieht). Für diese Verträge gilt dann, dass
– wie bei BGB-Verträgen – auf Verlangen ein Ausgleich unter Berücksichtigung der Mehr- oder Minderkosten zu gewähren ist, wenn die ausgeführte Leistung von der vertraglich vorgesehenen Leistung so erheblich abweicht, dass ein Festhalten an der Pauschalsumme nicht zumutbar ist. Für die Bemessung des Ausgleichs ist nach § 2 Abs. 7 Nr. 1 VOB/B von den Grundlagen der Preisermittlung auszugehen.

Hinweis:
In § 2 Abs. 7 Nr. 2 VOB/B heißt es:
„Die Regelungen der Absätze 4, 5 und 6 gelten auch bei Vereinbarung einer Pauschalsumme."
Dies bedeutet, dass bei **jeder Änderung** aufgrund einer Anordnung die Pauschalsumme anzupassen ist.

Bei einer Änderung des Vertragsinhalts durch eine **Anordnung** des Auftraggebers ist für die Preisgestaltung auf § 2 Abs. 7 VOB/B zurückzugreifen. Nach § 1 Abs. 3 VOB/B kann der Auftraggeber auch bei Pauschalverträgen Änderungen des Vertrages einseitig anordnen. Für die Vergütung bedeutet dies aber, dass in drei Fällen ein Pauschalpreis nach § 2 VOB/B geändert werden muss:

– § 2 Abs. 4 VOB/B: der Auftraggeber übernimmt nachträglich selbst die im Vertrag vorgesehenen Leistungen oder die Lieferung der Baustoffe;

– § 2 Abs. 5 sowie Abs. 6 VOB/B: durch angeordnete Änderungen des Bauentwurfs oder zusätzliche Leistungen werden die Grundlagen des Pauschalvertrages geändert; die Preisfortschreibung erfolgt wie bei jedem Nachtrag anhand der Kalkulation und der Mehr- und Minderkosten

– sowie bei „zufälligen" Mehrmengen ohne Eingreifen des Auftraggebers, wenn es zu einer erheblichen, unzumutbaren Abweichung kommt.

3. Teil
Die Durchführung des Vertrages

I. Ausführung der beauftragten Leistung

Nach Abschluss des Vertrages beginnt die Phase der **Bauausführung**. 229
Der Auftragnehmer ist verpflichtet, die von ihm übernommene Leistung zu erbringen, er muss also den im Vertrag näher beschriebenen Werkerfolg erreichen. Dabei müssen Auftraggeber und Auftragnehmer natürlich zusammenwirken. Der Auftraggeber muss beispielsweise das Baugrundstück zur Verfügung stellen, oft müssen andere, vom Auftraggeber beauftragte Bauunternehmer Vorleistungen erbringen. Der Auftragnehmer wiederum muss seine internen Abläufe organisieren und auf die Vorgaben des Auftraggeber abstellen, fast immer wird er auch auf präzisierte oder geänderte Vorgaben planerischer oder organisatorischer Art reagieren müssen. Technische, baubetriebliche und eben auch rechtliche Gesichtspunkte sind dabei von Auftraggeber und Auftragnehmer zu beachten. Aus rechtlicher Sicht sind von besonderer Bedeutung:

– Abgrenzung der Aufgabenbereiche von Auftraggeber und Auftragneh- 230
   mer mit den Folgen einer unzureichenden Aufgabenerfüllung;

– die Folgen von Änderungen während der Bauausführung;

– die Beachtung von Fristen;

– die Vertragserfüllung.

1. Abgrenzung der Aufgabenbereiche

Art und Umfang der vertraglichen Leistungspflicht des Unternehmers er- 231
geben sich grundsätzlich aus dem Vertrag und dem BGB, dort § 631 BGB;
im Übrigen natürlich aus den Gewährleistungsvorschriften.

Der Auftraggeber hat ebenfalls Pflichten. Diese sind – abgesehen von der Zahlungspflicht, § 632 BGB – in § 642 BGB nur undeutlich geregelt, weswegen die Rechtsprechung und Literatur hier auf die VOB/B zurückgreift. Hier gelten dann die §§ 3 und 4 VOB/B.

Es muss zwischen **Pflichten** (vertragliche Hauptpflichten, Neben- 232
pflichten usw.) und sonstigen Obliegenheiten unterschieden werden.

Insbesondere der Auftraggeber hat eine Reihe von Obliegenheiten, bei denen er dem Auftragnehmer nicht wegen einer Pflichtverletzung haftet, sondern nach der Sondervorschrift des § 642 BGB.

Pflichten des Auftragnehmers	Pflichten des Auftraggebers
Ausführung der beauftragten Leistung	Abschlagszahlungen, § 632a BGB; § 16 Abs. 1 VOB/B
Pflicht zur Beseitigung von Mängeln, § 634 ff. BGB; § 4 Abs. 7 VOB/B	Zahlung des Werklohnes nach Ausführung der Leistung

233   Den oben genannten Pflichten der Vertragspartner stehen natürlich inhaltsgleiche **Ansprüche** des jeweils begünstigten Vertragspartners gegenüber. Darüber hinaus haben die Vertragspartner aber noch folgende Rechte, die überwiegend als Obliegenheiten des verpflichteten Partners anzusehen sind (ohne Anspruch auf Vollständigkeit):

Rechte des Auftragnehmers	Rechte des Auftraggebers
Anspruch auf Erhalt der vom Auftraggeber zu stellenden Vorleistungen, also u.a. Planung, Zugang zur Baustelle,	Anordnungsrecht betreffend die Ausführung der vertraglichen Leistung, § 4 Abs. 3 VOB/B
Anspruch auf Feststellung des Zustands von Teilen der Leistung, § 4 Abs. 10 VOB/B	Änderung des Bauentwurfes, § 1 Abs. 3 VOB/B oder § 650b BGB
	Bestellung zusätzlicher Leistungen, § 1 Abs. 4 VOB/B oder § 650b BGB
	Überwachungsrecht § 4 Abs. 1 Nr. 2 S. 1 VOB/B
	Anspruch auf Beseitigung vertragswidriger Stoffe und Bauteile, § 4 Abs. 6 VOB/B
	Anspruch auf Feststellung des Zustands von Teilen der Leistung, § 4 Abs. 10 VOB/B, Zustandsfeststellung § 650g Abs. 1 BGB

Die Folgen von **Vertragsverletzungen**, insbesondere nicht oder zu spät 234
erfüllter Pflichten des Auftragnehmers oder des Auftraggebers sind jeweils im Anschluss an die Darstellung der jeweiligen Pflicht im Einzelnen
erläutert. Außerdem findet sich eine nähere Darstellung der Folgen von
Pflichtverletzungen unten in Rdnr. 292 ff.

Bei **Abschluss** der Phase der Bauausführung ergeben sich natürlich 235
weitere Rechte und Pflichten der Vertragspartner, so etwa die gegenseitige Verpflichtung, auf Verlangen eine Abnahme durchzuführen oder die
Verpflichtung des Auftraggebers, die Schlussrechnung zu bezahlen. Diese
weiteren Ansprüche und deren Voraussetzungen sind entsprechend dem
Ablauf eines Bauvorhabens weiter hinten angesprochen, dieser Abschnitt
betrifft nur die Phase der Bauausführung selber.

2. Einsatz von Subunternehmern

Das BGB geht nicht davon aus, dass der Auftragnehmer die beauftragte 236
Leistung selber erbringt. Die Regelungen der VOB/B hinsichtlich des
Einsatzes von Subunternehmern sind hinten in Rdnr. 241 ff. erläutert.

3. Vernichtung/Beschädigung der ausgeführten Leistung

Was passiert, wenn die fertige Leistung vor der Abnahme beschädigt oder 237
vernichtet wird, ist in § 644 BGB geregelt. Die Vernichtung der Leistung
wird dort als „Untergang" bezeichnet. Der Auftragnehmer trägt die Gefahr bis zur Abnahme des Werkes. Zunächst ist der juristische Begriff
der Gefahrtragung auszulegen: die **Leistungsgefahr** entscheidet darüber,
ob der Auftragnehmer zur Neuherstellung verpflichtet ist, wenn seine
erbrachte Leistung ganz oder teilweise untergegangen oder beschädigt
wurde.

> **Fallbeispiel:**
> Auftragnehmer Alfons hat ein Wartehäuschen für die städtische Bahn
> gesellschaft errichtet. Kurz vor der Abnahme zieht eine Truppe randa
> lierender Jugendlichen durch die Straße und wirft sämtliche Fenster des
> Wartehäuschens ein.
>
> **Lösung:**
> Auftragnehmer Alfons muss die Fenster neu einbauen. Die Sicherung der
> Baustelle und natürlich der Fenster ist sein Leistungsrisiko.

Die **Vergütungsgefahr** bestimmt, ob der Auftraggeber die Vergütung 238
bei vorzeitigem Untergang oder teilweisem Untergang der Werkleistung
zu zahlen hat. Der Auftragnehmer bleibt also gem. § 276 Abs. 1 S. 1 BGB
weiterhin zur Leistung und damit zum Erfolg verpflichtet. Das bedeutet

dann auch Neuherstellung bis zur Abnahme. Danach vollzieht sich aber eine Umkehr der Gefahrtragung. Der Auftraggeber trägt die Gefahr des Untergangs und der Zahlung an den Unternehmer.

Fallvariante:
Nach Fertigstellung des Wartehäuschens kommt der Bauherr und sagt zum Auftragnehmer, das habe er aber schön gemacht und beglückwünscht ihn zum gelungenen Werk. In der Nacht verzieren Sprayer das Häuschen mit ihrer Kunst. Alfons verlangt am Morgen des folgenden Tages vom Bauherren seinen Werklohn. Geht das?

Lösung:
Auftragnehmer Anton hat in diesem Fall Glück. Der Bauherr hat durch seine Äußerungen am Abend zuvor deutlich zum Ausdruck gebracht, dass er das Werk abnimmt. Die Leistungsgefahr war auf den Bauherrn übergegangen. Auch die Vergütungsgefahr, nämlich die Gefahr doch zahlen zu müssen, ist mit der Abnahme auf ihn übergegangen.

4. Die Regelungen der VOB/B

239 Die VOB/B regelt wesentliche Fragen der Ausführung in Anlehnung an die gesetzlichen Grundsätze. Anders als im Gesetz sind diese Grundsätze in der VOB/B jedoch angesprochen und ausformuliert.

a) Zuständigkeiten

240 In §§ 3, 4 VOB/B legt die VOB/B die **Aufgabenbereiche** von Auftraggeber und Auftragnehmer fest. Danach ist der Auftraggeber insbesondere für die Aufrechterhaltung der allgemeinen Ordnung auf der Baustelle zuständig, also z.B. für die Zuweisung von Lagerflächen, Zufahrten etc. Diese Aufgabenbereiche unterscheiden sich bei BGB-Verträgen und VOB-Verträgen nicht grundsätzlich, so dass auf die Ausführungen oben in Rdnr. 231 ff. verwiesen werden kann.

b) Genehmigung bei Übertragung auf Subunternehmer

241 Die VOB/B sieht vor, dass der Auftragnehmer die ihm vertraglich aufgegebenen Leistungen grundsätzlich **im eigenen Betrieb** ausführt, so ausdrücklich § 4 Abs. 8 Nr. 1 VOB/B. Wenn er die Leistung an andere Unternehmen übertragen will, benötigt er die vorherige, schriftliche **Zustimmung** des Auftraggebers. Eine solche Zustimmung kann schon mit dem Vertragsschluss erfolgen, so liegt in der Regel in der Beauftragung eines „Generalunternehmers" bereits die Zustimmung, dass der Auftragnehmer die Leistungen ganz oder teilweise durch Nachunternehmer ausführen lässt.

§ 4 Abs. 8 Nr. 1 VOB/B regelt auch den Fall, dass der Auftragnehmer 242
ohne diese Zustimmung des Auftraggebers Nachunternehmer einsetzt.
In diesem Fall kann ihm der Auftraggeber eine angemessene Frist setzen,
die Leistungen im eigenen Betrieb zu erbringen. Mit dieser **Fristsetzung**
kann der Auftraggeber die **Androhung** verbinden, dem Auftragnehmer
nach fruchtlosem Ablauf der Frist zu kündigen. Hat der Auftraggeber
diese Frist gesetzt und die Kündigung angedroht, kann er den Vertrag aus
wichtigem Grund kündigen. Die Folgen einer solchen **Kündigung** aus
wichtigem Grund sind unten in Rdnr. 679 ff. dargestellt.

Nur wenn es sich um Leistungen handelt, auf die der Betrieb des Auf- 243
tragnehmers **nicht eingerichtet** ist, hat der Auftraggeber dieses außerordentliche Kündigungsrecht **nicht**. Dennoch handelt es sich um ein ver-
tragswidriges Verhalten und kann daher zu einer Schadensersatzpflicht
des Auftragnehmers führen.

Der Auftragnehmer muss bei den Verträgen mit den Nachunterneh- 244
mern die Geltung der **VOB/B** vereinbaren, sofern die Verträge Bauleistungen im Sinne des § 1 VOB/A betreffen, § 4 Abs. 8 Nr. 2 VOB/B. Ein
Verstoß hiergegen kann ebenfalls zu Schadensersatzansprüchen des Auftraggebers führen.

Nach § 4 Abs. 8 Nr. 3 VOB/B hat der Auftraggeber Anspruch darauf, 245
dass ihm der Auftragnehmer ohne Aufforderung die Nachunternehmer
benennt. Dabei muss der Auftragnehmer Name, Anschrift und geschuldete Leistung des Nachunternehmers mitteilen.

II. Vertragsänderungen

1. Änderungen beim BGB-Werkvertrag und BGB-Bauvertrag

Oft ergeben sich während der Ausführung von Bauvorhaben **Änderungs-** 246
wünsche des Auftraggebers. Sei es, dass die gewünschten Änderungen
technisch notwendig sind, sei es, dass der Bauherr seine Vorstellungen und
Bedürfnisse neu definiert.

Das **BGB** gibt dem Auftraggeber bei einem **Werkvertrag kein Recht**, 247
vom Auftragnehmer eine gegenüber dem Vertrag geänderte Leistung zu
verlangen. Beim Werkvertrag gilt vielmehr wie bei allen Verträgen nach
dem BGB, dass diese so ausgeführt werden müssen, wie sie abgeschlossen
wurden. Für den besonderen Vertragstyp des **Bauvertrages** und des **Ver-**
braucherbauvertrages sieht das BGB aber eine Änderungsmöglichkeit

vor. Wie eine solche Änderung des Vertrages herbeizuführen ist, regelt § 650b BGB, die Folgen für die Vergütung § 650c BGB.

a) Änderung eines BGB-Werkvertrages

248   Bei einem BGB-Werkvertrag, der kein Bauvertrag i.S.d. § 650a BGB ist, setzt eine Änderung des Vertrages regelmäßig eine Vereinbarung zwischen den Vertragspartnern voraus. Kommt es nicht zu einer solchen Einigung, bleibt der Vertrag für beide Partner unverändert bindend. Insbesondere steht dem Auftraggeber kein Recht zu, einseitig die Leistung zu ändern oder zusätzliche Leistungen anzuordnen,

> **Fallbeispiel:**
> Der Auftraggeber hat den Auftragnehmer beauftragt, sein Einfamilienhaus weiß zu streichen. Nach Auftragserteilung entscheidet der Auftraggeber, dass er weiß doch zu langweilig findet und will einen leichten Gelbton ausführen lassen. Als er den Auftragnehmer hierum bittet, lehnt dieser die Vertragsänderung ab. Hellgelb sei bei diesem Haus hässlich, so etwas führe er nicht aus, er habe einen Ruf zu verlieren. Da müsse ihm der Auftraggeber schon viel Geld zahlen, um ihn zu so etwas zu bringen.

> **Lösung:**
> Der Auftragnehmer ist nicht verpflichtet, auf die Vertragsänderung einzugehen. Der Auftraggeber kann entweder der geforderten Zusatzvergütung zustimmen oder den Vertrag ordentlich kündigen.

248a   Es entspricht jedoch der Übung im Baubereich und der gegenseitigen Kooperationsverpflichtung, dass der Auftragnehmer regelmäßig auf Änderungswünsche des Auftraggebers eingeht. Dazu kommt, dass der Auftraggeber die Möglichkeit hat, jederzeit den Vertrag mit dem Auftragnehmer ganz oder teilweise zu kündigen, sofern die Vertragspartner nichts anderes vereinbart haben. Als Folge einer solchen **Kündigung** hat der Auftragnehmer Anspruch auf den vereinbarten Werklohn abzüglich der ersparten Aufwendungen, diese Berechnung ist unten in Rdnr. 648 ff. genauer dargestellt. Bei einer einvernehmlichen Abwicklung des Bauvorhabens versuchen jedoch Auftragnehmer wie Auftraggeber in der Regel, eine Kündigung zu vermeiden und **einigen** sich meist auf eine neue Bauausführung. Bei Verträgen mit **Verbrauchern** kann eine Vereinbarung, die auf eine über das vereinbarte Entgelt für die Hauptleistung hinausgehende Zahlung des Verbrauchers gerichtet ist, nur ausdrücklich getroffen werden, § 312a Abs. 3 BGB.

Wartet der Auftragnehmer diese Einigung nicht ab, so kann dies für ihn sehr nachteilige Folgen haben. Für die Abrechnung der wunschgemäß geänderten Leistung gibt es keine verlässlichen Regeln; die Berechnung der üblichen Vergütung nach § 632 Abs. 2 BGB ist mit erheblichen Schwierigkeiten belastet. Daher sollten Auftragnehmer darauf achten, erst nach Erreichen einer Einigung eine geänderte oder zusätzliche Leistung auszuführen.

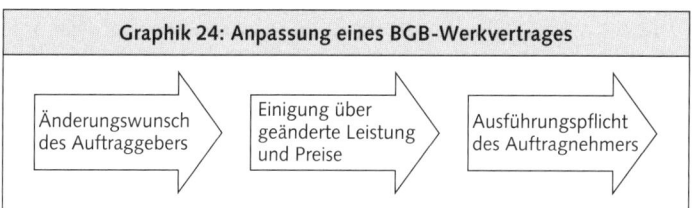

Graphik 24: Anpassung eines BGB-Werkvertrages

Änderungswunsch des Auftraggebers → Einigung über geänderte Leistung und Preise → Ausführungspflicht des Auftragnehmers

---

Hinweis: 249
Bei der Vereinbarung von Vertragsänderung ist zu beachten, dass hierbei folgende Punkte bedacht werden:
– Beschreibung der geänderten Leistung
– Festlegung der geänderten Vergütung
– Folgen auf Vertragstermine
– Folgekosten einer Terminverschiebung

Auch in BGB-Verträgen können die Vertragspartner im Vertrag ver- 250 einbaren, dass eine Seite den Vertrag einseitig ändern kann. Eine solche Regelung muss aber die Vergütungsseite berücksichtigen und auch die terminlichen Folgen berücksichtigen.

b) Änderung eines Bauvertrages oder Verbraucherbauvertrages

Für **Bauverträge** i.S.d. § 650a BGB und **Verbraucherbauverträge** i.S.d. 250a § 650i BGB (vgl. oben Rdnr. 22) sieht das BGB vor, dass der Auftraggeber unter bestimmten Voraussetzungen den Vertrag einseitig und für den Auftragnehmer verbindlich ändern kann.

Weil eine Änderung nur bei Vorliegen aller hierfür vorgesehenen Voraussetzungen für den Auftragnehmer verbindlich ist und auch nur dann die Vergütung nach § 650c BGB anzupassen ist, müssen insbesondere Auftragnehmer darauf achten, die in § 650b BGB vorgesehenen **Prozesse genau einzuhalten**.

Die Voraussetzungen einer wirksamen und vom Auftragnehmer ver- 250b bindlich zu beachtenden Anordnung sind grundsätzlich in **zwei Phasen** herbeizuführen. In der ersten Phase sollen die Vertragspartner die Änderung **einvernehmlich** vereinbaren. Grundlage für die Verhandlungen soll ein Angebot des Auftragnehmers sein. Kommt es innerhalb von 30 Tagen ab Zugang des Änderungsverlangens nicht zu einer einvernehmlichen Regelung, kann der Auftraggeber die Änderung einseitig verbindlich **anordnen**, wobei der Auftraggeber nur in Ausnahmefällen früher zu dieser

Anordnung berechtigt sein dürfte. Nur wenn es zu einer einvernehmlichen Regelung oder einer solchen Anordnung kommt, ist das Änderungsverlangen für den Auftragnehmer verbindlich!

250c   Ist der **Auftraggeber für die Planung verantwortlich**, muss der Auftragnehmer das für das Einvernehmen erforderliche Angebot nur stellen, wenn der Auftraggeber ihm die hierfür erforderliche Planung zur Verfügung gestellt hat. Auch kann der Auftragnehmer in diesem Fall die Ausführung einer Änderung (und die Erstellung eines Angebotes hierüber), die nicht für die Erreichung des Werkerfolges notwendig ist, verweigern, wenn ihm die Ausführung nicht zumutbar ist.

250d   Ist hingegen **der Auftragnehmer verantwortlich für die Planung**, kann er weder vom Auftraggeber Planungsunterlagen für die Änderung verlangen noch bei notwendigen Leistungen die Ausführung wegen Unzumutbarkeit verweigern. Das Gesetz geht zu Lasten des Auftragnehmers bei Leistungen, die für die Erreichung des Werkerfolges notwendig sind, noch weiter: Für diese darf er nach § 650c Abs. 1 Satz 2 BGB hierfür keine Mehrkosten geltend machen! Dies erscheint insbesondere dann unbillig, wenn die erforderliche Änderung für den Auftragnehmer nicht vorhersehbar war und er die Planung mit aller erforderlichen Sorgfalt erstellt hat. Die gesetzliche Regelung ist jedoch eindeutig, es bleibt abzuwarten, ob die Rechtsprechung Korrekturen z.B. nach den Grundsätzen der sog. Sowieso-Kosten zulassen wird.

250e   Bei der **Anordnung** ist, auch wenn der Auftraggeber für die Planung verantwortlich ist, die Übergabe einer Planung durch diesen nicht zwingend vorgesehen. Allerdings muss der Auftraggeber die Planung für die Erstellung des Angebotes übergeben und es würde wohl nicht dem gesetzgeberischen Willen entsprechen, wenn der Auftragnehmer bei nicht übergebener Planung die Erstellung eines Angebotes verweigern darf, eine Anordnung aber ausführen müsste.

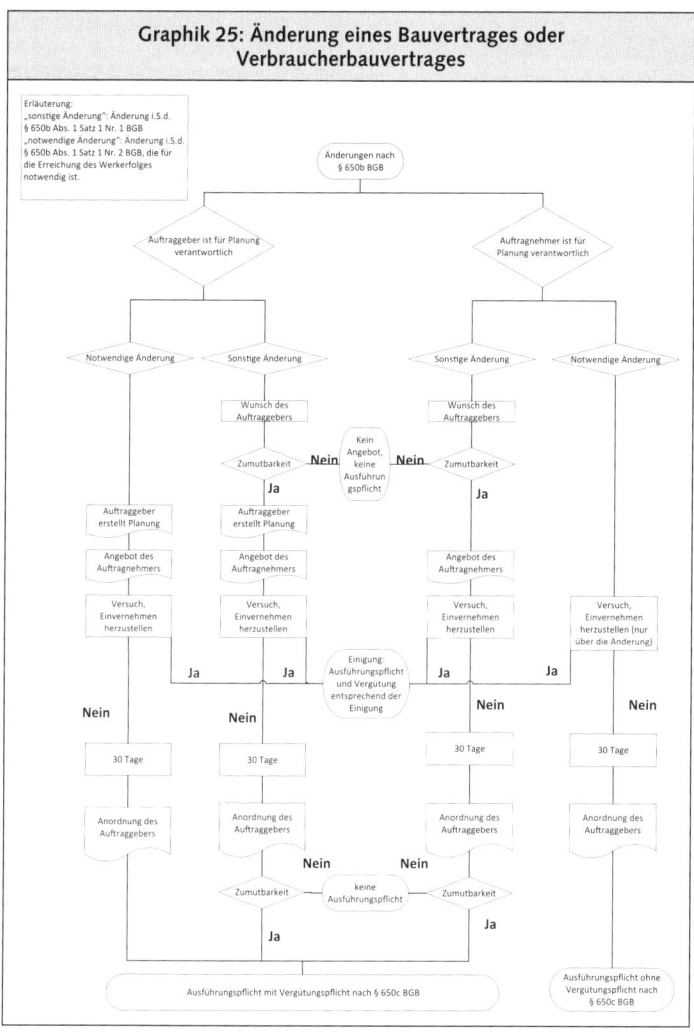

Graphik 25: Änderung eines Bauvertrages oder Verbraucherbauvertrages

Die **Vergütung** für die sich aus der Änderung ergebenden Mehr- und   **250f**
Minderkosten richtet sich nach § 650c BGB. § 650c Abs. 1 BGB sieht vor,
dass die Anpassung der sich aus der Anordnung ergebenden Vergütung
nach den tatsächlich erforderlichen Kosten erfolgt, unter Berücksichti-

gung angemessener Zuschläge. Eine Entkoppelung von der Kalkulation wird in der Gesetzesbegründung ausdrücklich bestätigt.

250g   Bei der Fortschreibung der Kosten muss der Auftragnehmer **nachweisen**, dass die Kosten sowohl tatsächlich entstanden sind als auch dass sie erforderlich waren. Bei den tatsächlich entstandenen Lohnkosten kann der Auftragnehmer zum Beispiel nicht auf einen kalkulierten Kolonnen-Lohn zurückgreifen, sondern muss konkret die eingesetzten Mitarbeiter, die Dauer der Arbeiten und den hierfür gezahlten Lohn nachweisen können; ähnlich bei Maschinen, Materialien usw.

250h   Wenn andere **Leistungen entfallen**, sind die hierfür ersparten Kosten anhand der Kalkulation zu ermitteln und von der ursprünglichen Vergütung abzuziehen. Wie schon in der Vergangenheit kann dies für Pauschalverträge bedeuten, dass der Auftragnehmer die gesamte Pauschalsumme kalkulatorisch auflösen und die nicht ausgeführten Leistungen berücksichtigen und herausrechnen muss.

250i   Nach § 650c Abs. 2 BGB kann der Auftragnehmer aber auch auf eine vereinbarungsgemäß hinterlegte **Kalkulation** zurückgreifen, um die Vergütung fortzuschreiben. Nach § 650c Abs. 2 Satz 2 BGB wird vermutet, dass die so ermittelte Vergütung den tatsächlichen Mehr- und Minderkosten im Sinne des § 650c Abs. 1 BGB entspricht. Nach der Gesetzesbegründung soll dies ein Anreiz für den Unternehmer sein, seine Kalkulation nachvollziehbar zu gestalten. Die Anforderungen an diese Kalkulation und die Hinterlegung müssen die Vertragspartner schon im Vertrag festlegen.

2. Änderungen des VOB-Vertrages

a) Änderungsrecht des Auftraggebers

251   Die VOB/B gibt dem Auftraggeber eine **einseitige Änderungsbefugnis**. Nach der VOB/B hat der Auftraggeber das Recht, durch Anordnungen, die für den Auftragnehmer zwingend sind, die Leistung zu ändern oder zu ergänzen.

b) Änderung der Vergütung: Nachtrag

252   In §§ 1, 4 Abs. 3 VOB/B ist geregelt, welche Änderungsanordnungen der Auftraggeber geben darf. In § 2 VOB/B findet sich eine umfassende Regelung dazu wie sich bei Anordnungen der **Vergütungsanspruchs** des Unternehmers ändert. Diese Änderung erfolgt automatisch, muss aber vom Auftragnehmer geltend gemacht und prüffähig dargelegt werden. In der Praxis ist dies sicherlich neben der Mangelbeseitigung einer der strittigsten Bereiche.

Die Anpassung der Vergütung wird in der Regel in einem sog. **Nach-** 253
trag geltend gemacht. Der Begriff „Nachtrag" ist weder in BGB noch
in VOB/B zu finden oder gar definiert. Der einzige Hinweis auf die für
Nachträge typische gesonderte Abrechnung findet sich in § 14 Abs. 1 S. 3
VOB/B; danach sind Änderungen und Ergänzungen des Vertrages in der
Abrechnung besonders kenntlich zu machen und auf Verlangen des Auftraggebers getrennt abzurechnen.

Weil die Vergütungsanpassung bei einer Anordnung des Auftraggebers
automatisch erfolgt, könnte der Auftragnehmer auch sofort den geänderten Anspruch abrechnen. In der Praxis wird aber in der Regel der Weg
gewählt, dass der Auftragnehmer ein Nachtragsangebot stellt, dass nach
Prüfung und Verhandlung beauftragt wird; erst dann folgt die Rechnung.

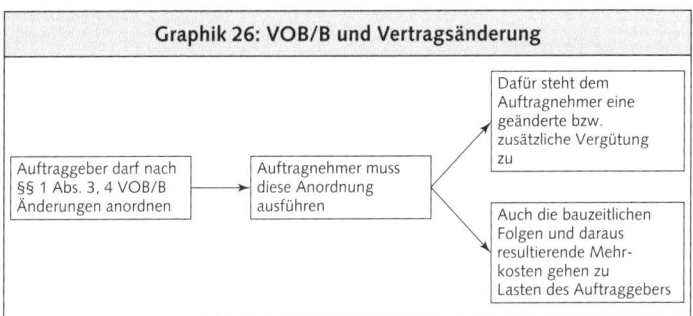

Graphik 26: VOB/B und Vertragsänderung

Auftraggeber darf nach §§ 1 Abs. 3, 4 VOB/B Änderungen anordnen → Auftragnehmer muss diese Anordnung ausführen → Dafür steht dem Auftragnehmer eine geänderte bzw. zusätzliche Vergütung zu / Auch die bauzeitlichen Folgen und daraus resultierende Mehrkosten gehen zu Lasten des Auftraggebers

Die Änderungs- und Anordnungsbefugnis des Auftraggebers umfasst
folgende Fälle mit jeweils zunehmendem Umfang:

– § 4 Abs. 3 VOB/B, Anweisungen, die für die vertragsgemäße Ausführung notwendig sind (also ohne ändernde Wirkung);

– § 1 Abs. 3 VOB/B, Änderung des Bauentwurfes durch den Auftraggeber;

– § 1 Abs. 4 S. 1 VOB/B, Ausführung erforderlicher zusätzlicher Leistungen.

§ 4 Abs. 3 VOB/B betrifft Anweisungen, die für die **vertragsgemäße Aus-** 254
führung der Leistungen erforderlich sind. Eine Regelung der **Vergütung**
ist, da es sich nicht um ändernde Anweisungen des Auftraggebers handeln
kann, **nicht** notwendig und in der VOB/B nicht vorgesehen.

Eine „echte" ändernde Anweisung kann der Auftraggeber jedoch auf 255
der Grundlage von § 1 Abs. 3 VOB/B erteilen. Danach hat er das Recht,
Änderungen des Bauentwurfes anzuordnen. Rechtsfolge einer solchen
Anordnung ist zum einen, dass der Auftragnehmer die Bauleistung in
der geänderten Form auszuführen hat und zum anderen, dass er nach § 2

Abs. 5 VOB/B einen angepassten Werklohnanspruch haben kann. Auch Änderungen bezüglich der Termine sind zulässig (wobei der Auftraggeber natürlich nichts Unmögliches fordern darf).

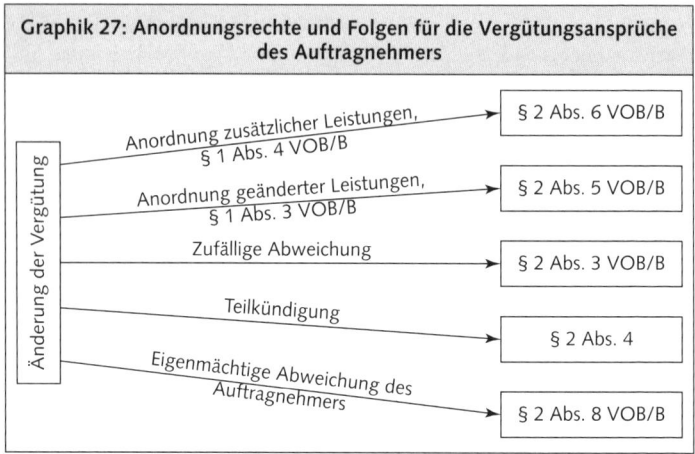

Graphik 27: Anordnungsrechte und Folgen für die Vergütungsansprüche des Auftragnehmers

Änderung der Vergütung

Anordnung zusätzlicher Leistungen, § 1 Abs. 4 VOB/B → § 2 Abs. 6 VOB/B

Anordnung geänderter Leistungen, § 1 Abs. 3 VOB/B → § 2 Abs. 5 VOB/B

Zufällige Abweichung → § 2 Abs. 3 VOB/B

Teilkündigung → § 2 Abs. 4

Eigenmächtige Abweichung des Auftragnehmers → § 2 Abs. 8 VOB/B

256 Der Auftraggeber kann jedoch unter den Voraussetzungen des § 1 Abs. 4 S. 1 VOB/B auch verlangen, dass der Auftragnehmer über die vertraglich vereinbarten Leistungen hinaus auch noch andere, **zusätzliche Leistungen** ausführt. Wenn diese zusätzlichen Leistungen **erforderlich** sind, um die vertraglich festgelegten Leistungen auszuführen, muss der Auftragnehmer diese zusätzlichen Leistungen auf Verlangen des Auftraggebers ausführen. Er kann sich nur dann dem Verlangen des Auftraggebers **verweigern**, wenn sein Betrieb auf die Ausführung solcher Leistungen nicht ausgerichtet ist. Auch bei solchen zusätzlichen Leistungen hat der Auftraggeber das Recht, die Ausführung zu fordern. Der Auftragnehmer hat im Gegenzug einen zusätzlichen Vergütungsanspruch, den er jedoch dem Auftraggeber ankündigen muss.

257 Über diese Anordnungsrechte hinaus kann der Auftraggeber vom Auftragnehmer einseitig, also ohne zusätzliche Vereinbarung, keine Leistungen verlangen. Insbesondere kann er den Auftragnehmer **nicht** einseitig verpflichten, Leistungen auszuführen, die für die Ausführung der vertraglich vereinbarten Leistungen nicht erforderlich sind. Solche Leistungen muss der Auftragnehmer nur auf der Grundlage einer **Zusatzvereinbarung** durchführen, § 1 Abs. 4 S. 2 VOB/A.

258 Inwieweit der Auftraggeber dem Auftragnehmer zwingende Weisungen erteilen kann, sei an nachfolgendem **Beispiel** erläutert:

Fallbeispiel

Der Auftraggeber Schamlos beauftragt den Auftragnehmer Wunderschön mit der Ausführung von Putzarbeiten, und zwar dem Aufbringen eines eingefärbten Putzes. S erteilt eine Reihe von Anordnungen:

a) Als W anfragt, wo er seine Materialien zwischenlagern kann, weist ihm S eine geeignete Fläche auf dem Baugelände zu. S weist W an, nur diese Stelle für die Lagerung zu verwenden.

b) Noch vor Beginn der Arbeiten ändert die Ehefrau des S ihre Meinung und wünscht sich eine andere Farbe der Fassade. S gibt diesen Wunsch an W weiter und weist ihn an, den Putz in dieser anderen Farbe einzufärben.

c) Während der Ausführung stellt W fest, dass der Untergrund an einigen Stellen nur bedingt tragfähig ist. Auf seine Bedenkenanzeige hin weist S den W an, den Untergrund wie erforderlich vorzubereiten. W kündigt hierfür Mehrkosten an.

d) Unmittelbar bevor W anfangen kann, muss S feststellen, dass sein Fensterbauer insolvent geworden ist. Die Fenster sind zwar geliefert, werden aber nicht mehr eingebaut. S weist den W an, die Fenster einzubauen. W verweigert dies.

Die Weigerung des W erfolgt im Fall d) zu Recht. Der Einbau der Fenster ist nicht erforderlich, um die beauftragten Putzarbeiten auszuführen. Die anderen Weisungen hingegen dürfte W nicht verweigern. Im Fall a) liegt eine Anordnung zur ordnungsgemäßen Ausführung vor, die nicht zu einem geänderten Vergütungsanspruch führt.

c) Voraussetzung für einen Nachtrag: Vertragsänderung

Auf den ersten Blick ist die Feststellung banal, dass ein Nachtrag überhaupt nur dann in Frage kommt, wenn die ausgeführte Leistung von der ursprünglich beauftragten Leistung abweicht. Es wird aber sehr oft heftig gestritten, ob überhaupt eine Vertragsänderung vorliegt. So sehen es Bauherren insbesondere bei Pauschalverträgen „aus Prinzip" oft nicht ein, dass eine Änderung des Vertrages vorliegt und dass dies den Auftragnehmer zu einem Nachtrag berechtigt. Wie oben in Rdnr. 225 dargestellt, gibt es aber auch bei Pauschalverträgen eine vereinbarte Leistung, und bei Änderungen oder zusätzlichen Leistungen kommt es eben zu einer Vergütungsanpassung. **259**

Der Auftragnehmer ist immer dafür nachweispflichtig, dass eine Änderung des Vertrages vorliegt. Daher sollte er die Gründe, die zu einer geänderten Ausführung führen, immer genau dokumentieren, also z.B. Datum, Zeit und Person, der eine Anordnung erteilt. **260**

d) Voraussetzung des § 2 Abs. 5 VOB/B

261   Einzige Voraussetzung für eine Vergütungsanpassung nach § 2 Abs. 5 VOB/B ist, dass sich durch eine **ändernde Anordnung** des Auftraggebers die auszuführende Leistung ändert. Eine besondere, ausdrückliche Ankündigungspflicht gibt es nicht. Der Auftragnehmer ist nur dann zur **Ankündigung** verpflichtet, wenn der Auftraggeber offensichtlich davon ausgeht, dass die Änderung keine oder nur geringe Mehrkosten verursacht und in Wirklichkeit erhebliche Mehrkosten entstehen werden. Auch ein Auftraggeber kann eine Anpassung der Vergütung verlangen, etwa wenn es zu Minderkosten kommt.

262   Die Anpassung der Vergütung erfolgt auf Grundlage der **Kalkulation** und der durch die Änderung hervorgerufenen Mehr- und Minderkosten. Dabei sind alle Folgekosten zu berücksichtigen.

> **Fallbeispiel:**
> Der Auftraggeber hat die Ausführung eines Gebäudes beauftragt. In einem Raum soll ein Transformator stehen. Nach Vertragsschluss ordnet der Auftraggeber an, dass statt des bestellten ein wesentlich leistungsstärkeres Modell eingebaut werden soll.
>
> Dieses Modell ist viel schwerer und teurer und hat eine deutlich längere Lieferzeit. Es gibt daher Änderungen im gesamten Rohbau, weil sich die Statik ändert, und das Bauvorhaben ruht mehrere Woche, bis der Transformator geliefert werden kann.
>
> Der Auftragnehmer kann den Mehrpreis des anderen Transformators, die durch die statischen Änderungen verursachten Kosten und die Kosten der Bauzeitverlängerung nach § 2 Abs. 5 VOB/B geltend machen.

e) Voraussetzungen des § 2 Abs. 6 VOB/B

263   Die Vergütungsanpassung nach § 2 Abs. 6 VOB/B setzt die Anordnung einer **zusätzlichen Leistung** voraus. Ausgehend von § 1 Abs. 4 S. 1 VOB/B muss es sich um eine Leistung handeln, die zur Ausführung der vereinbarten Leistung erforderlich ist.

264   Außerdem verlangt § 2 Abs. 6 VOB/B, dass der Auftragnehmer dem Auftraggeber die zusätzliche Vergütung **ankündigt**. Dies sollten Auftragnehmer unbedingt ernst nehmen. Diese Ankündigung entspricht nicht nur einer fairen und offenen Kommunikation der Vertragspartner, sondern ist auch rechtlich relevant. Unterlässt der Auftragnehmer diese Ankündigung, gefährdet dies seinen Vergütungsanspruch massiv.

265   Eine Ankündigung kann **ausnahmsweise** unterbleiben, wenn für den Auftraggeber offensichtlich ist, dass die zusätzliche Leistung nur gegen eine zusätzliche Vergütung erfolgt. Hierfür ist der Auftragnehmer nachweispflichtig.

Auch bei § 2 Abs. 6 VOB/B sind die Mehr- und Minderkosten auf Grundlage der Kalkulation abzurechnen. **266**

f) „Zufällige" Mehr- oder Mindermengen: § 2 Abs. 3 VOB/B

Oft gibt es auch ohne Anordnung des Auftraggeber Abweichungen bei den ausgeführten Mengen, etwa wegen Rechenfehlern im Leistungsverzeichnis etc. Kommt es **ohne eine Anordnung**, also „zufällig", zu Mengenabweichungen, kann es nach § 2 Abs. 3 VOB/B zu einer Änderung der Vergütung kommen. Änderungen dieser Art sind im Bauwesen alltäglich, weil keine Leistungsbeschreibung „auf den Zentimeter genau" ist und daher die Abrechnung immer mehr oder weniger von der Beauftragung abweicht. **267**

Der Auftragnehmer muss bei der Kalkulation des Angebotes von den ausgeschriebenen Mengen ausgehen. Für diese Mengen ermittelt der Auftragnehmer Preise und legt seine Allgemeinen Geschäftskosten etc. um. Ändert sich das Mengengerüst erheblich, stimmen die Grundannahmen seiner Kalkulation nicht mehr. Deswegen hat ihm die VOB/B einen Anpassungsanspruch gegeben. Ähnliches gilt für den Auftraggeber, er soll z.B. bei **Mengenmehrungen** von verringerten Einkaufspreisen des Auftragnehmers profitieren können und darf daher ebenfalls eine Anpassung der Einheitspreise verlangen. Dieser Anpassungsanspruch besteht nach § 2 Abs. 3 VOB/B nur dann, wenn die Massen um mehr als 10 % von der ausgeschriebenen Leistung abweichen. Bei Mehrmengen bleibt es für 110 % der ausgeschriebenen Menge auf jeden Fall beim vereinbarten Einheitspreis. Beträgt die ausgeführte Leistung weniger als 90 % der ausgeschriebenen, ist für die gesamte ausgeführte Leistung ein neuer Einheitspreis zu vereinbaren. Die Kalkulationsgrundlagen des alten Einheitspreises sind auch für den neuen Einheitspreis maßgeblich. Wegen leistungsunabhängiger Kalkulationsbestandteile sinkt der Einheitspreis für Mehrmassen tendenziell und steigt in der Regel bei Mindermassen. Erhöhungen der Menge bei anderen Positionen sind dabei zu berücksichtigen. **268**

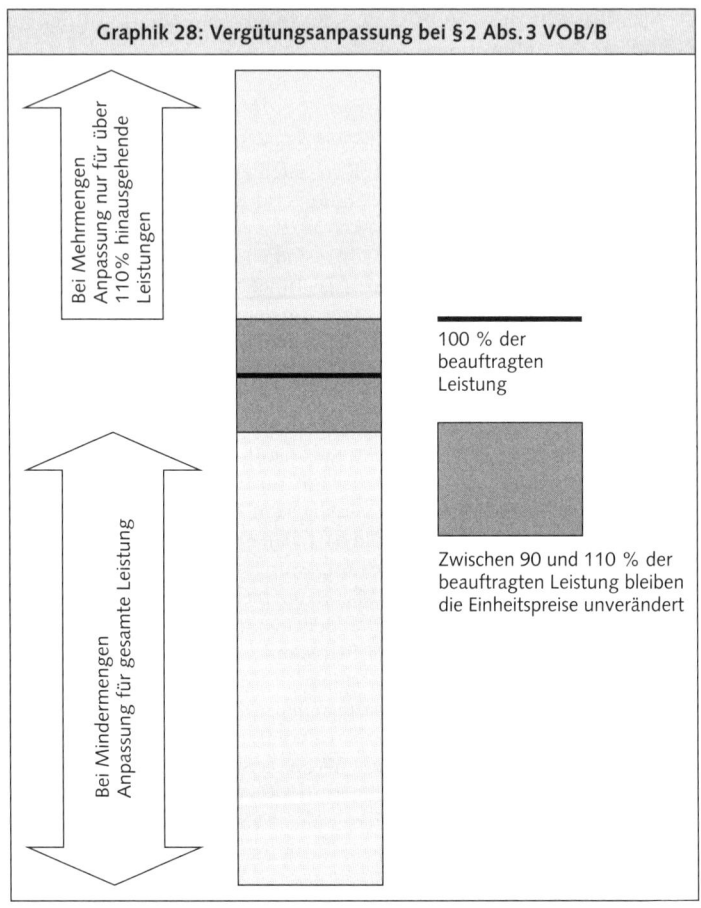

Graphik 28: Vergütungsanpassung bei § 2 Abs. 3 VOB/B

Bei Mehrmengen
Anpassung nur für über
110% hinausgehende
Leistungen

Bei Mindermengen
Anpassung für gesamte Leistung

100 % der
beauftragten
Leistung

Zwischen 90 und 110 % der
beauftragten Leistung bleiben
die Einheitspreise unverändert

g) Ohne Auftrag ausgeführte Leistungen: § 2 Abs. 8 VOB/B

269 Es geht bei „nicht beauftragten Leistungen" natürlich nicht um Leistungen, die ein Bauunternehmer einfach aus Lust und Laune ausführt, gewissermaßen freiwillig am Feierabend. Es geht vielmehr um viele sehr problematische Fälle, bei denen der Auftragnehmer vom Vertrag abgewichen ist und eine **Anordnung** des Auftraggebers nicht vorliegt oder nicht nachgewiesen werden kann. Typischer Fall sind etwa „Anordnungen" des bauleitenden Ingenieurs:

Fallbeispiel:
Der Auftraggeber Axohart hat einen bauleitenden Ingenieur Isjasogud. I weist den Bauunternehmer Beerich an, einen unbedingt und sofort notwendigen Bodenaustausch im Bereich der geplanten Bodenplatte auszuführen. Als B diese Leistungen bei A abrechnet, will A davon nichts wissen: I habe keine Vollmacht und dürfe keine Anordnungen mit Kostenfolge erteilen.

Jedenfalls mit einem hat der Auftraggeber recht: Der bauleitende Ingenieur durfte diese Anordnung nicht erteilen – nicht ohne eine ausdrückliche oder unausgesprochen erteilte Vollmacht. Was tun? 270

Eine Hilfe bietet dem Auftragnehmer hier § 2 Abs. 8 VOB/B – der einer BGB-Regelung entspricht, die bei BGB-Verträgen natürlich sowieso eingreift. Wenn eine zusätzliche oder geänderte Leistung erforderlich ist, um die beauftragte Leistung auszuführen, so kann der Auftragnehmer auch ohne eine Anordnung die Zusatzkosten geltend machen. Ganz wichtig ist aber, dass der Auftragnehmer dem Auftraggeber diese Leistung unverzüglich anzeigen muss. Hieran scheitern leider viele Ansprüche aus § 2 Abs. 8 VOB/B. Diese Anzeige sollte beim Bauherren selber erfolgen, und zwar immer so schnell wie möglich. Aufwand und Kosten hierfür zahlen sich immer aus, weil zum einen eine klare Kommunikation vorliegt und zum anderen ein formales Problem sicher aus dem Weg geräumt ist. 271

Außerdem muss die Leistung dem mutmaßlichen Willen des Bauherren entsprechen. Im obigen Fall ist dies sicher so, anders sieht es hier aus: 272

Fallbeispiel:
Variante zu dem Fall in Rdnr. 269:

Der bauleitende Architekt stellt fest, dass die von einem anderen Unternehmen ausgeführte Bodenplatte mangelhaft ist und weist B an, diesen Mangel zu beseitigen.

Der Bauherr will B hierfür nicht bezahlen, weil der Architekt keine Vollmacht hatte und der Bauherr natürlich Mängelansprüche gegenüber anderen Bauunternehmer gehabt hätte. Die Mangelbeseitigung durch B entspricht daher nicht seinem mutmaßlichen Willen.

III. Fristen

Sowohl Auftraggeber als auch Auftragnehmer haben ein Interesse daran, bei der Durchführung des gemeinsamen Bauvorhabens gewisse Fristen einzuhalten. 273

Für den **Auftraggeber** ist meist der Fertigstellungstermin entscheidend. Sei es, dass er das Bauwerk selber nutzen will, sei es, dass er schon Mietverträge abschließt. Bis zur Fertigstellung gibt es in der Regel eine Reihe 274 von Terminen, anhand derer der Auftraggeber überwachen kann, ob der Auftragnehmer auf dem richtigen Weg ist, den Fertigstellungstermin einzuhalten. Muss der Auftraggeber die Leistungen mehrerer Auftragnehmer koordinieren, können **Zwischentermine** wichtig sein, um die reibungslose Zusammenarbeit der Auftragnehmer sicherzustellen. Bei komplexen technischen Anlagen kann der Auftraggeber Wert auf einen Probebetrieb legen.

275   Der **Auftragnehmer** muss seine Arbeit kostengünstig und effizient organisieren und ist daher ebenfalls an einem geordneten und kalkulierbaren Bauablauf interessiert. Ein wichtiger Termin ist der Baubeginn, da der Auftragnehmer zu diesem Zeitpunkt das Material bestellen und die Mitarbeiter für die Baustelle einteilen muss etc. Handelt es sich um ein für den Auftragnehmer großes Bauvorhaben, kann er vielleicht gleichzeitig keine anderen Aufträge ausführen. Er muss also zusehen, dass er nicht auf einmal kostenverursachenden Leerlauf hat. Ähnliches gilt für das Bauende. Aus Kostengründen kann es der Auftragnehmer nicht ohne weiteres hinnehmen, wenn die ursprünglich vorgesehene Ausführungszeit überschritten wird, da er dann zusätzliche Kosten für das Vorhalten der Baustelleneinrichtung etc. haben wird.

1. Die Arten der Fristen

276   In der Regel ist vorab zu überlegen, in einem Vertrag über Bauleistungen folgende **Arten** von Fristen festzulegen:

- Anfangstermin;
- Zwischenfristen;
- Fertigstellungstermin.

277   Nachfolgend wird jeweils kurz darauf eingegangen, wie Fristen vereinbart werden können und was im Falle einer wirksamen Fristvereinbarung zu beachten ist. Es wird auch dargestellt, was gilt, wenn der Vertrag keine Festlegungen zu einer bestimmten Frist enthält.

2. Vereinbarung von Fristen und Rechtsfolgen

278   Grundsätzlich gilt, dass bei entsprechender Vereinbarung Auftraggeber und Auftragnehmer die im Vertrag festgelegten Fristen einhalten müssen. Bei einem **BGB-Vertrag** sind dabei im Zweifel alle im Vertrag genannten Fristen als verbindlich vereinbart anzusehen, so dass Terminüberschreitungen vertragliche Folgen haben können. Für Verbraucherbauverträge ist § 650k Abs. 3 BGB zu beachten.

Liegt dem Vertrag die **VOB/B** zugrunde, so sind gemäß § 5 Abs. 1   **279**
VOB/B nur bei Überschreitung verbindlicher Fristen, sog. **Vertragsfristen**, vertragliche Folgen denkbar. Welche Fristen unverbindlich und
welche verbindlich sein sollen, muss im Vertrag ausdrücklich und deutlich
geregelt sein.

3. Anfangstermin

Wenn kein Anfangstermin vereinbart wird, ist der Auftragnehmer grund-   **280**
sätzlich frei darin, wann er mit den Arbeiten beginnt. Nach der Rechtsprechung muss ein Auftragnehmer in einem solchen Fall „**alsbald**" nach
Vertragsschluss mit der Ausführung beginnen. Eine „alsbald" vorzuneh-
mende Handlung findet sich z.B. auch in §§ 8 Abs. 6, 12 Abs. 4, 16 Abs. 3
VOB/B. In den genannten Vorschriften wird unter „alsbald" eine Frist von
regelmäßig 12 Werktagen verstanden. Es liegt nahe, auch beim BGB-Vertrag den Begriff ähnlich zu verstehen. Dieses Urteil betrifft z.B. besonders
Bauträger, die oft erst nach Verkauf einer gewissen Anzahl von Objekten
beginnen wollen. Manchmal können sie vor dem Verkauf aller Objekte
gar nicht beginnen, da die Käufer Gestaltungsspielräume hinsichtlich
Raumaufteilung etc. haben. Es empfiehlt sich daher, in solchen Verträgen
den Baubeginn näher festzulegen.

Wenn sich der Auftragnehmer den Anfangstermin völlig frei halten   **281**
will, muss er dies ausdrücklich im Vertrag festhalten. Eine entsprechende
AGB-Klausel kann jedoch unwirksam sein, wenn sie im Ergebnis bewirkt,
dass der Vertragspartner den für ihn wichtigen Baubeginn überhaupt nicht
durchsetzen kann.

Wenn die Geltung der **VOB/B** vereinbart ist, gilt die Regelung in § 5   **282**
Abs. 2 VOB/B. Danach muss der Auftraggeber dem Auftragnehmer auf
Verlangen Auskunft über den voraussichtlichen Beginn erteilen. Wenn der
Auftraggeber den Auftragnehmer auffordert, mit der Arbeit zu beginnen,
muss der Auftragnehmer innerhalb von 12 Werktagen nach Aufforderung
beginnen. Der Auftragnehmer muss den Beginn der Ausführung dem
Auftraggeber anzeigen

4. Zwischentermine

Auch für **Zwischentermine** gilt, dass diese grundsätzlich verbindlich sind.   **283**
Haben die Vertragspartner die Geltung der **VOB/B** vereinbart, findet sich
eine Regelung zum **Bauzeitenplan** in § 5 Abs. 1 VOB/B. Danach sind Fristen in einem Bauzeitenplan ohne besondere Vereinbarung unverbindlich.
Nur wenn die Vertragspartner sie im Vertrag als Vertragsfristen vereinbart

haben, sind sie ebenfalls verbindlich. Da § 5 Abs. 1 VOB/B eine Vermutung gegen eine solche Vereinbarung enthält, muss der Vertrag insoweit deutlich sein, damit sich der Auftraggeber auf die Vereinbarung verbindlicher Vertragsfristen berufen kann. Es empfiehlt sich insbesondere, ggf. den von der VOB/B vorgegebenen Begriff der „Vertragsfrist" zu verwenden, um alle Auslegungsprobleme zu vermeiden.

5. Fertigstellungstermine

284   Wesentlich wichtiger als die Zwischentermine ist in der Regel der Fertigstellungstermin. Es ist das hauptsächliche Vertragsziel des Auftraggebers, das fertig gestellte Werk zu nutzen. Mit **Abnahmereife** kann der Auftragnehmer die Abnahme mit ihren für ihn wichtigen Rechtsfolgen herbeiführen. Für **Verbraucherbauverträge** ergibt sich aus Art. 249 § 2 EGBGB, § 650k Abs. 3 BGB die Verpflichtung des Auftragnehmers, verbindliche Angaben zur Fertigstellung zu machen.

285

> **Hinweis:**
> Ob ein Fertigstellungstermin eingehalten wurde, hängt nicht von der Abnahme der Leistung ab. Es reicht aus, dass der Auftragnehmer die Leistung abnahmereif ausgeführt hat.

6. Fehlende Vereinbarung von Fristen

286   Enthält ein Vertrag **keine** Festlegungen zu Fristen, führt dies nicht dazu, dass die Vertragspartner völlig frei in der Termingestaltung sind. Der Auftragnehmer muss auch in diesem Fall **alsbald** nach dem Vertragsschluss mit den Arbeiten beginnen und sie **in angemessener Zeit** zügig zu Ende bringen, BGH v. 8.5.2008, VII ZR 201/07. Auch wenn ein Pflichtverstoß in diesem Fall nicht so einfach feststellbar ist, wie bei eindeutigen Fristen, hat der Auftraggeber dennoch ausreichend Möglichkeiten, den Auftragnehmer zur Erfüllung seiner Pflichten anzuhalten, indem er ihm angemessene Fristen setzt und ggf. von seinen Rechten nach Fristablauf Gebrauch macht.

7. Folgen von Fristüberschreitungen

287   Bei Fristüberschreitungen hängen die Handlungsmöglichkeiten und Rechtsfolgen davon ab, wer für die Nichteinhaltung einer als verbindlich vereinbarten Frist einzustehen hat. Dabei muss grundsätzlich der

Auftragnehmer nachweisen, dass er **nicht** für eine Fristüberschreitung verantwortlich ist. Die genannten Rechtsfolgen sind jeweils an anderer Stelle in diesem Buch genau erläutert, und zwar hinsichtlich der Voraussetzungen und der genauen Folgen. Aus Darstellungsgründen muss auf diese Ausführungen verwiesen werden.

a) Rechte des Auftragnehmers

Der Auftragnehmer kann eine Reihe von Handlungsmöglichkeiten in **288** Betracht ziehen, vgl. unten Rdnr. 292 ff. Die jeweils genannten Ansprüche haben teilweise noch weitere Anspruchsvoraussetzungen:

– Anspruch auf Bauzeitverlängerung;
– Ersatzanspruch nach § 642 BGB;
– Kündigung nach § 643 BGB.

Ist die **VOB/B** vereinbart, kann der Auftragnehmer folgende Ansprüche **289** ins Auge fassen:

– Bauzeitverlängerung nach § 6 Abs. 2 VOB/B;
– zusätzliche Vergütung nach § 2 Abs. 5 VOB/B;
– Schadensersatzanspruch nach § 6 Abs. 6 VOB/B;
– Kündigung nach § 9 VOB/B.

b) Rechte des Auftraggebers

Der Auftraggeber kann ebenfalls eine Reihe von Alternativen prüfen, vgl. **290** dazu unten Rdnr. 334 ff.:

– Zurückbehaltungsrecht nach § 320 BGB;
– Verzugsschaden nach §§ 280 Abs. 1, 2, i.V.m. 286 BGB;
– Vertragsstrafe;
– Rücktritt nach §§ 323 BGB.

Wenn die Geltung der **VOB/B** vereinbart ist, kann der Auftraggeber **291** außerdem die Kündigung des Vertrages nach §§ 5 Abs. 4, 8 Abs. 3 VOB/B ins Auge fassen.

IV. Ansprüche des Auftragnehmers bei Pflicht- und Obliegenheitsverletzungen des Auftraggebers mit Behinderungsfolgen

1. Trennung von zeitlichen und finanziellen Folgen

292   Behinderungen des Auftragnehmers durch den Auftraggeber können erhebliche finanzielle Folgen haben. Es überrascht daher nicht, dass es hierzu reichlich Rechtsprechung und Literatur gibt.

Das gesamte System der Folgen einer Behinderung des Auftragnehmers beruht auf dem Gedanken, dass es unterschiedliche Behinderungen mit unterschiedlichen Folgen gibt und bei den Folgen wiederum zwischen zeitlichen und finanziellen zu trennen ist. Es sind daher für jede hindernde Tatsache die Folgen getrennt darzustellen. Im Moment ist die Rechtsprechung uneinheitlich, in welcher **Darstellungstiefe** dies zu erfolgen hat.

293   Nicht jede tatsächliche Behinderung führt überhaupt zu Folgen wie einen Bauzeitverlängerungsanspruch. Dies betrifft etwa Witterungsumstände, mit denen bei Abgabe des Angebotes gerechnet werden musste. Solche tatsächlichen Behinderungen der Arbeit wie Wärme im Sommer und Kälte im Winter muss der Auftragnehmer in seine Preise einkalkulieren und sie haben keine Folgen für das Vertragsverhältnis.

Nicht jede Behinderung, die zu einem Bauzeitverlängerungsanspruch führt, gibt dem Auftragnehmer einen Anspruch auf Schadensersatz. So erhält der Auftragnehmer etwa bei außergewöhnlichen Witterungsumständen oder bei höherer Gewalt eine längere Bauzeit (was etwa für die Abwehr einer Vertragsstrafe wichtig sein kann), aber er erhält keinerlei finanziellen Ausgleich vom Auftragnehmer. Behinderungen mit zeitlichen und finanziellen Folgen sind etwa die Anordnung eines Baustopps, die Behinderung durch einen anderen für den Auftraggeber tätigen Unternehmer oder die Anordnung von zusätzlichen oder geänderten Leistungen mit Auswirkungen auf den Bauablauf. Hier kann der Auftragnehmer sowohl eine Verlängerung der Bauzeit als auch einen finanziellen Ausgleich verlangen.

2. Überblick über mögliche Folgen von Behinderungen

294   Diese Darstellung soll sich auf die in der Praxis wichtigsten Handlungsmöglichkeiten beschränken. Es gibt über die dargestellten Handlungsmöglichkeiten hinaus weitere, die jedoch aufgrund ihrer beschränkten Möglichkeiten oder sehr engen Voraussetzungen keine Praxisrelevanz

haben (etwa der sog. Schadensersatz anstelle der Leistung, der im Baubereich keinerlei Rolle spielt).

Der Auftragnehmer kann bei einem Verstoß des Auftraggebers gegen   **295**
seine Pflichten unter den jeweils dargestellten Voraussetzungen folgende
Ansprüche geltend machen:

– Bauzeitverlängerung;

– Entschädigung nach § 642 BGB;

– Kündigung nach § 643 BGB.

Bei VOB-Verträgen kann der Auftragnehmer außerdem noch unter den
dargestellten Voraussetzungen geltend machen:

– § 2 Abs. 5, 6 VOB/B

– Schadensersatzanspruch nach § 6 Abs. 6 VOB/B;

– Kündigung nach § 9 VOB/B.

3. Bauzeitverlängerung

Anders als die VOB/B in § 6 Abs. 2 Nr. 1 VOB/B enthält das BGB keine   **296**
ausdrückliche Regelungen dazu, ob und unter welchen Voraussetzungen
der Auftragnehmer Anspruch auf Verlängerung der Bauzeit haben kann.
Allerdings ist es auch beim BGB so, dass der Auftraggeber nur dann in
Verzug kommt, wenn er eine Fristüberschreitung zu vertreten hat. Hat
also umgekehrt der Auftragnehmer eine Fristüberschreitung nicht zu
vertreten, ist er nicht im Verzug mit seinen Leistungen und es treten auch
nicht die Rechtsfolgen des Verzuges (Schadensersatz, ggf. Anfall einer
Vertragsstrafe, Kündigungsmöglichkeiten etc.) ein. Es bleibt sich die Frage,
wann er stattdessen in Verzug gerät.

Um diese **Lücke** des BGB zu schließen, wird auf § 6 Abs. 2 VOB/B   **297**
zurückgegriffen, der insoweit einen allgemeingültigen Rechtsgrundsatz
wiedergibt. Der Auftragnehmer ist dafür beweispflichtig, dass Umstände
aus dem Bereich des Auftraggebers gegeben waren, die zu einer Behinderung geführt haben.

Ein **Anspruch auf Bauzeitverlängerung** setzt nach § 6 Abs. 2 VOB/B
voraus, dass

– der Auftragnehmer in der Bauausführung behindert war;

– dass dies zu einer Verzögerung seines Bauablaufes geführt hat;

– der Auftragnehmer die Behinderung ordnungsgemäß angezeigt hat
(sofern sie nicht ausnahmsweise offenkundig war).

Die bei BGB-Verträgen teilweise anderen Voraussetzungen sind in Rdnr. 308 dargestellt.

a) Behinderung

298   Hinsichtlich der **Behinderung** reicht es für den Auftragnehmer nicht aus, auf eine eingetretene Verzögerung hinzuweisen. Vielmehr muss der Auftragnehmer substantiiert darlegen, wann er wie behindert wurde.

b) Auf Behinderung beruhende Verzögerung

299   Der Auftragnehmer muss weiterhin nachweisen, dass zwischen der Behinderung und der aufgetretenen Verzögerung ein **kausaler Zusammenhang** besteht. Diesen Nachweis muss der Auftragnehmer auch bei Großbaustellen beibringen. Die zugegebenermaßen vorhandene Komplexität einer Großbaustelle alleine ist nach dem BGH kein Grund, dem Auftragnehmer eine erleichterte Beweisführung zuzubilligen, zumal gerade bei Großbaustellen häufig die Möglichkeit besteht, durch Umdisposition eine Verzögerung zu vermeiden (BGH v. 20.2.1986, VII ZR 206/84, BGHZ 97, S. 163). Hierzu ist der Auftragnehmer im Rahmen seiner Schadensminderungspflicht verpflichtet, was in § 6 Abs. 3 VOB/B zur Verdeutlichung wiederholt ist. Nur bei der Ermittlung des eingetretenen Schadens ist eine Schätzung möglich.

Der Auftragnehmer kann sich auch nicht darauf zurückziehen, dass es bestimmte Erfahrungssätze etwa bei fehlenden Plänen gibt – maßgeblich ist immer die konkrete Baustelle mit ihrem tatsächlichen Verlauf. Bei den Behinderungsfolgen kann man sich z.B. auch nicht auf Tabellenwerte bezüglich Arbeitseffektivität zurückziehen, auch insoweit kommt es auf die einzelne Baustelle an.

c) Behinderungsanzeige

300   Die Behinderungsanzeige ist die wichtigste formale Voraussetzung für die Geltendmachung von Ansprüchen, die aber nur bei **VOB-Verträgen** notwendig ist. Allerdings kann sich der Auftragnehmer auch beim **BGB-Vertrag** nur auf eine Behinderung stützen, die dem Auftraggeber bekannt ist, was in der Regel nur durch eine Behinderungsanzeige sicher nachgewiesen werden kann. Die Behinderungsanzeige hat dabei neben der formalen auch eine sehr wichtige **inhaltliche** Seite. Sie soll nämlich dem Auftraggeber zeigen, dass auf der Baustelle Probleme bestehen und ihm die Möglichkeit verschaffen, diese Probleme zu beseitigen. Die Behinderungsanzeige ist also kein Selbstzweck. An dieser Funktion der Behinderungsanzeige orientieren sich die Anforderungen, die von der Rechtsprechung an eine ordnungsgemäße Behinderungsanzeige gestellt werden:

– Der Auftragnehmer muss die Behinderungsanzeige „**unverzüglich**" machen, also meist innerhalb weniger Tage. Maßgeblich ist der Eingang beim Auftraggeber.

– Die Anzeige muss **schriftlich** erfolgen und grundsätzlich an den Auftraggeber selber gerichtet sein, sofern der Auftraggeber nicht einen Vertreter benannt hat. Eine Anzeige etwa an den bauleitenden Architekten reicht regelmäßig nicht aus. Eine Anzeige in einer **E-Mail** ist nicht formgerecht.

– Der Auftragnehmer muss die behindernden Umstände deutlich **beschreiben**, ein formularmäßiger, vorformulierter Hinweis reicht nicht. Der Auftraggeber soll schließlich auf dieser Grundlage prüfen, ob die behauptete Behinderung tatsächlich vorliegt und welche Maßnahmen er ergreifen muss.

– Der Auftragnehmer muss außerdem mitteilen, **wie** seine Arbeit von dem behindernden Umstand berührt wird.

– In der Anzeige müssen **Beginn** und voraussichtliche **Dauer** der Behinderung genannt werden.

Eine Behinderungsanzeige ist **ausnahmsweise** nicht erforderlich, wenn **301** die Behinderung **und** die aus ihr resultierende behindernde Wirkung für den Auftraggeber offensichtlich sind. Hierfür ist der Auftragnehmer nachweispflichtig.

Eine Behinderungsanzeige kann also etwa entbehrlich sein, wenn der Auftraggeber einen vollständigen Baustopp anordnet. Betrifft eine Behinderung aber nur einen kleinen Teil der Baustelle, sind die Auswirkungen auf die Arbeiten des Auftragnehmers und die Baustelle insgesamt für den Auftraggeber regelmäßig nicht erkennbar.

Auftragnehmer sollten daher im Zweifel eine Behinderungsanzeige machen, um sich ihre Ansprüche zu sichern.

d) Dauer der Bauzeitverlängerung

Wenn die Voraussetzungen für einen Anspruch auf Bauzeitverlängerung **302** vorliegen, verlängern sich die Bauzeiten **automatisch**. Eine besondere Vereinbarung ist nicht notwendig.

Die **Dauer** der Verlängerung bestimmt sich nach objektiven Maßstäben. **303** § 6 Abs. 4 VOB/B nennt als Berechnungsfaktoren die Dauer der Behinderung, einen Zuschlag für die Wiederaufnahme der Arbeiten (Einarbeitungsaufwand) und die Verlängerung wegen einer etwaigen Verschiebung in eine ungünstigere Jahreszeit.

Die Dauer der Bauzeitverlängerung kann (anders als die Voraussetzun- **304** gen hierfür) auch nach § 287 ZPO **geschätzt** werden. Da die Ermittlung

der neuen Bauzeit dennoch schwierig ist, empfiehlt sich es sich, die Folgen
einer Behinderung kurzfristig einvernehmlich festzulegen.

305 Der Auftragnehmer ist verpflichtet, im Rahmen des ihm Zumutbaren
seinen Bauablauf anzupassen (etwa durch Vorziehen nicht behinderter
Arbeiten) und auf diese Weise die Folgen der Behinderung so weit als
möglich zu vermindern. Tut er dies nicht, verstößt er gegen seine **Schadensminderungspflicht** und haftet für die eintretenden Verzögerungen.
Im Mindestfall kann er keine Ansprüche nach § 6 Abs. 2 VOB/B gegen den
Auftraggeber geltend machen.

e) Folgen für Vertragsfristen

306 Soweit die Vertragspartner kalendermäßige Termine (z.B. einen Fertigstellungstermin) als Vertragsfristen im Sinne des § 5 Abs. 1 VOB/B festgelegt haben, **verschieben** sich die Termine um die dem Auftragnehmer
zustehende Bauzeitverlängerung. Der Auftragnehmer wird jedoch nach
Ablauf der verlängerten Termine nur dann in **Verzug** geraten, wenn ihn
der Auftraggeber mahnt. Ein Überschreiten der Vertragsfristen ohne eine
solche Mahnung bleibt für den Auftragnehmer folgenlos, sofern die Partner die neuen Termine nicht vertraglich festgeschrieben hatten.

307 Vereinbarte **Vertragsstrafen** bleiben grundsätzlich wirksam und entstehen mit Ablauf der neuberechneten Termine (auch ohne vorherige
Mahnung durch den Auftraggeber). Nur **ausnahmsweise** wird die Vertragsstrafenvereinbarung insgesamt hinfällig, und zwar dann, wenn die
Behinderung den gesamten Zeitplan des Unternehmers durcheinander
gebracht hat und er den Bauablauf ganz neu planen musste.

f) Besonderheiten bei BGB-Verträgen

308 Die Rechtslage weicht bei BGB-Verträgen insbesondere darin von § 6
Abs. 2 VOB/B ab, dass **keine Behinderungsanzeige** notwendig ist. Allerdings muss der Auftragnehmer dem Auftraggeber die behindernde
Tatsache **mitteilen**, damit er die Gelegenheit zur Abhilfe hat. Unterlässt
der Auftragnehmer diese Mitteilung, kann sich der Auftragnehmer in
Anlehnung an § 6 Abs. 2 VOB/B und der bei Verträgen über Bauleistungen bestehenden Kooperationsverpflichtung nicht auf die Behinderung
berufen (was im Ergebnis auf praktisch identische Mitteilungspflichten
des Auftragnehmers hinausläuft).

4. Überblick über Ausgleichsansprüche

309 Die genaue juristische Grundlage eines Ausgleichsanspruches des Auftragnehmers wegen einer Bauzeitverlängerung war lange Zeit eher zweitran

gig. Dies hat sich durch die rechtliche Entwicklung geändert und **die einzelnen Anspruchsgrundlagen müssen für jeden Sachverhalt ermittelt und dargestellt werden.** Dies liegt daran, dass der Auftragnehmer nur teilweise Wagnis und Gewinn erstattet erhält und die Ansprüche teilweise umsatzsteuerpflichtig sind. Es ist also im eigenen Interesse des Auftragnehmers hier sauber zu arbeiten.

Finanzielle Ausgleichsansprüche bei Behinderung		
Anspruchsgrundlage	Erstattung von Wagnis und Gewinn	Umsatz- steuer- pflichtig
§2 Abs. 5, 6 VOB/B (Anordnung des Auftraggebers mit bauzeitlichen Folgen)	Ja	Ja
§642 BGB (Obliegenheitsverletzung des Auftraggebers)	Ja	Ja
§6 Abs. 6 VOB/B (vom Auftraggeber verschuldete Behinderung)	Nein	Nein

5. Entschädigung nach §642 BGB

Die allgemeine Mitwirkungspflicht des Auftraggebers ist eine Obliegenheit, keine schuldrechtliche Verpflichtung, was man als feinsinnige, aber nicht folgenlose Unterscheidung des Gesetzes hinnehmen muss.   310

Eine **Obliegenheitsverletzung** des Auftraggebers hat im Wesentlichen zur Folge

– dass der Auftragnehmer nicht in Verzug kommt;

– dass der Auftraggeber in Annahmeverzug gerät, wenn der Auftragnehmer seine Leistungsbereitschaft erklärt und den Auftraggeber zur Mitwirkung auffordert;

– bei Annahmeverzug kommt außerdem dazu, dass der Auftragnehmer eine angemessene Entschädigung verlangen kann.

Eine Schadensersatzpflicht kommt für solche Obliegenheitsverletzungen jedoch nicht in Frage.

311 Eine **Obliegenheitsverpflichtung** kann darin bestehen

– dass der Auftragnehmer wegen einer Behinderung durch einen Vorunternehmer nicht rechtzeitig den störungsfreien Zutritt zur Baustelle bzw. keine unbehinderte Durchführung seiner Arbeiten ermöglicht;

– der Auftraggeber dem Auftragnehmer nicht rechtzeitig die benötigten Pläne und Unterlagen übergibt.

Bei der Frage, ob eine Mitwirkung des Auftraggebers **rechtzeitig** erfolgte oder nicht, sind vor allem die vertraglichen Vereinbarungen zu betrachten. In der Praxis stellt sich dabei das Problem, dass Verträge oft wenig zu den Mitwirkungspflichten enthalten. Wenn der Vertrag keine ausdrücklichen Vereinbarungen enthält, lassen sich die vom Auftraggeber einzuhaltenden Termine – wenn überhaupt – nur mittelbar aus den sonstigen Terminvorgaben entwickeln.

312 Der Auftragnehmer ist **nachweispflichtig** dafür, dass der Auftraggeber seine Mitwirkungspflichten verletzt. Er muss insbesondere ggf. nachweisen, innerhalb welcher Fristen der Auftraggeber seine Mitwirkung erbringen musste, was – wie oben dargestellt – äußerst risikobehaftet sein kann, wenn der Vertrag keine ausdrücklichen Vorgaben enthält.

313 Bei **VOB-Verträgen** muss der Auftragnehmer auch für einen Anspruch aus § 642 BGB seine Leistung ordnungsgemäß **anbieten**, und dazu gehört nach dem BGH, dass er eine ordnungsgemäße Behinderungsanzeige macht. Ohne eine Behinderungsanzeige kann der Auftragnehmer weder Ansprüche aus § 642 BGB noch aus dem nachstehend dargestellten § 6 Abs. 6 VOB/B geltend machen. Die Anforderungen an eine Behinderungsanzeige sind oben unter Rdnr. 300 dargestellt.

314 § 642 BGB gibt dem Auftragnehmer Anspruch auf **eine angemessene Entschädigung**. Bei der Höhe dieser angemessenen Entschädigung sind nach § 642 Abs. 2 BGB zu berücksichtigen

– die Dauer des Verzugs;

– die Höhe der vereinbarten Vergütung sowie

– das, was sich der Auftragnehmer infolge des Verzuges an Aufwendungen erspart oder durch anderweitige Verwendung seiner Arbeitskraft erwerben kann.

Außerdem hat der Auftragnehmer Anspruch auf Erstattung von Wagnis und Gewinn. Mehrkosten, die erst nach Beendigung des Annahmeverzuges anfallen, sind nach § 642 BGB nicht zu ersetzen (BGH v. 26.10.2017, VII ZR 16/17). Ein Anspruch aus § 642 BGB ist umsatzsteuerpflichtig.

6. Kündigung nach § 643 BGB

Wenn die Voraussetzungen des § 642 BGB vorliegen, kann der Auftrag- 315
nehmer auch die **Beendigung** des Vertrages herbeiführen. Dazu muss
er dem Auftraggeber eine angemessene Frist setzen, innerhalb derer der
Auftraggeber die unterlassene Handlung vornehmen muss und ihm bei
dieser Fristsetzung die Kündigung des Vertrages ankündigen.

Wenn die Frist abgelaufen ist, gilt der Vertrag **automatisch** als aufgeho- 316
ben. Im Klartext: Nach dem Gesetzeswortlaut reicht die Androhung der
Kündigung, um die Vertragsaufhebung herbeizuführen. Die **ausdrückliche** Erklärung der Kündigung ist **nicht** erforderlich.

Es ist also Vorsicht mit der Kündigungsandrohung geboten. Auch 317
Auftraggebern wird nicht immer klar sein, welche Folgen die Androhung
haben kann. Es empfiehlt sich daher, den Auftraggeber deutlich auf den
mit Fristablauf eintretenden Automatismus **hinzuweisen**. Dies hat den
Vorteil, dass dem Auftragnehmer die Folgen der Androhung deutlich vor
Augen geführt werden.

Die **Rechtsfolgen** der Vertragsaufhebung sind die gleichen wie bei je- 318
der anderen Kündigung aus wichtigem Grund. So hat der Auftragnehmer
insbesondere Anspruch auf Bezahlung der erbrachten Leistungen, für die
Zukunft ist der Vertrag aufgehoben.

7. Vergütung nach § 2 Abs. 5, 6 VOB/B

Entstehen dem Auftragnehmer durch Anordnungen des Bauherren (auch) 319
bauzeitbedingte Mehrkosten, kann er sie als Teil der **Mehrkosten** der
Anordnung beim Auftraggeber abrechnen. So kann z.B. die Anordnung,
einen anderen als den ursprünglich beauftragten Bodenbelag zu verwenden, wegen der Bestellzeiten erhebliche Auswirkungen auf den Bauablauf
haben.

Wichtige Voraussetzung ist die Behinderungsanzeige. Dem Auftraggeber muss deutlich gemacht werden, welche Folgen seine Anordnung hat.
Daher muss der Auftragnehmer die Behinderung anzeigen.

Wie bei jedem Anspruch nach § 2 Abs. 5, 6 VOB/B kann der Auftrag- 320
nehmer auch Wagnis und Gewinn abrechnen und Umsatzsteuer ansetzen.

Der Auftragnehmer muss jedoch bei **Nachträgen** darauf achten, dass 321
er sich ggf. weitere Schadensersatzansprüche vorbehält. Rechnet der Auftragnehmer auf der Grundlage von § 2 Abs. 5 VOB/B ab, so sind hiermit
grundsätzlich **alle Mehrkosten** abgegolten. Will der Auftragnehmer weitere bauzeitbedingte Ansprüche noch später geltend machen, muss er sich
diese ausdrücklich vorbehalten.

8. Schadensersatzanspruch nach § 6 Abs. 6 VOB/B

322 Ein **Schadensersatzanspruch** setzt voraus, dass

– der Auftragnehmer in der Bauausführung behindert war;

– dies zu einer Verzögerung seines Bauablaufes geführt hat;

– der Auftragnehmer die Behinderung ordnungsgemäß angezeigt hat (sofern sie nicht ausnahmsweise offenkundig war);

– die Behinderung vom Auftraggeber zu vertreten war;

– dem Auftragnehmer durch die Behinderung ein Schaden entstanden ist.

Für diese Voraussetzungen ist der Auftragnehmer insgesamt **beweispflichtig**.

a) Behinderung, Verzögerung, Behinderungsanzeige

Nachfolgend wird nur darauf eingegangen, welche Behinderungen vom Auftraggeber zu vertreten sind und welchen Schaden der Auftragnehmer gegenüber dem Auftraggeber geltend machen kann und was hierbei zu beachten ist. Die weiteren Voraussetzungen sind oben in Rdnr. 298 ff. bei dem Anspruch auf Bauzeitverlängerung ausführlich besprochen.

b) Vertretenmüssen des Auftraggebers

323 Ob der Auftraggeber eine Behinderung zu **vertreten** hat, richtet sich nach den allgemeinen Vorschriften, also z.B. beim Einsatz von Hilfspersonen nach §§ 276, 278 BGB.

324 Der Auftraggeber haftet also z.B. **nicht** bei höherer Gewalt oder bei Wetterbedingungen, mit denen bei Abschluss des Vertrages nicht zu rechnen war. Hingegen muss er beispielsweise vertreten

– fehlende Baugenehmigung;

– verspätete Planübergaben.

325 Wenn der Auftraggeber die behindernden Umstände nicht zu vertreten hat (also z.B. im häufigen Fall der Behinderung durch andere Auftragnehmer), kann der Auftragnehmer einen Anspruch auf angemessene Entschädigung nach § 642 BGB haben, vgl. den Hinweis unten Rdnr. 330 und zu § 642 ausführlich Rdnr. 310 ff.

c) Umfang des Ersatzanspruches

326 Der Auftragnehmer ist **nachweispflichtig** für den Umfang des entstandenen Schadens. Dabei kann er sich zur Beweiserleichterung auf die **Schätzmöglichkeit** nach § 287 ZPO berufen. Diese Möglichkeit besteht aber erst,

wenn er den Eintritt des Schadens nachgewiesen hat, die Schätzung betrifft nur den möglichen Umfang.

Der **Schaden** ist durch Vergleich der tatsächlich eingetretenen Vermögenslage des Auftragnehmers und der ohne das schädigende Ereignis hypothetisch eingetretenen Vermögenslage zu ermitteln. Die so ermittelte **Differenz** ist der Schaden des Auftragnehmers. Es sind also nur Schäden zu berücksichtigen, die kausal auf der Behinderung beruhen. 327

Den **entgangenen Gewinn** muss der Auftraggeber dem Auftragnehmer jedoch nur ersetzen, wenn der Auftraggeber vorsätzlich oder grob fahrlässig gehandelt hat. 328

Eine **Änderung** des Bauentwurfes kann im Übrigen keinen Schaden zur Folge haben, da an die Stelle der wegen der Änderung entfallenen Leistung immer eine andere, ebenfalls vergütungspflichtige Leistung tritt. Der Auftragnehmer kann diese Mehrkosten nach § 2 Abs. 5, 6 VOB/B als Mehrkosten abrechnen. 329

d) Verhältnis zu § 642 BGB

§ 6 Abs. 6 VOB/B ist neben § 642 BGB anwendbar. Dies ist vor allem für die Fälle bedeutsam, in denen der Auftraggeber die hindernden Umstände nicht zu vertreten hat, also z.B. beim Verzug eines Vorunternehmers. In diesen Fällen kann der Auftragnehmer Ansprüche nach § 642 BGB geltend machen, vgl. dazu oben Rdnr. 325 ff. 330

9. Kündigung nach § 9 VOB/B

§ 9 VOB/B enthält eine Sondervorschrift für die Kündigung bei Annahmeverzug des Auftraggebers und ist gegenüber den oben beschriebenen §§ 642, 643 BGB vorrangig. Nach § 9 Abs. 1 Nr. 1 VOB/B kann der Auftragnehmer den Vertrag kündigen, wenn der Auftraggeber eine ihm obliegende Handlung unterlässt und dadurch in Annahmeverzug gerät. 331

Bei den Obliegenheiten des Auftraggebers kann auf die Ausführungen zu § 642 BGB in Rdnr. 311 verwiesen werden. Die **VOB/B** enthält außerdem in §§ 3, 4 VOB/B Sonderregelungen über die gegenseitigen Rechte und Pflichten der Vertragspartner. Auch ein Verstoß gegen die in §§ 3, 4 VOB/B genannten Pflichten des Auftraggebers stellt eine Obliegenheitsverpflichtung des Auftraggebers dar, also etwa

— die verspätete Übergabe von Ausführungsunterlagen, Plänen etc., § 3 Abs. 1 VOB/B;

— die unterbliebene Regelung des Zusammenwirkens der verschiedenen Unternehmer, § 4 Abs. 1 VOB/B;

  – die unterbliebene unentgeltliche Überlassung von Lager, Arbeitsplätzen und Anschlüsse, § 4 Abs. 4 VOB/B.

Ebenso wie im Rahmen des § 642 BGB ist bei jeder Obliegenheitsverletzung auch festzustellen, ob die Leistung des Auftraggebers terminlich festgelegt war und ob er insoweit in Verzug bzw. Annahmeverzug geraten ist.

332   Die Kündigung ist erst zulässig, wenn der Auftragnehmer

  – dem Auftraggeber eine **angemessene Frist** zur Vornahme der Handlung gesetzt hat und

  – **angekündigt** hat, nach fruchtlosem Fristablauf den Vertrag zu kündigen.

333   Bei der Ermittlung der angemessenen Frist kommt es immer auf den Einzelfall an. Die Nachfrist muss nicht so lang sein, dass der Auftraggeber die Möglichkeit hat, die noch nicht begonnene Handlung vorzunehmen. Der Auftraggeber muss lediglich in der Lage sein, eine bereits in Angriff genommene Handlung zu vollenden. Eine zu kurze Fristsetzung führt nur dazu, dass eine angemessene Frist beginnt und hat nicht die Unbeachtlichkeit der Fristsetzung zur Folge.

V. Ansprüche des Auftraggebers bei Pflichtverletzungen des Auftragnehmers

334   Bei Pflichtverletzungen des Auftragnehmers kann der Auftraggeber unter den nachfolgend dargestellten Voraussetzungen folgende Ansprüche geltend machen.

  Unter Fortsetzung des Vertrages hat er folgende Möglichkeiten:

  – Schadensersatzanspruch nach § 280, 286 BGB;

  – Geltendmachung einer vereinbarten Vertragsstrafe;

  Unter Beendigung des Vertrages kann der Auftraggeber folgende Ansprüche geltend machen:

  – Rücktritt nach §§ 323, 326 Abs. 1 S. 3 BGB;

  – Kündigung nach §§ 5 Abs. 4, 8 Abs. 3 BGB.

1. Verzugsschaden nach §§ 280 Abs. 1, 2 i.V.m. 286 BGB

> **Hinweis:** 335
> Der Auftraggeber hat Anspruch auf Ersatz des ihm entstandenen Schadens,
> wenn
> – die Leistung des Auftragnehmers fällig ist;
> – der Auftraggeber den Auftragnehmer nach Fälligkeit mahnt (sofern die
>   Mahnung nicht entbehrlich ist);
> – der Auftragnehmer auf die Mahnung hin nicht leistet.

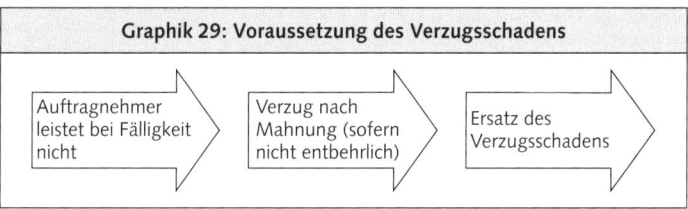

Graphik 29: Voraussetzung des Verzugsschadens

Auftragnehmer leistet bei Fälligkeit nicht → Verzug nach Mahnung (sofern nicht entbehrlich) → Ersatz des Verzugsschadens

a) Fälligkeit der Leistung

Sofern nichts anderes vereinbart ist, ist eine Leistung **sofort fällig**. Bei 336
Bauleistungen ist allerdings zu berücksichtigen, dass diese Leistungen
nicht wie eine Geldschuld mit einem Schlag erbracht werden können.
Deswegen tritt die Fälligkeit von Bauleistungen gewissermaßen sukzessiv
ein, entsprechend einem üblichen und angemessenen Bauablauf.

Um Streitigkeiten über die Fälligkeit zu vermeiden, kann nur empfoh- 337
len werden, Termine für die Erbringung der Leistungen zu vereinbaren.

b) Verzug ohne Mahnung

Als erstes soll die im Bauwesen wichtigste – und zugleich am einfachsten 338
handzuhabende – Situation dargestellt werden, bei der ein Auftragnehmer
ohne Mahnung in Verzug kommt. Dies ist dann der Fall, wenn der Auftragnehmer vertraglich vereinbarte **Ausführungsfristen** überschreitet. In
diesem Fall kann Verzug nach § 286 Abs. 2 Nr. 1 BGB vorliegen.

Neben dem Überschreiten eines Vertragstermins muss aber noch ein
Verschulden des Auftragnehmers hinzukommen. Dabei liegt die Beweislast so, dass **der Auftragnehmer** beweisen muss, wieso er den Termin
unverschuldet überschritten hat. Gelingt ihm dieser Beweis nicht, ist er
im Verzug und trägt die Folgen. Bei Bauvorhaben fehlt ein Verschulden,
wenn der Auftragnehmer Anspruch auf Bauzeitverlängerung hat (dargestellt oben in Rdnr. 296 ff.).

339   Darüber hinaus tritt Verzug in den weiteren gesetzlich geregelten Fällen ein, wenn:

- der Leistung ein **Ereignis** vorauszugehen hat und eine angemessene Zeit für die Leistung in der Weise bestimmt ist, dass sie sich von dem Ereignis an nach dem Kalender berechnen lässt. Dies ist beispielsweise der Fall bei einer „Fertigstellung 9 Monate nach Zugang der Baugenehmigung";

- der Schuldner die Leistung ernsthaft und endgültig **verweigert**. Dies entspricht der bisherigen Rechtsprechung und muss nicht näher erläutert werden;

- aus **besonderen Gründen** unter Abwägung der beiderseitigen Interessen der sofortige Eintritt des Verzuges gerechtfertigt ist. Dies sind grundsätzlich Ausnahmefälle wie ein Leistungsversprechen des Schuldners, das eine Mahnung des Gläubigers verhindert, also Zusagen wie „Ende nächster Woche sind wir hier fertig".

c) Umfang des Schadens

340   Der Umfang des Schadens richtet sich nach § 280 BGB und umfasst grundsätzlich jede **Vermögensminderung**, die kausal auf die Pflichtverletzung des Auftragnehmers zurückzuführen ist. Eine Begrenzung nach oben besteht nicht, so kann der Schaden am Ende sogar höher sein als die dem Auftragnehmer zustehende Vergütung. Typische Positionen für Verzugsschäden des Auftraggebers sind Mietausfälle oder doppelte Mietkosten.

2. Vertragsstrafen

341   Es ist im Baubereich weit verbreitet, dass die Vertragspartner für den Fall von Terminüberschreitungen Vertragsstrafen **vereinbaren**. Insbesondere für den Auftraggeber hat dies den Vorteil, dass er seinen Verzugsschaden nicht im Einzelnen nachweisen muss, sondern mindestens die vereinbarte Vertragsstrafe geltend machen kann.

342   Regelungen zu Vertragsstrafen finden sich in §§ 339 ff. BGB und § 11 VOB/B. Gelegentlich missverstehen Baupraktiker **§ 11 VOB/B** so, dass auch ohne gesonderte Vereinbarung eine Vertragsstrafe anfällt. Genau das Gegenteil ist jedoch richtig. Eine Vertragsstrafe kann überhaupt nur dann anfallen, wenn sie vertraglich vereinbart ist. Ohne vertragliche Festlegung kann der Auftraggeber (nur) seinen Verzugsschaden geltend machen.

> **Hinweis:**   343
> Anfall der Vertragsstrafe setzt voraus:
> – Vereinbarung einer Vertragsstrafe,
> – Eintritt der vertraglich festgelegten Situation (regelmäßig schuldhafte Überschreitung der vereinbarten Ausführungstermine, dieser Fall wird nachfolgend zugrunde gelegt),
> – Vorbehalt bei Abnahme der Leistung.

a) Vereinbarung der Vertragsstrafe

Eine Vertragsstrafe kann sowohl individuell als auch in AGB vereinbart   344
werden.

Bei Vereinbarung einer Vertragsstrafe in **AGB** ist zu beachten: 345

– die Vertragsstrafe muss der **Höhe** nach doppelt begrenzt sein, und zwar einmal hinsichtlich des in festgelegten Zeiträumen anfallenden Betrages (es werden regelmäßig als Obergrenze 0,1 pro Tag unproblematisch sein) und zum zweiten der Gesamt-Höhe nach (wobei 5 % als Höchstgrenze anzusehen sind);

– der Anfall der Vertragsstrafe kann nicht unabhängig vom **Verschulden** des Auftragnehmers vereinbart werden;

– bei vertragsstrafenbewehrten Zwischenfristen sind zum einen nur die betroffenen Teilleistungen für die Höhe maßgeblich und zum anderen muss eine Anrechnung der einmal angefallenen Vertragsstrafe auf die nachfolgend anfallenden Vertragsstrafen erfolgen.

Eine Vertragsstrafe kann auch für den Fall vereinbart werden, dass die Interessen des Auftraggebers durch die Vertragsverletzung des Auftragnehmers nicht beeinträchtigt oder ernsthaft gefährdet werden.

> **Formulierungsvorschlag zur Vertragsstrafe**:
> 1. Bei schuldhafter Überschreitung der Vertragstermine für „Baubeginn", den Zwischentermin „Fertigstellung der 1. Baustufe" und „Fertigstellung" hat der Auftragnehmer Vertragsstrafe zu zahlen. Die Vertragsstrafe beträgt für jeden Werktag der schuldhaften Überschreitung
>   – bei dem Zwischentermin 0,1 % der Auftragssumme für die betroffene Teilleistung netto
>   – beim Baubeginn und dem Fertigstellungstermin 0,1 % der Auftragssumme. Die vorstehenden Vertragsstrafen sind auf insgesamt 5 % der Auftragssumme netto begrenzt.

2. Die Geltendmachung weiterer Ansprüche durch den Auftraggeber bleibt unberührt. Auf einen weitergehenden Schadensersatzanspruch wird die verwirkte Vertragsstrafe angerechnet.

3. Bereits verwirkte Vertragsstrafen entfallen nicht durch die Vereinbarung neuer Termine. Im Falle der Vereinbarung neuer Termine oder der einvernehmlichen Fortschreibung von Vertragsterminen bei Bauzeitverschiebungen gilt das Vertragsstrafeversprechen entsprechend für neue Termine.

4. Eine einmal verwirkte Vertragsstrafe für den Beginn- oder den Zwischentermin wird auf die nachfolgend verwirkte Vertragsstrafen für weitere Zwischen- oder den Fertigstellungstermin angerechnet.

5. Dem Auftraggeber bleibt vorbehalten, den Vorbehalt der Vertragsstrafe bis zur Schlusszahlung geltend zu machen.

346 Die Vertragsstrafenklausel muss außerdem hinreichend deutlich sein. So muss klar aus ihr hervorgehen, in welchen Fällen sie anfallen soll. Die vertragsstrafenbewehrten Termine müssen genau benannt sein, bei Vereinbarung der VOB/B sollte man sich dabei des Begriffes der „Vertragsfristen" aus § 5 Abs. 1 VOB/B bedienen. Bei tageweisem Anfall sollte genau festgelegt sein, ob es um Kalendertage, Arbeits- oder Werktage geht.

b) Anfall der Vertragsstrafe

347 Wenn die Vertragsstrafe wirksam vereinbart ist, fällt sie bei Eintreten der vereinbarten Situation an.

Da Vertragsstrafen regelmäßig nur für den Fall des Verzuges vereinbart werden (können), kann sich der Auftragnehmer möglicherweise **entlasten**, indem er nachweist, dass er die Terminüberschreitung nicht zu vertreten hat.

Es ist daher grundsätzlich zu empfehlen, dem Auftragnehmer nach Überschreiten der ursprünglich vereinbarten Fristen weitere Fristen zu setzen, frei nach dem Gedanken, dass dem Auftragnehmer irgendwann „die Entlastungsmöglichkeiten ausgehen müssen".

348 Die wiederholte **Mahnung** des Auftragnehmers empfiehlt sich auch, wenn es während der Bauausführung **Behinderungen** gegeben hat. Solche Behinderungen haben nur ganz ausnahmsweise zur Folge, dass die Vertragsstrafe insgesamt hinfällig wird. Dieser Ausnahmefall tritt ein, wenn der gesamte Zeitplan der Bauausführung völlig umgeworfen wird, ohne dass der Auftragnehmer dies zu vertreten hat. Ob eine solche Ausnahme vorliegt, ist im Einzelfall zu entscheiden. In allen anderen Fällen verlängert sich die Ausführungsfrist – und damit auch die für den Anfall

der Vertragsstrafe maßgeblichen Frist – um die Behinderungszeit und etwaig erforderliche Zeit zur Wiederaufnahme der Arbeiten. Da diese Fristen regelmäßig nicht mit letzter Sicherheit zu berechnen sind, sollte der Auftraggeber seine Erwartungen durch die Fristsetzungen verdeutlichen. Der Auftraggeber sollte jedoch stets vorsorglich darauf hinweisen, dass die Fristsetzung nicht als Anordnung von Beschleunigungsmaßnahmen zu verstehen ist.

Auch bei **einvernehmlichen Verlängerungen** der vertragsstrafenbe- 349
wehrten Fristen ist Vorsicht geboten, da es immer vom Einzelfall abhängt, ob die ursprünglich vereinbarte Vertragsstrafe auch für die neu festgelegten Fristen gelten soll. Im Zweifel sollten die Partner in der Verlängerungsvereinbarung klarstellen, welche Folgen die Verlängerung für die vereinbarte Vertragsstrafe haben soll.

c) Vorbehalt bei der Abnahme

Der Auftraggeber muss sich die Vertragsstrafe bei **Abnahme** vorbehalten, 350
bei der Abnahme von Teilleistungen bei jeder Teilabnahme. Tut er dies nicht, verliert er den Anspruch auf die Vertragsstrafe vollständig und endgültig, § 341 Abs. 3 BGB. Es reicht nicht aus, diesen Vorbehalt früher zu erklären, erst recht natürlich nicht nach Abnahme. Nur ganz ausnahmsweise ist ein Vorbehalt **entbehrlich**, wenn der Vertragsstrafenanspruch bereits rechtshängig ist. Allein die Erklärung der Aufrechnung oder eine Streitverkündung ersetzen den Vorbehalt nicht. Bei Abnahmen nach § 12 Abs. 5 VOB/B muss der Vorbehalt innerhalb der dort festgelegten Frist erklärt werden. Auch bei einem Vorgehen nach § 640 Abs. 2 BGB (Fristsetzung zur Abnahme) sollte der Vorbehalt innerhalb der Frist erklärt werden.

Der Vorbehalt kann auch **formularmäßig** erfolgen und sollte in jedem 351
Muster-Formular für Abnahmen vorgesehen werden.

Es ist (auch in AGB) möglich, die Pflicht zum Vorbehalt der Vertrags- 352
strafe bis zur **Schlusszahlung** hinauszuschieben. Ein völliger Verzicht auf den Vorbehalt ist jedoch nur in Individualvereinbarungen möglich.

3. Rücktritt nach §§ 323, 326 Abs. 1 S. 3 BGB

Wenn der Auftragnehmer seine Leistungen mangelhaft erfüllt oder wenn 353
er sie in anderer Weise nicht vertragsgerecht – also etwa nicht rechtzeitig – erbringt, kann der Auftraggeber vom Vertrag zurücktreten.

Regelmäßig muss er dem Auftragnehmer eine angemessene **Frist** set- 354
zen, bevor er zurücktreten kann. Auf diese angemessene Frist, die Fälle wann sie entbehrlich ist und auf die Folgen des Rücktrittes wird unten bei den Mängelbeseitigungsansprüchen näher eingegangen.

4. Kündigung nach §§ 5 Abs. 4, 8 Abs. 3 VOB/B

355 Der Auftraggeber kann den Vertrag kündigen, wenn

– der Auftragnehmer nicht rechtzeitig mit seinen Leistungen **beginnt**, oder

– er mit der **Fertigstellung** in Verzug ist oder

– der Auftragnehmer einer **Aufforderung** des Auftraggebers, ausreichend Arbeitskräfte etc. zu stellen (vgl. § 5 Abs. 3 VOB/B) nicht nachkommt

und

– der Auftraggeber dem Auftragnehmer eine angemessene **Frist** zur Vertragserfüllung gesetzt hat und

– ihm die Kündigung **angedroht** hat.

356 Die Kündigung ist natürlich ausgeschlossen, wenn sich der **Auftraggeber** selber nicht vertragsgerecht verhält, also insbesondere wenn die Verzögerungen auf fehlende Vorleistungen von ihm zurückgehen oder wenn der Auftragnehmer die Leistung wegen Zahlungsverzug eingestellt hat. Dann ist der Auftragnehmer aber auch nicht im Verzug, da in solchen Fällen das erforderliche Verschulden des Auftragnehmers fehlt.

357 Der Auftraggeber kann die Kündigung auch als Teilkündigung erklären, § 8 Abs. 3 Nr. 1 VOB/B. Eine **Vertragsstrafe** kann nur bis zum Tag der Kündigung gefordert werden.

358 Der **Auftragnehmer** hat nur Anspruch auf Vergütung der erbrachten Leistungen. Hinsichtlich der nicht ausgeführten und gekündigten Leistungen hat er keine Vergütungsansprüche. Der Auftragnehmer kann vom Auftragnehmer die Durchführung eines Aufmaßes verlangen, § 8 Abs. 6 VOB/B.

359 Der **Auftraggeber** hat Anspruch auf Ersatz des ihm durch die Kündigung entstandenen Schadens. Das sind insbesondere die Mehrkosten, die ihm entstehen, weil er die gekündigten Leistungen durch einen anderen Auftragnehmer ausführen lassen muss. Dabei besteht sein Schaden in der Differenz dessen, was er dem gekündigten Auftragnehmer hätte zahlen müssen und dem, was er dem neu beauftragten Auftragnehmer zahlen muss. Hierfür ist er nachweispflichtig.

VI. Abnahme

> **Hinweis:**   360
> Die Abnahme ist die körperliche **Hinnahme** des Werkes verbunden mit der
> **Anerkennung** des Werkes als in der Hauptsache **vertragsgemäß**.

Die Abnahme ist ein wichtiger Einschnitt bei der Durchführung eines 361
Bauauftrages. Mit der Abnahme endet die Phase der Bauausführung.
Der Auftragnehmer kann seinen Werklohn verlangen. Die Gewährleis-
tungsphase beginnt und der Auftraggeber übernimmt z.B. das Risiko des
zufälligen Unterganges und trägt die Beweislast für Mängel. Nachfolgend
werden dargestellt

– die Voraussetzungen für eine Abnahme

– die verschiedenen Formen der Abnahme

– und ihre rechtlichen Folgen.

1. Voraussetzungen für die Abnahme

Der Auftraggeber ist verpflichtet, eine abnahmefähige Leistung auch 362
abzunehmen. **Abnahmereife** besteht, wenn die Leistung fertiggestellt ist
und keine wesentlichen Mängel aufweist. Ob eine Leistung abnahmefähig
ist oder nicht, ist nur dann interessant, wenn der Auftraggeber die Abnahme verweigern will. Der Auftraggeber kann eine Leistung auch dann
abnehmen, wenn sie eigentlich nicht abnahmereif ist. Dies passiert meist
unbewusst, weil dem Auftraggeber die eigentlich vorhandenen Mängel
oder fehlenden Leistungen nicht bekannt sind.

Nimmt der Auftraggeber sehenden Auges oder ohne es zu wissen eine 363
unvollständige oder mangelhafte, also nicht abnahmereife Leistung ab,
treten alle Rechtsfolgen einer Abnahme ein. Der Auftragnehmer hat jedoch nur unter den gleich beschriebenen Umständen einen **Anspruch** auf
die Abnahme. Bei der Abnahmefiktion nach § 640 Abs. 2 BGB wird nur
die Fertigstellung der Leistung verlangt, nicht aber ihre Mangelfreiheit.

a) Pflicht zur Abnahme nach BGB

Da die Abnahme weitreichende Folgen zu Gunsten des Auftragnehmers 364
hat, soll der Auftraggeber diese Abnahme und ihre Folgen nicht einseitig
verhindern können. Deswegen heißt es in § 640 BGB ausdrücklich, dass
der Auftraggeber verpflichtet ist, das vertragsgemäß hergestellte Werk
abzunehmen.

Der Auftraggeber darf die Abnahme nur dann verweigern, wenn das Werk noch **wesentliche Mängel** aufweist. Ob ein wesentlicher Mangel vorliegt, ist zum einen anhand des Wertes der Mängel und zum anderen an der Nutzbarkeit des Werkes zu ermitteln. Wenn die erforderlichen **Mängelbeseitigungsarbeiten** beispielsweise nur noch 0,43 % des gesamten Werklohnes ausmachen, ist dies nach dem BGH als unwesentlicher Mangel anzusehen, wenn die Leistung dennoch nutzbar ist. Bei der **Nutzbarkeit** kommt es hingegen nicht zwingend auf den Wert an, sondern auf die Funktionsfähigkeit. Ist das Werk als solches nicht nutzbar, können auch geringwertige Mängel wesentlich sein.

365   **Beispielfall:**
       Fertigbauer Fix baut für Bauherren Eglig ein Haus. Die Heißwasser- und Heizanlage ist ein ausländisches Modell. Fix kann die gesamte Anlage nicht anschließen, weil ihm ein in Deutschland nicht erhältlicher Adapter im Wert von ca. 10,00 € fehlt. Es ist Mitte Januar und starker Frost. Muss der Bauherr Eglig das Haus abnehmen?

366   In dem geschilderten Fall ist eine Nutzung des Hauses durch den Auftraggeber offensichtlich unmöglich, da es völlig unzumutbar ist, Mitte Januar in einem ungeheizten Haus zu wohnen. Es kommt daher nicht darauf an, was es im Verhältnis zum Hauspreis kosten würde, den Adapter zu besorgen. Der Auftraggeber E muss das Haus nicht abnehmen. Auch bei sicherheitsrelevanten Mängeln ist von Wesentlichkeit auszugehen.

Auf die Folgen und mögliche Verhaltensweisen bei einer zu Unrecht verweigerten Abnahme wird weiter unten eingegangen (vgl. unten Rdnr. 396).

b) Pflicht zur Abnahme nach VOB/B

367   Die VOB/B erlaubt dem Auftraggeber in § 12 Abs. 3 VOB/B ebenfalls nur dann die Verweigerung der Abnahme, wenn wesentliche Mängel vorliegen.

2. Durchführung der Abnahme

368   Bei der Durchführung der Abnahme gibt es verschiedene Fragestellungen: Erfolgt die Abnahme ausdrücklich oder stillschweigend? Wirkt der Auftraggeber mit oder erfolgt sie gegen seinen (widerrechtlich erklärten) Willen?

a) Ausdrückliche Abnahme

Die Grundform der Abnahme ist die vom Auftraggeber **ausdrücklich** **369**
erklärte Abnahme, der eine gemeinsame **Begehung** der Werkleistung
vorhergeht.

Rechtlich relevant ist dabei die Erklärung des Auftraggebers, er nehme
die Leistung ab. Diese Erklärung ist an keine **Form** gebunden und muss
nicht schriftlich erfolgen.

b) Stillschweigende Abnahme

Der Auftraggeber kann die Bauleistung aber auch stillschweigend ab- **370**
nehmen. Eine solche stillschweigende oder **konkludente Abnahme** liegt
immer dann vor, wenn der Auftraggeber durch sein Verhalten deutlich
macht, dass er das Werk als vertragsgerecht in Benutzung nimmt. Eine
konkludente Abnahme kann erfolgen durch

- Einzug in das erstellte Haus, ohne dass der Auftraggeber gegenüber
  dem Auftragnehmer Mängel rügt;

- Nutzung der erbrachten Leistung und vorbehaltloser Ausgleich der
  Schlussrechnung.

Dabei steht dem Auftraggeber eine gewisse **Prüfzeit** zu, innerhalb derer **371**
er die Leistung prüfen darf. Bei dieser Form der Abnahme gibt es keine
Abnahmebegehung, weswegen dem Auftraggeber zugestanden wird, diese
Begehung gewissermaßen nach und nach durchzuführen. Diese Prüfzeit
ist abhängig von dem Umfang der Leistungen und dem Umfang erforderlicher Prüfungen.

Aus dem Verhalten des Auftraggebers muss außerdem klar werden, dass **372**
er die Leistung **freiwillig** in Benutzung nimmt. Handelt der Auftraggeber
unter Druck und entgegen seinem eigenen Willen, kann man ihm nicht
unterstellen, er wolle hinsichtlich der Abnahme etwas erklären. Typischer
Fall ist der Einzug in eine Haus/eine Wohnung aus der Not heraus, weil der
Mietvertrag über die alte Wohnung abgelaufen ist. Einem Auftraggeber
in dieser Situation ist es meist egal, ob das Haus noch wesentliche Mängel
aufweist oder nicht. Jedenfalls will er im Zweifel keine Abnahme erklären.

Fallbeispiel:
Auftraggeber Vielvader lässt von Auftragnehmer Haudrauf ein Einfa-
milienhaus bauen. V rügt (zu Recht) eine Reihe von Mängeln, so ist z.B.
die Heizungsanlage nur im manuellen Betrieb zu betreiben, es fehlen
Treppengeländer und der Boden in allen Stockwerken weist gefährliche
Stolperfallen auf. Weil V seine Wohnung zu Ende April gekündigt hat,
muss er in das Bauobjekt umziehen. Ende Dezember verlangt H sein Geld
und behauptet dabei, die Leistung sei abgenommen. Zu Recht?

Im Beispiel zieht der Auftraggeber nur unter Zwang ein. Eine freiwillige Annahme der Leistung und eine Erklärung, sie sei trotz der gerügten Mängel mangelfrei, ist das sicher nicht.

c) Besondere Form der Abnahme: Abnahme nach erfolglosem Abnahmeverlangen (Abnahmefiktion)

373 Der Auftragnehmer kann die Folgen der Abnahme nach § 640 Abs. 2 BGB einseitig herbeiführen, indem er dem Auftraggeber eine angemessene Frist zur Abnahme setzt – auch gegen den Willen des Auftraggebers! Erhält der Auftraggeber eine entsprechende Aufforderung, muss er gegenüber dem Auftragnehmer mindestens einen Mangel geltend machen. Unternimmt der Auftraggeber nichts, gilt die Leistung mit Ablauf der Frist als abgenommen, sofern die Leistung fertiggestellt ist. Dies wird als Abnahmefiktion bezeichnet.

Bei dem Mangel kommt es nicht darauf an, ob dieser wesentlich oder unwesentlich ist. Eine rechtsmißbräuchliche Berufung auf Mängel, wenn diese z.B. äußerst geringfügig sind, reicht zur Verhinderung der Abnahmewirkung nicht aus.

374 Eine Besonderheit gilt hinsichtlich des Vorbehaltes **bekannter Mängel**. Bei dieser Form der Abnahme verliert der Auftraggeber seine Ansprüche nicht, wenn er keinen Vorbehalt erklärt.

375 Ob sich der Auftraggeber eine **Vertragsstrafe** vorbehalten muss, ist umstritten, für die Forderung nach einem solchen Vorbehalt sprechen gute Gründe. Vorsichtshalber sollte der Auftraggeber innerhalb der Frist einen entsprechenden Vorbehalt erklären.

Wenn es der Auftraggeber versäumt, einen Mangel einzuwenden und so die Wirkungen der Abnahme zu verhindern, kommt es nicht darauf an, ob die Leistung tatsächlich mangelfrei oder nicht. Der Auftraggeber kann sich also nachträglich nicht mehr darauf berufen, wegen wesentlicher Mängel sei die Leistung nicht abnahmereif gewesen. Allerdings verlangt das Gesetz, dass die Leistung fertiggestellt ist. Hierauf kann sich der Auftraggeber auch nachträglich berufen. Weil das Gesetz nicht weiter unterscheidet, ist davon auszugehen, dass die Leistung insgesamt und vollständig fertiggestellt wurde, dass also auch das Fehlen kleinster Leistungen verhindert, dass die Abnahmefiktion eintritt.

Bei Verbrauchern muss der Auftragnehmer auf diese Wirkung der Frist hinweisen, § 640 Abs. 2 Satz 2 BGB.

d) Zustandsfeststellung bei Verweigerung der Abnahme

376 Für Bauverträge i.S.d. § 650a BGB sieht das BGB in § 650g BGB vor, dass der Auftraggeber auf Verlangen des Auftragnehmers an einer Zu-

standsfeststellung mitwirken muss, wenn er die Abnahme wegen Mängeln
verweigern will.

Diese Zustandsfeststellung kann der Auftragnehmer auch ohne den   376a
Auftraggeber vornehmen, wenn er dem Auftraggeber eine angemessene
Frist gesetzt hat, § 650g Abs. 2 BGB.

Folge der gemeinsamen Zustandsfeststellung und der einseitigen   376b
Feststellung nach § 650g Abs. 2 BGB ist, dass bei offenkundigen Mängeln
vermutet wird, dass diese nach der Zustandsfeststellung entstanden sind
und vom Auftraggeber verursacht wurden, § 650g Abs. 3 BGB. Diese
Vermutung soll nicht greifen, wenn der Mangel nach seiner Art nicht vom
Auftraggeber verursacht werden kann. Dies betrifft Mängel, die nicht
durch Benutzung entstanden sein können, sondern in der Art der Ausführung begründet liegen, z.B. bei einer „schiefen" Ausführung einer Wand.

3. Folgen der Abnahme

Hinweis: 377
Die Abnahme ist der Abschluss der eigentlichen Bauphase und hat wichtige
rechtliche Folgen:
a) Fälligkeit des Werklohnes (bei VOB-Verträgen nach Abrechnung)
b) Verjährungsbeginn für den fälligen Werklohnanspruch
c) Verzinsung des Werklohnes (nach Vorliegen der Verzugsvoraussetzun-
   gen)
d) teilweiser Verlust nicht vorbehaltener Mängelansprüche bei bekannten
   Mängeln
e) Verlust nicht vorbehaltener Vertragsstrafen
f) Risiko des zufälligen Untergangs geht über
g) Beginn der Verjährungsfristen für Mängelansprüche
h) Umkehr der Beweislast
i) Abschlagszahlungen sind nicht mehr selbständig verfolgbar.
j) ggf. Rückgabepflicht von Sicherheiten

---

a) Fälligkeit des Werklohnes

Bei Verträgen, in denen nicht die Geltung der VOB/B vereinbart ist, wird   378
die Vergütung mit der Abnahme fällig, § 641 Abs. 1 BGB. Der Auftragnehmer ist bei Bauverträgen i.S.d. 650a BGB nach § 650g Abs. 4 BGB – wie
schon immer von der VOB/B verlangt – verpflichtet, dem Auftraggeber
eine prüffähige Rechnung zu stellen (die Anforderungen an eine prüffähige Rechnung sind in Rdnr. 516, 528 f. dargestellt).

b) Beginn der Verjährung des Werklohnes

379   Die Ansprüche des Auftragnehmers auf seine Vergütung verjähren innerhalb von drei Jahren ab Fälligkeit. Die Verjährung beginnt mit dem Schluss des Jahres, in dem die Rechnung fällig wurde.

c) Verzinsung des Werklohnes

380   Ist der Werklohn fällig, kann es dazu kommen, dass der Auftragnehmer neben dem Werklohn auch Zinsen verlangen kann, etwa auf der Grundlage von § 641 Abs. 4 BGB. Die Voraussetzungen für den Zinsbeginn sind unter Rdnr. 553 und 570 näher beschrieben.

d) Verlust nicht vorbehaltener Mängelansprüche bei bekannten Mängeln

381   Bereits während der Bauphase kommt es oft zu umfangreicher Korrespondenz darüber, ob eine bestimmte Leistung des Auftragnehmers einen Mangel aufweist oder nicht. Wenn der Auftraggeber sich auch nach einer Abnahme auf diesen Mangel berufen will, muss er sich seine Rechte bei der Abnahme **vorbehalten**, § 640 Abs. 3 BGB. Dies liegt daran, dass die Abnahme die Erklärung beinhaltet, das Werk sei in der abgenommenen Form ordnungsgemäß; dem widerspricht es, wegen des bekannten Zustandes später Mängel zu behaupten.

Diese Regelung betrifft jedoch nur die gemeinsame Abnahme, also **nicht die Abnahmefiktion** bei einer vom Auftragnehmer gesetzten Frist.

382   Dieser Rechtsverlust gilt nur für Mängel, die der Auftraggeber **tatsächlich kannte**. Wenn ein Mangel nur erkennbar war, aber nicht erkannt wurde, tritt kein Rechtsverlust ein. Der Auftraggeber ist aus keinem Rechtsgrund verpflichtet, die erbrachte Leistung vor der Abnahme im Einzelnen zu untersuchen und eine unterlassene Untersuchung oder Besichtigung hat auch keinerlei Rechtsfolgen.

383   Verloren gehen nach dem Gesetzeswortlaut die Rechte aus § 634 Nr. 1, Nr. 2 und Nr. 3 BGB, also Nacherfüllung, Selbstvornahme, Rücktritt und Minderung. Der Auftraggeber behält also das Recht, nach § 634 Nr. 4 BGB **Schadensersatz** oder Ersatz vergeblicher Aufwendungen zu verlangen.

384   Der Auftraggeber muss in seinem Vorbehalt muss nicht alle bekannten Mängel wiederholen. Es reicht, wenn der Auftraggeber sich die „Ansprüche wegen aller bekannter Mängel" vorbehält. Der Auftraggeber kann auch ohne weiteres Muster von Abnahmeprotokollen verwenden.

Dabei trägt der Auftraggeber die **Beweislast** für den erklärten Vorbehalt, der Auftragnehmer ist beweispflichtig für die vorherige Kenntnis des Auftraggebers.

385   In der Praxis wird verbreitet eine Rechtsfigur des „verdeckten Mangels" angesprochen. Dabei wird fälschlicherweise davon ausgegangen, bei

einem „verdeckten Mangel" laufe die Gewährleistung (nur) an, wenn er bei Abnahme nicht entdeckt werde oder sie laufe ohne Begrenzung auf fünf Jahre. Verbunden ist dies mit der ebenfalls falschen Auffassung, bei der Abnahme erkennbare, aber eben nicht tatsächlich erkannte bzw. bekannte Mängel würden dem Auftraggeber keine Mängelansprüche geben. Eine solche Rechtsfigur gibt es jedoch nur bezogen auf die Zustandsfeststellung nach § 650g BGB und die Beweislastumkehr für bestimmte offenkundige Mängel, § 650g Abs. 3 BGB. Bei Kaufverträgen bleibt es natürlich bei der ggf. zu beachtenden Prüf- und Rügepflicht nach § 377 HGB.

e) Verlust nicht vorbehaltener Vertragsstrafen

386 Vereinbarungen zu Vertragsstrafen sind in sehr vielen Verträgen über Bauleistungen anzutreffen. Vertragsstrafen werden meistens mit dem Ziel vereinbart, dem Auftraggeber einen pauschaliert berechneten Schadensersatz zu geben, wenn der Auftragnehmer Ausführungsfristen überschreitet (zu Vertragsstrafen vgl. ausführlich oben Rdnr. 341). Eine der Voraussetzungen dafür, dass der Auftraggeber eine Vertragsstrafe geltend machen kann, ist der **Vorbehalt bei der Abnahme**. Ein früher oder später erklärter Vorbehalt hat keine Wirkung.

387 Ohne diesen Vorbehalt verliert der Auftraggeber nach § 341 Abs. 3 BGB den Anspruch auf die vom Auftragnehmer verwirkte Vertragsstrafe **vollständig und endgültig**.

Der Vorbehalt kann sehr allgemein formuliert werden. So reicht z.B. folgende Formulierung aus:

Formulierungsbeispiel:
„Der Auftraggeber behält sich alle Ansprüche wegen Vertragsstrafe vor."

388 Es kann **vereinbart** werden, dass der Auftraggeber den Vorbehalt der Vertragsstrafe auch später geltend machen kann. Der letzte, als zulässig angesehene Zeitpunkt für den Vorbehalt ist die **Schlusszahlung**. Eine solche Regelung ist auch in AGB zulässig.

Genau wie beim Vorbehalt wegen bekannter Mängel ist der Auftraggeber auch hinsichtlich dieser Vorbehaltserklärung **beweispflichtig**.

f) Risiko des zufälligen Untergangs

389 Bis zur Abnahme ist die Leistung des Auftragnehmers oft noch erheblichen Gefahren ausgesetzt. Eingebaute Innentüren und Fenster können zerkratzt und verschmutzt werden, Gipskartonwände können beschädigt werden und in der Rechtsprechung gibt es mehr als einen Fall, in dem ein fast fertiges Haus bis auf die Grundmauern abgebrannt ist. In all diesen Fällen eines zufälligen oder jedenfalls nicht vom Auftraggeber zu vertretenden

Schadens stellt sich die Frage, wer die Mängel beseitigen muss bzw. ob der Auftraggeber die gleiche Leistung noch einmal fordern kann. Die Rechtslage ist hierbei **eindeutig**: Ist die Leistung nicht abgenommen, muss der Auftragnehmer die Mängel beseitigen und notfalls die gesamte Leistung noch einmal erbringen. Bis zur Abnahme trägt der Auftragnehmer dieses Risiko, § 644 Abs. 1 BGB.

390   Ein besonderes Problem ist es, wenn die erbrachten Leistungen von anderen Gewerken verwendet und dabei beschädigt werden: Der Dachdecker beschädigt den vom Zimmermann ausgeführten Dachstuhl, der Heizungsinstallateur zerstört den einwandfrei ausgeführten Estrich. Auch in solchen Fällen muss der Auftragnehmer (also z.B. der Zimmermann bzw. Estrichleger) seine eigenen Leistungen auf eigene Kosten ausbessern, wenn der Auftraggeber sie noch nicht abgenommen hatte (OLG Celle v. 18.3.2010, 6 U 108/09). Jeder Auftragnehmer muss daher darauf achten, dass der Auftraggeber die Leistungen nach Fertigstellung schnellstmöglich abnimmt. Anderenfalls geht er das Risiko ein, alles noch einmal ausführen zu müssen. Allerdings hat er Möglichkeiten, gegen den **Schädiger** vorzugehen, etwa nach einer Abtretung durch den Auftraggeber.

In § 7 **VOB/B** ist die Gefahrtragung etwas anders vorgesehen. Danach hat der Auftragnehmer für die ausgeführte Leistung auch dann Anspruch auf seine Vergütung, wenn die ausgeführten Leistungen vor der Abnahme durch höhere Gewalt, Krieg, Aufruhr oder andere objektiv unabwendbare, vom Auftragnehmer nicht zu vertretende Umstände beschädigt oder zerstört wurde. Soweit der Auftragnehmer zum Schutz der Leistungen verpflichtet ist, handelt es sich allerdings nicht um solche unabwendbaren Umstände.

g) Beginn der Verjährungsfristen für Mängelansprüche

391   Der Beginn der Verjährung richtet sich danach, wie lange die gesetzliche Verjährungsfrist ist. Mit der **Abnahme** beginnen die im Bauwesen vor allem relevanten zweijährige und die fünfjährige Verjährungsfrist des § 634a Abs. 1 Nr. 1 und Nr. 2 BGB für Mängelansprüche. Bei Ansprüchen mit dreijähriger Verjährungsfrist beginnt die Verjährung erst mit Schluss des Jahres, in dem die Abnahme stattgefunden hat. Unter Rdnr. 466 ff. wird näher auf die Verjährung von Mängelansprüchen eingegangen, dort sind auch die unterschiedlichen Verjährungsfristen erläutert.

h) Umkehr der Beweislast

392   Behauptet der Auftraggeber noch vor der Abnahme, dass Mängel bestehen, muss der Auftragnehmer beweisen, dass seine Leistung vertragsgerecht ist. **Unklarheiten und Beweisschwierigkeiten** gehen zu seinen Lasten. Kann

der Auftragnehmer aus welchen Gründen auch immer nicht beweisen, dass die Leistung mangelfrei ist, muss sie als mangelhaft angesehen werden.

Mit der Abnahme hat der Auftraggeber deutlich gemacht, die Leistung 393 sei vertragsgerecht. Will er später Mängel geltend machen, tut er dies entgegen dieser Erklärung. Er ist daher nach dem Willen des Gesetzgebers dafür beweispflichtig, dass die von ihm behaupteten Mängel bestehen. Die **Beweislast** kehrt sich im Vergleich zur Situation vor der Abnahme zu seinen Lasten um. Der Auftraggeber muss im Falle eines Gerichtsverfahren also vortragen und ggf. durch ein Sachverständigengutachten beweisen, dass die Mängel tatsächlich vorhanden sind. Dabei ist er ggf. verpflichtet, die durch Sachverständigengutachten entstehenden Kosten vorzuschießen.

Gelingt dem Auftraggeber der Nachweis nicht (etwa weil eine Leistung nicht mehr zugänglich ist), verliert er insoweit den Prozess.

i) Abschlagszahlungen sind nicht mehr selbständig verfolgbar

Wenn die Leistung **abnahmereif** ist, kann der Auftragnehmer seine 394 Schlussrechnung stellen. Im Vergleich zur Schlussrechnung haben Abschlagszahlungen manche Vorteile, so sind sie etwa bei der VOB/B nach nur 21 Tagen fällig, die Schlussrechnung erst nach 30 Tagen. Daher liegt der Gedanke nahe, auch nach Abnahmereife die Abschlagszahlungen einfach weiter geltend zu machen, oft werden sogar noch neue Abschlagsrechnungen gestellt. Dies geht jedoch nicht. Die Abnahme hat für den Auftragnehmer viele Vorteile, daher wird es ihm zugemutet, bei den Abschlagszahlungen Nachteile hinzunehmen. Abschlagszahlungen kann er nur als Teil der Schlussrechnung geltend machen.

j) Rückgabepflicht von Sicherheiten

Die Stellung und die Rückgabe von Sicherheiten des Auftragnehmers 395 müssen (außer im Fall des § 650m Abs. 2 BGB zugunsten des Auftraggebers und bei § 650e, 650f BGB zugunsten des Auftragnehmers) vertraglich vereinbart werden. Bei sog. **Erfüllungssicherheiten** wird in der Regel eine Rückgabe bei Abnahme vereinbart, so etwa § 17 Abs. 8 Nr. 1 VOB/B.

k) Übergabe von Unterlagen

Nach § 650n BGB muss der Auftragnehmer dem Verbraucher als Auftraggeber rechtzeitig vor Beginn der Ausführung die Unterlagen übergeben, 395a die dieser benötigt, um gegenüber Behörden den Nachweis führen zu können, dass die Bauleistungen unter Einhaltung der einschlägigen öffentlich-rechtlichen Vorschriften ausgeführt werden. Was hierfür erforderlich ist, ergibt sich jeweils entsprechend des Auftragsinhaltes und der hierfür maßgeblichen öffentlich-rechtlichen Bestimmungen. Diese Pflicht besteht nicht, wenn der Verbraucher selber oder ein von ihm beauftragter Architekt oder Ingenieur die Planung übernommen hat.

Diese Herausgabepflichten vor Beginn der Herstellung bzw. nach Fertigstellung greifen auch dann, wenn der Verbraucher einem Dritten – genannt ist als Beispiel ein Darlehensgeber – Nachweise für die Einhaltung bestimmter Bedingungen übergeben muss. Es muss allerdings hinzukommen, dass der Auftragnehmer die berechtigte Erwartung des Verbrauchers geweckt hat, diese Bedingungen einzuhalten. Dabei geht es um nachzuweisende Bedingungen. Die Gesetzesbegründung spricht ausdrücklich als Beispiel die Finanzierung durch die KfW und die hierfür zu beachtenden Nachweispflichten an, wenn ein Unternehmen die Erwartung geweckt hat, seine Leistung sei förderfähig.

4. Rechtsgrundlose Verweigerung der Abnahme

396   Wenn der Auftragnehmer die Leistung vollständig und frei von wesentlichen Mängeln ausgeführt hat, muss der Auftraggeber die Leistung abnehmen. Der Auftragnehmer hat ein Interesse an der Durchführung der Abnahme, da mit ihr z.B. die Schlussrechnung gestellt werden kann. Welche Folgen hat es, wenn der Auftraggeber nun einseitig die vom Auftragnehmer verlangte Abnahme verweigert?

397   Der Auftragnehmer hat die Möglichkeit, die Wirkungen der Abnahme durch **Fristsetzung** herbeizuführen, § 640 Abs. 2 BGB (vgl. oben Rdnr. 373) und ist dem Auftraggeber und seiner Weigerung daher nicht hilflos ausgeliefert. Auch wenn der Auftraggeber die Abnahme zu Unrecht endgültig verweigert, kann der Auftragnehmer seinen Werklohn einklagen – auch ohne die Fristsetzung nach § 640 Abs. 2 BGB (BGH v. 18.5.2010, VII ZR 158/09).

398   Der Auftraggeber kann sich jedenfalls nicht hinter seiner Weigerung verstecken, wenn er seine Pflicht zur Abnahme verletzt. Im Ergebnis treten zugunsten des Auftragnehmers die Folgen der Abnahme auch ohne Durchführung einer Abnahme ein. Der Auftragnehmer ist nicht einmal verpflichtet, den Auftraggeber in einem eigenen Verfahren auf Durchführung der Abnahme zu verklagen, er kann eine **Zahlungsklage** einreichen und sich dabei auf die Abnahmereife berufen. Er geht nur das Risiko ein, dass der Auftraggeber nachweist, dass die Leistung doch nicht abnahmefähig war. Der Auftragnehmer würde dann wahrscheinlich den Prozess verlieren.

399   Der Auftragnehmer bleibt nämlich, wenn keine Abnahme erfolgt ist und auch keine Abnahmefiktion nach § 640 Abs. 2 BGB erfolgt ist, in der **Beweislast** dafür, dass der Auftraggeber zur Abnahme verpflichtet war.

Er muss also beweisen können, dass die Leistung vollständig und frei von wesentlichen Mängeln ausgeführt war. Gelingt ihm dieser Beweis nicht, ist die Leistung als nicht abgenommen anzusehen und die gesamten Folgen der Abnahme treten nicht ein (BGH v. 18.5.2010, VII ZR 158/09).

Bei **Bauverträgen** i.S.d. § 650a BGB ist der Auftraggeber nach § 650g Abs. 1 BGB verpflichtet, bei Verweigerung der Abnahme an einer **Zustandsfeststellung** mitzuwirken. Diese kann der Auftragnehmer unter den Voraussetzungen des § 650g Abs. 2 BGB auch alleine vornehmend. Rechtsfolge der Zustandsfeststellung ist die Beweislast für bestimmte offenkundige Mängel, § 650g Abs. 3 BGB (vgl. oben Rdnr. 376b).

5. Abnahme nach der VOB/B

Die VOB/B widmet sich in § 12 VOB/B der Abnahme. Dort finden sich 400 folgende Spezialregeln:

a) § 12 Abs. 1, Abs. 3 VOB/B: Pflicht zur Abnahme

Wenn der Auftragnehmer die Abnahme verlangt, hat der Auftraggeber 401 diese Abnahme innerhalb von 12 Werktagen durchzuführen, § 12 Abs. 1 VOB/B. Dabei darf er die Abnahme – wie nach dem BGB – nur **verweigern**, wenn die Leistung wesentliche Mängel aufweist.

b) § 12 Abs. 2 VOB/B: Teilabnahmen

Anders als im BGB ist der Auftraggeber nach der VOB/B zu Teilabnahmen 402 verpflichtet. Der Auftraggeber muss eine Teilabnahme durchführen, wenn

– ein entsprechendes Verlangen des Auftragnehmer vorliegt, der Auftraggeber muss also nicht von sich aus tätig werden;
– ein in sich abgeschlossener Teil der Leistung vorliegt;
– die abzunehmenden Leistungen keine wesentlichen Mängel aufweisen.

In sich abgeschlossene Teilleistungen sind etwa **nicht** eine Betondecke ei- 403 nes Rohbaus, Teile einer Treppenkonstruktion oder die nur in einer Etage abgeschlossenen Trockenbauarbeiten. Auch die Aufteilung in Gewerke bzw. Fachlose ist kein Hinweis auf Möglichkeit einer Teilabnahme.

Auftragnehmern ist nur zu raten, Teilabnahmen zu fordern. Die ge- 404 nannten Folgen der Abnahme sind schwerwiegend und haben für den Auftragnehmer viele Vorteile. **Auftraggeber** wiederum sollten vor der Erklärung einer Teilabnahme genau prüfen, ob die Voraussetzungen hierfür wirklich vorliegen, da sie etwa für abgenommenen Teilleistungen eine gesonderte Gewährleistungsfrist beachten und überwachen müssen. Dies kann insbesondere dann problematisch werden, wenn die Ursache eines

Mangels nicht klar ist und die möglichen schadensverursachenden Leistungen zu unterschiedlichen Zeitpunkten abgenommen wurden.

Fallbeispiel:
Zwei Fertighaushälften werden zu unterschiedlichen Zeitpunkten abgenommen. Als bei einer der beiden die Gewährleistungsfrist abgelaufen ist, kommt es zu Durchfeuchtungen. Ursache ist die mangelhafte Ausführung der Fuge zwischen den beiden Gebäuden.

Weil die Fuge in keinem Abnahmeprotokoll erwähnt ist, müsste geklärt werden, mit welchem der beiden Fertighaushälften die Fuge abgenommen wurde. Dies ist rechtssicher kaum möglich.

c) § 12 Abs. 4 VOB/B: Durchführung der förmlichen Abnahme

405   Anders als das BGB sieht die VOB/B bestimmte Förmlichkeiten für eine gemeinsam durchgeführte Abnahme vor. Auf **Verlangen** nur eines Vertragspartners muss die Abnahme als förmliche Abnahme durchgeführt werden. Bei einer solchen Abnahme hat jeder Vertragspartner das Recht teilzunehmen und darf einen Sachverständigen hinzuziehen. Insbesondere aber ist ein schriftliches **Protokoll** anzufertigen. Darin sind alle Vorbehalte wegen Mängeln und Vertragsstrafen, aber auch die Einwendungen des Auftragnehmers aufzunehmen. Beide Vertragspartner erhalten eine Ausfertigung des Protokolls.

406   Die förmliche Abnahme kann ausnahmsweise in Abwesenheit des Auftragnehmers erfolgen, wenn der Termin vereinbart war oder der Auftraggeber ihn mit genügender Frist eingeladen hatte. Der Auftragnehmer hat aber auf jeden Fall Anspruch darauf, das Ergebnis der Abnahme zu erfahren.

d) § 12 Abs. 5 VOB/B: Fiktive Abnahme

407   § 12 Abs. 5 VOB/B regelt die sog. **fiktive Abnahme**, die in zwei Varianten erfolgen kann, und zwar **wenn keine Abnahme verlangt** wird

– durch Übersenden einer **Fertigstellungsmitteilung oder**

– durch **Benutzung** der Leistung durch den Auftraggeber.

Diese hat dieselben Wirkungen wie jede andere Abnahme, erfolgt jedoch nur und gerade dann, wenn keine Seite die Abnahme verlangt. Dies unterscheidet die fiktive Abnahme insbesondere von der Abnahme nach § 640 Abs. 2 BGB, die nicht zuletzt aus Verbraucherschutzgründen ein Abnahmeverlangen des Auftragnehmer voraussetzt (vgl. oben Rdnr. 373). Wie bei der Abnahme nach § 640 Abs. 2 BGB treten die Wirkungen der Abnahme **unwiderlegbar** ein, so dass der Auftragnehmer eine wesentlich größere Rechtssicherheit hat (wobei § 640 Abs. 2 BGB die Fertigstellung der Leistung verlangt und insoweit eine Abwehrmöglichkeit des Auftraggebers besteht).

Hat einer der Vertragspartner eine **Abnahme verlangt**, kann es danach nicht mehr zu einer Abnahme nach § 12 Abs. 5 VOB/B kommen.

Voraussetzungen für eine fiktive Abnahme sind: **408**

aa) Bei Übersenden einer Fertigstellungsmitteilung

– kein Vertragspartner verlangt eine Abnahme der Leistungen. Hat also einer der beiden eine Abnahme verlangt, so kann es auf keinen Fall mehr zu einer fiktiven Abnahme kommen;

– der Auftragnehmer teilt dem Auftraggeber die Fertigstellung der Leistungen schriftlich mit (**Fertigstellungsmitteilung**). Diese schriftliche Mitteilung kann bereits darin liegen, dass der Auftragnehmer dem Auftraggeber die Schlussrechnung übersendet oder ihm mitteilt, er werde die für ihn erledigte Baustelle räumen;

– der Auftraggeber verlangt nicht innerhalb von 12 Tagen nach Erhalt der Fertigstellungsmitteilung die förmliche Abnahme der Leistungen.

bb) Bei Benutzung des Werkes durch den Auftraggeber

– kein Vertragspartner verlangt eine Abnahme der Leistungen;

– der Auftraggeber nimmt die Leistung in Benutzung;

– sechs Werktage sind verstrichen.

Dabei ist es **keine Benutzung** im Sinne der VOB/B, wenn der Auftraggeber die Leistung nutzt, um darauf aufbauend andere Leistungen ausführen zu lassen, so ausdrücklich § 12 Abs. 5 Nr. 2 Satz 2 VOB/B. **409**

> **Fallbeispiel:**
> Der Auftraggeber A lässt auf dem vom Zimmermann Z ausgeführten Dachstuhl Dachziegel verlegen.

Dies ist keine Benutzung im Sinne von § 12 Abs. 5 Nr. 2 VOB/B und führt nicht zu einer Abnahme.

§ 12 Abs. 5 Nr. 3 VOB/B stellt klar, dass der Auftraggeber **Vorbehalte** wegen Mängeln oder einer Vertragsstrafe innerhalb der Fristen von 12 bzw. 6 Werktagen geltend machen muss, jeweils gerechnet ab Zugang der Fertigstellungsmitteilung bzw. dem Beginn der Benutzung. **410**

Graphik 30: Übersicht über die Abnahmeformen

Formen der
Abnahme

Förmliche Abnahme
(ausdrücklich
erklärte Abnahme)

Konkludente
Abnahme
(Abnahme durch
schlüssiges
Verhalten)

Fiktive Abnahme
(unabhängig vom
Willen des
Auftraggebers)

Durchführung
der Abnahme

VOB/B-Vertrag:
Fertigstellung der
Leistung und
keine Mängel 12
Werktage nach
schriftlicher
Mitteilung über die
Fertigstellung der
Leistung
oder
Ablauf von 6
Werktagen nach
Beginn der
Benutzung

- vertragliche
Vereinbarung einer
förmlichen
Abnahme oder
Vereinbarung der
VOB/B
- formfreies
Verlangen einer
Partei auf Abnahme
beim VOB/B-Vertrag

Tatsächliches
Verhalten des
Auftraggebers, dass
er die Leistung als
im Wesentlichen
vertragsgerecht
billigt

BGB-Vertrag:
Auftraggeber nimmt
das fertiggestellte
Werk nicht
innerhalb einer ihm
vom Auftragnehmer
gesetzten Frist ab
Die
Abnahmewirkungen
treten
unwiderruflich ein.

**Keine konkludente
Abnahme:**
- bei Vereinbarung,
dass zwingend eine
förmliche Abnahme
durchzuführen ist
- bei nur teilweiser
oder
vertragswidriger
Leistung des
Auftragnehmers

Indizien:
- Einzug in ein
fertiggestelltes
Gebäude; Ablauf
einer
angemessenen
Prüffrist;
- kein Vorbehalt,
z.B. wegen
erzwungenen
Einzuges;
- vorbehaltlose
Zahlung der
Schlussrechnung;
Rückgabe von
Erfüllungssicher-
heiten.

4. Teil
Ansprüche bei mangelhafter Leistung

Nachfolgend werden die möglichen Ansprüche des Auftraggebers darge- 411
stellt, falls die vom Auftragnehmer erbrachte Leistung mangelhaft ist. Das
Gesetz enthält für diese Ansprüche den Begriff der **„Mängelansprüche"**.
Der Sprachgebrauch dieses Buches lehnt sich – ebenso wie die VOB/B – an
das Gesetz an und spricht grundsätzlich in diesem Zusammenhang von
Mängelansprüchen. Es ist aber aus rechtlicher Sicht nicht zu beanstanden,
wenn der Begriff der Gewährleistung verwendet wird.

Wann ein Mangel vorliegt, ist in VOB/B und BGB praktisch gleich 412
geregelt. Es gibt Unterschiede bei der Formulierung: Die VOB/B nennt die
anerkannten Regeln der Technik ausdrücklich, beim BGB muss man hierzu auf Rechtsprechung zurückgreifen. Im Ergebnis macht dies aber keinen
Unterschied. Wichtige Unterschiede gibt es aber bei den Voraussetzungen
für einzelne Mängelansprüche, also etwa der Mangelbeseitigung zu Lasten
des Auftragnehmers. Hier stellt die VOB/B teils höhere Hürden auf. Daher
werden zuerst die Regelungen des BGB und dann die der VOB/B erläutert.

I. Wann liegt ein Mangel vor

Wann ein Mangel vorliegt, ist für das BGB in § 633 Abs. 2 BGB formu- 413
liert. Dabei geht das Gesetz als wichtigsten Fall davon aus, dass sich die
Vertragspartner darüber geeinigt haben, welche Beschaffenheit das vom
Auftragnehmer zu erbringende Werk haben soll. Jede auch noch so kleine
Abweichung von dieser **vereinbarten Beschaffenheit** wäre ein Mangel.
Erst bei den Ansprüchen des Auftraggebers ist dann zu prüfen, wie verhält-
nismäßig einzelne Handlungsmöglichkeiten sind. So ist jede abweichende,
auch gleich- oder höherwertige Ausführung ein Mangel.

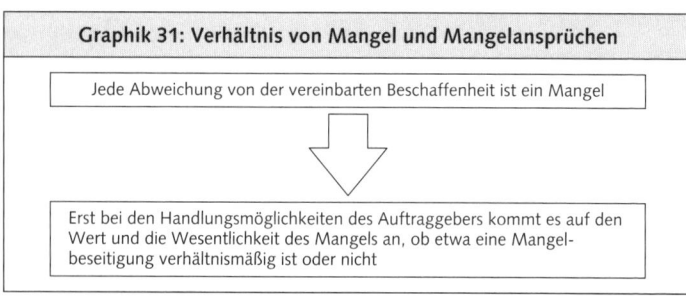

Graphik 31: Verhältnis von Mangel und Mangelansprüchen

Jede Abweichung von der vereinbarten Beschaffenheit ist ein Mangel

Erst bei den Handlungsmöglichkeiten des Auftraggebers kommt es auf den Wert und die Wesentlichkeit des Mangels an, ob etwa eine Mangelbeseitigung verhältnismäßig ist oder nicht

414   Das Gesetz trifft jedoch auch Vorsorge für den Fall, dass eine **Beschaffenheit nicht vereinbart** ist. Wenn eine solche Vereinbarung fehlt, ist nach § 633 Abs. 2 BGB das Werk frei von Sachmängeln, wenn es sich für die nach dem Vertrag vorausgesetzte Verwendung eignet. Wenn wiederum die nach dem Vertrag vorausgesetzte Verwendung die geschuldete Leistung nicht näher beschreibt, dann ist sie mangelfrei, wenn sich die erbrachte Leistung für die gewöhnliche Verwendung eignet und eine Beschaffenheit aufweist, die bei Werken der gleichen Art üblich ist und die der Besteller nach der Art des Werks erwarten kann.

415   Entsprechend dieser vom Gesetz vorgegebenen **Prüfungsfolge** wird nachfolgend näher darauf eingegangen, wann ein Mangel vorliegt. Diese Prüfungsreihenfolge ist nachfolgend noch einmal **graphisch** dargestellt. Dabei kann es dazu kommen, dass bei schlechter Vertragsgestaltung unter Umständen gar nicht festgestellt werden, ob eine Leistung mangelhaft ist oder nicht.

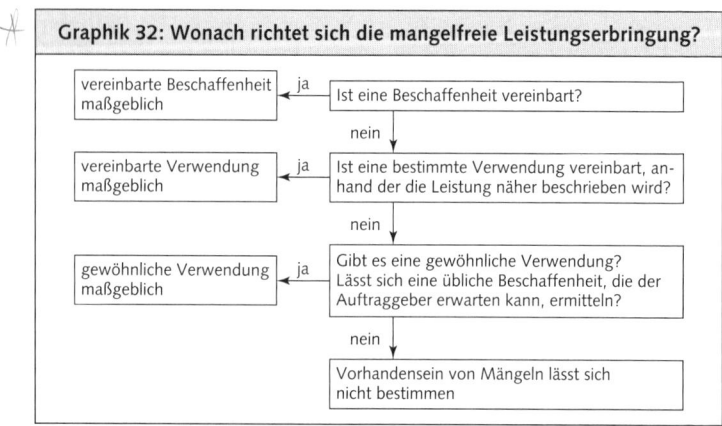

Graphik 32: Wonach richtet sich die mangelfreie Leistungserbringung?

vereinbarte Beschaffenheit maßgeblich	← ja — Ist eine Beschaffenheit vereinbart?
	↓ nein
vereinbarte Verwendung maßgeblich	← ja — Ist eine bestimmte Verwendung vereinbart, anhand der die Leistung näher beschrieben wird?
	↓ nein
gewöhnliche Verwendung maßgeblich	← ja — Gibt es eine gewöhnliche Verwendung? Lässt sich eine übliche Beschaffenheit, die der Auftraggeber erwarten kann, ermitteln?
	↓ nein
	Vorhandensein von Mängeln lässt sich nicht bestimmen

Nur der Vollständigkeit halber sei auf den Schluss von § 633 Abs. 2 **416**
S. 3 BGB hingewiesen. Danach steht es einem Sachmangel gleich, wenn
der Unternehmer ein anderes als das bestellte Werk oder das Werk in zu
geringer Menge herstellt.

1. Vereinbarte Beschaffenheit

Bei der Überprüfung, ob ein Mangel vorliegt oder nicht, kommt es er- **417**
strangig auf die vertraglich vereinbarte Beschaffenheit an. Es empfiehlt
sich daher dringend, im **Vertrag** diese Beschaffenheit in aller Deutlichkeit
festzulegen. Die bei Verträgen mit **Verbrauchern** bestehenden besonderen
Verpflichtungen sind oben in Rdnr. 202a dargestellt. Als Beschaffenheit
können dabei alle Eigenschaften wie

– Abmessungen, Gewicht, Fabrikat, Typ,

– gewünschte Funktionen hinsichtlich Art und Umfang,

– Anpassung an andere Bauteile/technische Anlagen und die Passigkeit
  mit diesen Bauteilen/technischen Anlage,

– sonstige Leistungsmerkmale

festgelegt werden.

Aus der Praxis heraus lassen sich einige typische Fehler beschreiben: **418**

– Die Beschaffenheit wird nur sehr **undeutlich** beschrieben:

  Falsch: „Die Heizungsanlage muss den Erfordernissen der Benutzer
  entsprechen.“

  Richtig: „Die Heizungsanlage muss den Parametern der übergebenen
  Wärmebedarfsermittlung vom 11.11.2017 des Büro Heiswell entsprechen.“

– Es finden sich **Widersprüche** zwischen den einzelnen Vertragsteilen.
  Insbesondere bei der Verwendung von Leistungsverzeichnissen mit
  Vorbemerkungen kann es passieren, dass der eigentliche Vertrag, die
  Vorbemerkungen und die einzelne Position im Leistungsverzeichnis
  widersprüchliche Aussagen enthalten. In solchen Fällen ist es fast schon
  Glückssache, ob der Auftraggeber die gewünschte Leistung erhält oder
  nicht.

  Bei der **Prüfung** von Verträgen ist daher vor Abschluss festzustellen, ob
  sich solche Doppelungen ergeben oder nicht. Dabei gilt die Faustregel:
  Weniger ist mehr. Jede Doppelung führt zu unnötigen Unklarheiten
  und Risiken. Die Festlegung einer klaren Rangfolge zwischen allen
  Vertragsbestandteilen kann dazu beitragen, Unklarheiten zu beseitigen.

Ob dann von mehreren die richtige Beschaffenheit vorrangig vereinbart ist, wird allein durch eine Rangfolgeregelung aber nicht gesichert (zu Rangfolgeregelungen vgl. oben Rdnr. 102 ff.).

Deswegen kann auch nur geraten werden, so wenig als möglich auf Anlagen Bezug zu nehmen. Zentrale Leistungsmerkmale sollten so vorrangig wie möglich ausdrücklich genannt werden.

2. Anerkannte Regeln der Technik

419   Man muss bei Bauleistungen davon ausgehen, dass auch die ausführlichste Beschreibung im Vertrag nicht so umfassend sein kann, dass der Unternehmer die Leistung ohne Rückgriff auf die anerkannten **Regeln der Technik** ausführen kann. Nur ein kurzer Blick in die vorhandenen Regelwerke der DIN oder in die VOB/C (die keine abschließende Darstellung der anerkannten Regeln der Technik enthalten) zeigt, dass eine vollständige Wiederholung dieser Vorschriften kaum möglich ist und den Vertrag nur unnötig aufblähen würde. Deswegen ist es eigentlich eine Selbstverständlichkeit, dass der Auftragnehmer die anerkannten Regeln der Technik beachten muss. Nach langjähriger Rechtsprechung gehört zur vertragsgerechten Leistung die Einhaltung der anerkannten Regeln (unverändert seit BGH v. 20.3.1975, VII ZR 221/72, BauR 1975, 341). Daher ist bei **Verstößen** gegen die anerkannten Regeln der Technik im Zweifel von einem Mangel auszugehen.

420   Es kann aber auch dann ein Mangel vorliegen, wenn die anerkannten Regeln der Technik **eingehalten** sind. Der Vertrag kann eine Leistung beschreiben und festlegen, die über die anerkannten Regeln der Technik hinausgeht oder – aus welchen Gründen auch immer – von ihr abweicht. Dann ist vorrangig der Vertrag zu beachten und auszuführen. Ist der Auftragnehmer sich nicht sicher über die auszuführende Leistung und befürchtet er Mängel, muss er den Weg der Bedenkenanmeldung gehen (dazu Rdnr. 442).

II. Ansprüche des Auftraggebers bei Mängeln der Leistung nach dem BGB

421   Bei den Voraussetzungen und Inhalten der Mängelansprüche unterscheiden sich BGB und VOB/B deutlich, daher ist für **VOB-Verträge** die Darstellung von Voraussetzungen und Inhalt von Mängelansprüchen unten in Rdnr. 473 ff. besonders wichtig.

1. Grundsätzliches – Abnahme als Voraussetzung

In § 634 BGB hat der Gesetzgeber eine Zusammenstellung der dem Auf- 422
traggeber (je bei weiteren Voraussetzungen) zur Verfügung stehenden
Mängelansprüche in das Gesetz eingefügt. Diese Auflistung täuscht jedoch
in einem gewissen Sinn, da sie unterschiedslos Nacherfüllung, Selbstvornahme, Rücktritt, Minderung, Schadensersatz und Aufwendungsersatz
nacheinander auflistet.

Diese Rechte des Auftraggebers stehen jedoch zum einen in einem ge- 423
wissen **Rangverhältnis**: Der Auftragnehmer hat grundsätzlich immer das
Recht zu einem zweiten Erfüllungsversuch, also zur Mangelbeseitigung
(im Gesetz **Nacherfüllung** genannt) und der dadurch erreichten Beseitigung des Mangels. **Nur** wenn diese Nacherfüllung trotz Fristsetzung nicht
erfolgt, sie fehlschlägt oder wenn der Auftragnehmer ausnahmsweise die
Nacherfüllung verweigern kann, kann der Auftraggeber die weiteren
Rechte geltend machen.

Zum anderen gibt es bei den der Nacherfüllung nachgeordneten Rech- 424
ten zwei große Gruppen, die sich bei dem Erfordernis des **Verschuldens**
unterscheiden. Eine Gruppe umfasst die Rechte, die der Auftraggeber
unabhängig vom Verschulden des Auftragnehmers geltend machen kann,
nämlich Selbstvornahme, Rücktritt und Minderung. Die weiteren Rechte
Schadensersatz und Aufwendungsersatz kann der Auftraggeber nur dann
geltend machen, wenn der Auftragnehmer die nicht fristgerechte Mangelbeseitigung zu vertreten hat.

Entsprechend den in der Graphik dargestellten Voraussetzungen wird 425
bei der folgenden Darstellung zuerst auf die Nacherfüllung eingegangen,
dann auf die Fristsetzung und anschließend auf die weiteren Nacherfül-
lungsansprüche und deren spezifischen Voraussetzungen. Danach wird
dargestellt, welche Möglichkeiten der Auftragnehmer hat, sich nach Auswahl eines Mangelanspruches anders zu entscheiden.

Nach neuester Rechtsprechung des BGH kann der Auftraggeber Män- 426
gelansprüche grundsätzlich **erst nach der Abnahme der Leistung** geltend
machen (BGH v. 19.1.2017, VII ZR 301/13) Bei dieser einen Möglichkeit
hat es der BGH aber nicht bewenden lassen. Er hat auch noch weitere
Handlungsmöglichkeiten angesprochen und dabei auf § 314 BGB verwiesen. In § 314 BGB geht es um eine Kündigung aus wichtigem Grund, wenn
der einen Seite die Fortsetzung des Vertrages auch nach einer Interessenabwägung nicht zugemutet werden kann.

Zu dieser Vorschrift hat das OLG Hamburg (v. 1.10.2015, 5 U 146/10)
entschieden, dass der Auftraggeber einen Vertrag kündigen kann, wenn
ganz erhebliche Mängel an der vom Auftragnehmer erbrachten Leistung
vorliegen und der Auftraggeber diese Mängel mehrfach gerügt und den

Auftragnehmer erfolglos zur Nachbesserung aufgefordert hat. Dann ist dem Auftraggeber die Fortsetzung des Vertragsverhältnisses nicht zuzumuten. Allerdings hatte der Auftragnehmer im entschiedenen Fall den Auftraggeber zur Abnahme aufgefordert und damit so getan, als sei die Leistung mangelfrei. Auch andere frühere Urteile betreffen immer Fälle, in denen der Auftragnehmer seine Leistung für mangelfrei hält. Daher bleibt es insgesamt dabei, dass Mängelansprüche erst nach der Abnahme oder dem Angebot einer angeblich abnahmereifen Leistung geltend gemacht werden können.

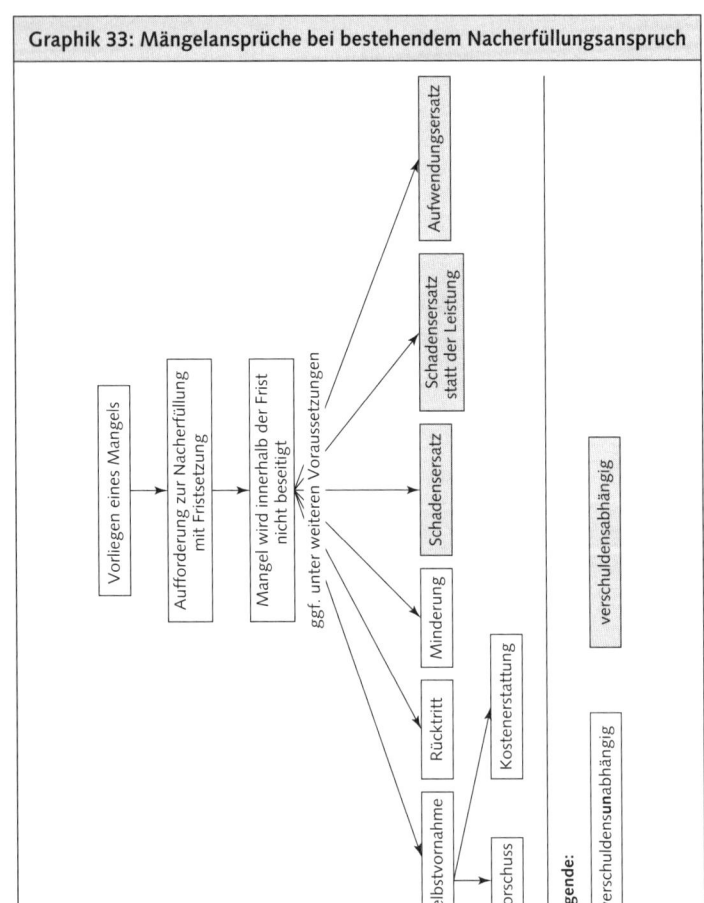

Graphik 33: Mängelansprüche bei bestehendem Nacherfüllungsanspruch

2. Druckzuschlag: Zurückhalten des Werklohns

Der Auftraggeber kann nach § 320 BGB seine Zahlungen auf fällige An- **427** sprüche des Auftragnehmers zurückhalten, wenn die Leistung **mangel-behaftet** ist. Dies ist ein mögliches Druckmittel auf den Auftragnehmer, seine Leistung mangelfrei auszuführen bzw. vorhandene Mängel zu beseitigen.

Dabei darf das geltend gemachte Zurückbehaltungsrecht gegenüber den geltend gemachten Werklohnansprüchen nicht unverhältnismäßig sein. **Vor und nach Abnahme** ist § 641 Abs. 3 BGB zu beachten, wonach dem Auftraggeber bei Mängeln ein Zurückbehaltungsrecht **in der Regel** das Doppelte der Mängelbeseitigungskosten geltend machen kann. Dies wird auch als „**Druckzuschlag**" bezeichnet.

Der Auftraggeber muss sich nicht darauf verweisen lassen, dass ein **428** **Sicherheitseinbehalt** vereinbart ist. Er muss allerdings im Zweifel den Sicherheitseinbehalt bei der Höhe der Zurückbehaltungsrechte berücksichtigen, sofern dessen Sicherheitszweck betroffen ist. Regelmäßig soll der Sicherheitseinbehalt Mängelansprüche für Mängel abdecken, die während der Gewährleistungszeit entdeckt werden. Für Mängel, die bereits bei der Abnahme festgestellt wurden, soll der Sicherheitseinbehalt hingegen regelmäßig nicht verwendet werden.

3. Nacherfüllung

Wenn ein Mangel vorliegt, muss der Auftraggeber grundsätzlich den **429** Auftragnehmer zur Nacherfüllung auffordern, also zur Beseitigung des Mangels durch Nachbesserung oder durch Neuerbringung der geschuldeten Leistung. Nur ausnahmsweise kann der Auftragnehmer die Nacherfüllung verweigern. Dabei steht die **Wahl**, ob nachgebessert oder neuerbracht wird, dem Auftragnehmer zu.

a) Durchführung der Nacherfüllung

Der Auftragnehmer kann wählen, ob er einen Mangel im Wege der Nach- **430** besserung beseitigt oder ob er ein neues Werk herstellt.

Das **Wahlrecht** hinsichtlich der Art der Nacherfüllung hat der Gesetzgeber beim Werkvertragsrecht dem Auftragnehmer gegeben. Da Mängel bei Bauwerken regelmäßig nur einen Teil der ausgeführten Leistung betreffen, gehen bei Bauleistungen die beiden Arten der Nacherfüllung ineinander über.

Der Auftragnehmer muss seine Entscheidung in keiner Weise begründen oder dokumentieren.

431 Die **Kosten** der Nacherfüllung trägt der Auftragnehmer, § 635 Abs. 2 BGB. Als Beispiel für diese Kosten nennt das Gesetz Transport-, Wege-, Arbeits- und Materialkosten. Diese Aufzählung ist nicht abschließend. Wenn also im Einzelfall weitere Kosten anfallen (z.B. für das Absperren der Baustelle), hat der Auftragnehmer diese ebenfalls zu tragen. Manchmal kann ein Mangel nur beseitigt werden, indem bereits fertig gestellte Leistungen entfernt und nach der Mängelbeseitigung neu ausgeführt werden. So kann etwa ein Leitungsschaden nur durch Aufstemmen und Verschließen der vorhandenen Wand erfordern. Auch die Kosten für diese Arbeiten muss der Auftragnehmer übernehmen.

432 Selbstverständlich kann der Auftraggeber nicht von der Mängelbeseitigung profitieren und sowohl das mangelhafte als auch das mangelfrei Werk behalten. Deswegen regelt § 635 Abs. 4 BGB, dass der Auftraggeber das mangelhafte Werk an den Auftragnehmer herausgeben muss, wenn dieser den Mangel durch Herstellung eines neuen Werkes beseitigt hat.

b) Verweigerung der Nacherfüllung

433 Der Auftragnehmer kann nach § 635 Abs. 3 BGB die Nacherfüllung in bestimmten Fällen **verweigern**. Er muss sich auf dieses Recht ausdrücklich berufen.

§ 635 Abs. 3 BGB nennt vor allem einen Fall, in dem Auftragnehmer die Möglichkeit offensteht, die Nacherfüllung zu verweigern, und zwar dann, wenn die Nacherfüllung nur mit **unverhältnismäßigen Kosten** möglich ist. Angesichts der Rechtsprechung des EuGH zu unverhältnismäßigen Kosten bei Kaufverträgen (EuGH, Urteil vom 16.6.2011 – Rs. C-65/09), ist diese Ausnahme jedoch sehr sorgfältig zu prüfen.

434 Wann die Kosten **unverhältnismäßig** sind, ist jeweils im Einzelfall zu ermitteln. Dabei sind die Interessen von Auftraggeber und Auftragnehmer gleichermaßen zu berücksichtigen. Es ist also festzustellen, welchen Vorteil auf der einen Seite der Auftraggeber von der Nacherfüllung hat und welche Kosten auf der anderen Seite dem Auftragnehmer entstehen. Die Rechtsprechung prüft dabei die Sicht des Auftraggebers danach, ob bei objektiver Betrachtung ein sachgerecht denkender Auftraggeber eine Mängelbeseitigung durchführen würde oder nicht (BGH v. 20.2.1997, VII ZR 288/94BauR 1997, S. 638).

435 Insbesondere dann, wenn der Mangel die **Funktionsfähigkeit** der geschuldeten Leistung berührt oder die Leistung durch den Mangel wesentlich im **Wert** gemindert ist, muss der Auftragnehmer im Zweifel den Mangel beseitigen (BGH v. 4.7.1996, VII ZR 24/95, BauR 1996, S. 858; OLG Schleswig v. 11.11.2005, 4 U 145/04).

Besonders problematisch sind die sog. **optischen Mängel**. Im Hinblick   436
darauf, dass diese Mängel regelmäßig die Funktion des betroffenen Bau-
teiles nicht betreffen, wird der Auftragnehmer regelmäßig die Beseitigung
eines solchen Mangels verweigern können. Es gibt jedoch eine Reihe von
Arbeiten, bei denen gerade die optisch hochwertige Ausführung im Vor-
dergrund steht, was sich regelmäßig in einem gegenüber der Regel-Aus-
führung erhöhten Arbeits- oder Materialaufwand bemerkbar macht.

4. Entbehrlichkeit einer Aufforderung zur Nacherfüllung/ Fristsetzung

Wie oben in Rdnr. 422 dargestellt, muss der Auftraggeber erst Nacher-   437
füllung vom Auftragnehmer verlangen, bevor er andere Rechte geltend
machen kann.

Eine Aufforderung zur Nacherfüllung mit einer Fristsetzung ist jedoch
in einer Reihe von Fällen abweichend von diesem Grundsatz **nicht** notwendig. Eine solche Fristsetzung ist entbehrlich, wenn

– der Auftragnehmer die Nacherfüllung wegen der unverhältnismäßigen
  Kosten **verweigert**, also wenn die unter Rdnr. 433 beschriebenen Voraussetzungen vorliegen und der Auftragnehmer die Nacherfüllung deswegen verweigert, wobei in diesem Fall der Auftraggeber nur zwischen
  Rücktritt, Minderung und Schadensersatz wählen kann und nicht zur
  Selbstvornahme greifen kann;
– die Nacherfüllung **fehlgeschlagen** ist, vgl. unten Rdnr. 438;
– die Nacherfüllung für den Auftraggeber **unzumutbar** ist, vgl. unten
  Rdnr. 440.
– eine vom Auftraggeber bestimmte **Frist** abgelaufen ist und der Auftraggeber seine Leistungsinteresse an die rechtzeitige Nacherfüllung
  gebunden hat, vgl. unten Rdnr. 441;

a) Fehlschlagen der Nacherfüllung

Der Auftragnehmer hat das Recht und die Pflicht, seine Mängel durch   438
die Nacherfüllung zu beseitigen. Dabei steht ihm das Wahlrecht zu, wie
er den Mangel beseitigt.

Anders als im Kaufrecht in § 440 BGB gibt es im Werkvertrag keine
Vermutung, dass die Nacherfüllung nach zwei erfolglosen Versuchen regelmäßig fehlgeschlagen ist. Weil der Auftragnehmer im Rahmen seiner
Hauptleistung bereits eine erste Gelegenheit hatte, mangelfrei zu arbeiten,
ist die Nacherfüllung regelmäßig schon nach einem erfolglosen Versuch
des Auftragnehmers fehlgeschlagen.

439   Oft wird sich die Nacherfüllung jedoch in mehreren Schritten vollziehen. So wird der Auftragnehmer vor der Mängelbeseitigung mindestens einmal den Mangel besichtigen, um die erforderlichen Arbeiten genau zu ermitteln und den Material- und Zeitbedarf abzuschätzen. Nach diesem vorbereitenden Termin hat die eigentliche Nachbesserung noch nicht begonnen, so dass der Auftraggeber abwarten muss, ob der Auftragnehmer die bei diesem Termin geplante Nacherfüllung umsetzen kann oder nicht. Gleiches gilt, wenn die Mängelbeseitigung mehrere Arbeitsgänge erfordert. Dann ist die Nacherfüllung erst fehlgeschlagen, wenn ein Arbeitsschritt für sich genommen nicht den notwendigen Erfolg bringt, nicht schon nach dem ersten Arbeitsschritt, der natürlich den Mangel noch nicht beseitigen konnte.

b) Nacherfüllung unzumutbar für den Auftraggeber

440   In **Ausnahmefällen** kann die Nacherfüllung für den Auftraggeber unzumutbar sein. Zu denken ist an Fälle, bei denen etwa die Leistung schon in Benutzung ist und eine Mängelbeseitigung **erhebliche Folgen** für den Auftraggeber hätte. So könnte etwa der Austausch der mangelhaften Tür eines großen Kühlhauses massive Auswirkungen auf den Betrieb und damit die Existenz des Auftraggebers haben. Der Auftraggeber könnte sich also möglicherweise darauf berufen, dass er ohne Nachbesserung andere Mängelansprüche wie etwa die Minderung geltend machen kann.

c) Nicht innerhalb bestimmter Frist

441   Eine **Fristsetzung** zur Nacherfüllung ist für die Geltendmachung weiterer Rechte auch dann entbehrlich (§§ 636, 323 Abs. 2 BGB), wenn der Auftragnehmer

– die Nacherfüllung nicht zu einem im Vertrag bestimmten Termin oder innerhalb einer bestimmten Frist durchführt

– obwohl der Auftraggeber im Vertrag sein Leistungsinteresse an die Rechtzeitigkeit der Nacherfüllung gebunden hat.

Dies kann etwa gegeben sein, wenn der Auftraggeber die Bauarbeiten zu einem ganz bestimmten vorübergehenden Zweck braucht, wie bei Messe- oder Konzertbauten.

5. Bedenkenanmeldung des Auftragnehmers

442   Eine Ursache für Mängel kann sein, dass

– die Planung des Auftraggebers

– eine Anordnung des Auftraggebers
– vom Auftraggeber beigestellte Stoffe oder Bauteile
– Vorleistungen anderer Unternehmer
– die vorhandene Bausubstanz

einer mangelfreien Ausführung entgegenstehen. Der Auftraggeber hat ein Fachunternehmen beauftragt und erwartet daher, dass sein Auftragnehmer vor der Ausführung prüft, ob eine mangelfreie Ausführung überhaupt möglich ist.

Das BGB enthält anders als die VOB/B keine ausdrückliche Regelung 443
zu dieser Prüfpflicht. Aber auch bei BGB-Verträgen gilt, dass der Auftragnehmer die Vorgaben des Auftraggebers prüfen muss. Kann er seine Leistung aufgrund dieser Vorgaben nicht mangelfrei ausführen, muss er **Bedenken** anmelden.

Aus dieser Bedenkenanmeldung muss sich ganz klar ergeben, warum der Auftragnehmer Bedenken anmeldet und was ggf. für **Folgen** eintreten können. Allgemeine Hinweise auf „bauliche Fehler und drohende Mängel" oder ähnliches reichen nicht aus.

Wie es dann auf der Baustelle weitergeht, hängt von der **Reaktion** des 444
Auftraggebers ab. Wenn er die Bedenken des Auftragnehmers zurückweist oder ohne nähere Begründung auf Ausführung der ursprünglich vorgesehenen Leistung besteht, muss der Auftragnehmer den Vertrag erfüllen, und zwar auch durch Ausführung der mangelhaften Leistung (weil eben diese Vertragsgegenstand ist). Der Auftragnehmer wird von der Gewährleistung frei.

Nicht ausführen darf der Auftragnehmer Leistungen, bei denen die öffentliche Sicherheit und Ordnung gefährdet wären und insbesondere solche, die zu einer Gefährdung von Leib und Leben führen würden. In solchen Fällen ist der Auftragnehmer berechtigt, die Arbeiten einzustellen.

Reagiert ein Auftraggeber auf die Bedenkenanmeldung **nicht**, muss der Auftragnehmer im Zweifel ein mangelfreies Werk ausführen, also etwa von der fehlerhaften Leistungsbeschreibung des Auftraggebers abweichen. Hintergrund ist der Gedanke, dass ein Auftraggeber normalerweise ein mangelfreies Werk haben will und daher der Auftragnehmer diesen mutmaßlichen Willen umsetzt, wenn er mangelfrei, aber vom Vertrag abweichend arbeitet.

Diese Lösung ist natürlich nur möglich, wenn die eigene Leistung des Auftragnehmers betroffen ist. Sind etwa Vorleistungen anderer Auftragnehmer mangelhaft, wird der Auftragnehmer bei einem Schweigen des Auftragnehmers nur die Leistungen einstellen können.

445   Richtiger **Adressat** der Bedenkenanmeldung ist der Auftraggeber. Dies gilt insbesondere dann, wenn der Auftragnehmer auf einen Planungsfehler hinweist und der bauüberwachende Architekt auch die Planung erstellt hat. Nur wenn der Auftraggeber den Auftragnehmer ausdrücklich darauf hingewiesen hat (oder sich ein Anscheinsvollmacht aus den Umständen ergibt), kann sich der Auftragnehmer an den bauüberwachenden Architekten wenden.

446   Macht der Auftragnehmer mit seiner Bedenkenanmeldung einen **Alternativ-Vorschlag**, haftet er dafür, dass dieser Vorschlag richtig und vollständig geplant ist.

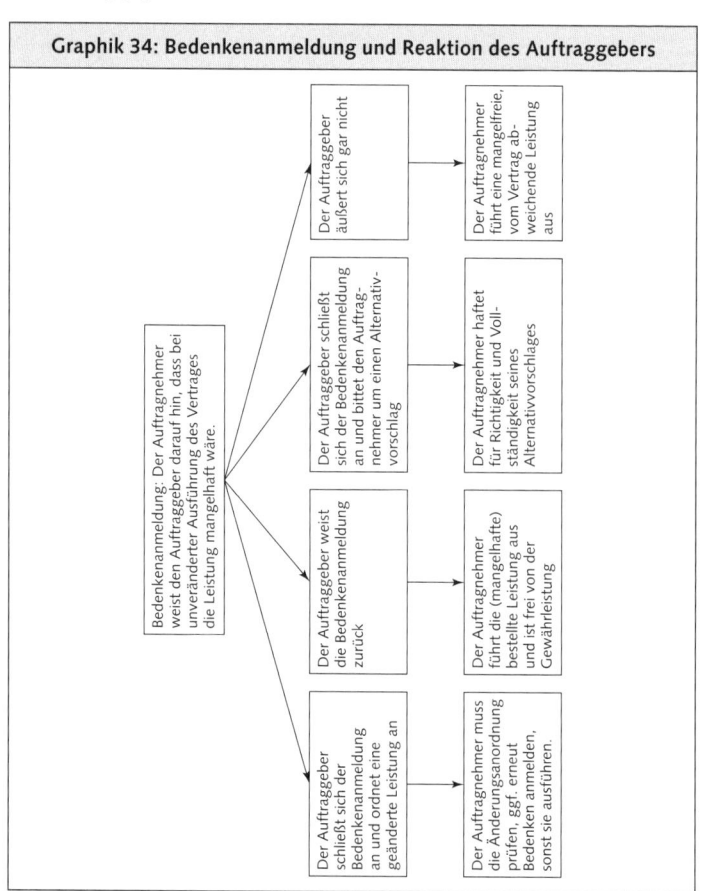

Graphik 34: Bedenkenanmeldung und Reaktion des Auftraggebers

Bedenkenanmeldung: Der Auftragnehmer weist den Auftraggeber darauf hin, dass bei unveränderter Ausführung des Vertrages die Leistung mangelhaft wäre.

Der Auftraggeber schließt sich der Bedenkenanmeldung an und ordnet eine geänderte Leistung an

Der Auftragnehmer muss die Änderungsanordnung prüfen, ggf. erneut Bedenken anmelden, sonst sie ausführen.

Der Auftraggeber weist die Bedenkenanmeldung zurück

Der Auftragnehmer führt die (mangelhafte) bestellte Leistung aus und ist frei von der Gewährleistung

Der Auftraggeber schließt sich der Bedenkenanmeldung an und bittet den Auftragnehmer um einen Alternativvorschlag

Der Auftragnehmer haftet für Richtigkeit und Vollständigkeit seines Alternativvorschlages

Der Auftraggeber äußert sich gar nicht

Der Auftragnehmer führt eine mangelfreie, vom Vertrag abweichende Leistung aus

6. Mangelbeseitigung durch den Auftraggeber

Die Mangelbeseitigung durch den Auftraggeber – im BGB Selbstvornah-   447
me genannt – ist in § 637 BGB geregelt. Der Auftraggeber kann einen
Mangel selber beseitigen, wenn er dem Auftragnehmer mit einer **Fristsetzung** zur Nacherfüllung aufgefordert hat und der Auftragnehmer den
Mangel nicht beseitigt hat. Ob der Auftragnehmer die Frist verschuldet
oder unverschuldet überschritten hat, ist unerheblich.

Das Recht zur Selbstvornahme – und viel wichtiger das Recht auf Kos-   448
tenersatz – ist jedoch ausnahmsweise **ausgeschlossen**, wenn der Auftragnehmer die Nacherfüllung zu Recht verweigert, also insbesondere dann,
wenn die Nacherfüllung nur mit unverhältnismäßigen Kosten möglich ist
(vgl. oben Rdnr. 433 ff.).

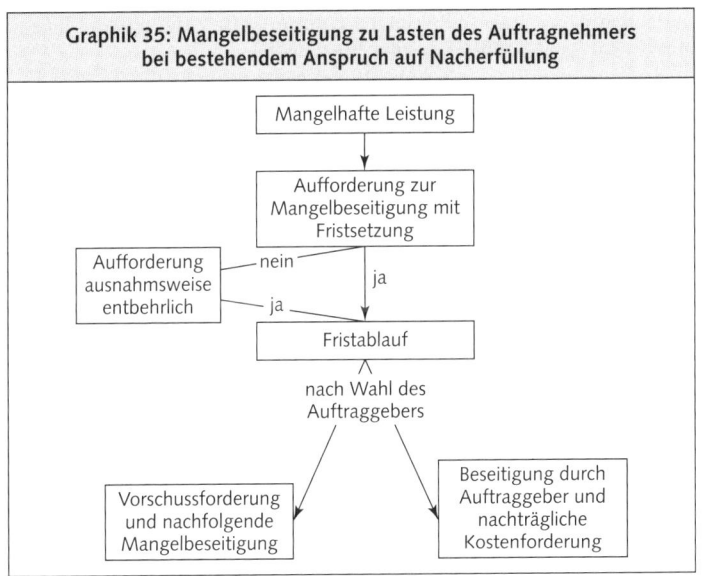

Graphik 35: Mangelbeseitigung zu Lasten des Auftragnehmers
bei bestehendem Anspruch auf Nacherfüllung

a) Kostenerstattung

Die vom Auftragnehmer zu ersetzenden **Kosten** umfassen alle Kosten,   449
die für die Mängelbeseitigung erforderlich sind. **Erforderlich** sind die
Aufwendungen, die ein wirtschaftlich denkender Bauherr aufgrund sach-
kundiger Beratung für die Mängelbeseitigung erbringen musste, wobei
die Mängelbeseitigung solche Maßnahmen umfasst, die der Auftraggeber

für geeignet und erfolgversprechend halten musste (BGH v. 28.6.2007, VII ZR 182/06). Dies können auch Aufwendungen für die Suche nach der Mangelursache sein, also etwa Gutachten oder Beprobungen oder sogar fehlgeschlagene Mangelbeseitigungsversuche. Insbesondere kann der Auftraggeber aber Ersatz aller Kosten für Material und Arbeitsleistungen verlangen und zwar gerade auch dann, wenn er einen anderen Unternehmer mit der Mängelbeseitigung beauftragt. Der Auftragnehmer muss ggf. nachweisen, dass die dem Auftraggeber entstandenen Aufwendungen nicht erforderlich oder überhöht waren.

b) Vorschuss

450 Nach § 637 Abs. 3 BGB kann der Auftraggeber vom Auftragnehmer auch einen **Vorschuss** für die wahrscheinlich erforderlichen Aufwendungen verlangen. Über diesen Vorschuss muss er nach Beseitigung des Mangels abrechnen. Soweit er den Vorschuss nicht verbraucht hat, muss er das Geld an den Auftragnehmer zurückzahlen.

7. Rücktritt

451 Mit dem Rücktritt wird der Vertrag insgesamt beendet und rückabgewickelt. Beide Seiten müssen die erhaltenen Leistungen zurückgeben oder – und das ist bei Bauleistungen der Regelfall – den Wert der erhaltenen Leistung erstatten. Anders als bei einer Kündigung greift der Rücktritt also auch für die Vergangenheit. In der Baupraxis hat der Rücktritt daher nur wenig Bedeutung. Einzig bei Leistungen wie etwa Planungsleistungen, die durch Rückgabe untauglicher Pläne und Rückzahlung des Honorars rückabgewickelt werden können, kann der Rücktritt sinnvoll sein.
  Die Erklärung des Rücktritts ist eine empfangsbedürftige **Willenserklärung** wie etwa ein Vertragsangebot und muss dem Auftragnehmer zugehen. Auf Willenserklärungen und deren Zugang wird oben in Rdnr. 39 ff. näher eingegangen.
  Der Auftraggeber kann ohne weiteres Rücktritt und Schadensersatz **nebeneinander** geltend machen, so ausdrücklich § 325 BGB.

452 Die **Rechtsfolge** des Rücktritts ist, dass beide Seiten alles zurückgeben müssen, was sie aufgrund des Vertrages erhalten haben, § 346 Abs. 1 BGB. Beim Vertrag über Bauleistungen stößt die Rückabwicklung auf erhebliche Probleme.

453 Mit der Erklärung des Rücktritts erlischt das **Wahlrecht** des Auftraggebers, Nacherfüllung zu fordern oder ein Zurückbehaltungsrecht geltend zu machen.

Das Gesetz sieht auch vor, dass der Schuldner dieses Rückabwicklungs-   **454** verhältnisses **Wertersatz** leisten muss, wenn die empfangene Leistung nach der Natur des Erlangten nicht herausgegeben werden kann, § 346 Abs. 2 Nr. 1 BGB. Dies betrifft viele Bauleistungen, da der Auftraggeber als Schuldner der zurückzugebenden Leistung etwa eine Baugrube oder einen halbfertigen Rohbau nicht „herausgeben" kann. Man muss also bei Bauleistungen den Rücktritt abwickeln, indem der Auftragnehmer den erhaltenen Werklohn herausgibt und der Auftraggeber ihm den Wert der erhaltenen Leistung bezahlt. Bei der Berechnung des Wertersatzes muss man in diesem Fall auf den Vertrag zurückgreifen, wobei Mängel wertmindernd wirken.

8. Minderung

Nach § 638 Abs. 1 BGB kann der Auftraggeber anstelle zurückzutreten   **455** auch die Vergütung des Auftragnehmers mindern.

Die **Voraussetzungen** von Minderung und Rücktritt sind also identisch. Der Auftraggeber kann mindern, wenn der Auftragnehmer den Mangel trotz Fristsetzung nicht beseitigt hat. Die Fristsetzung ist **entbehrlich**, wenn die in Rdnr. 437 ff. dargestellten Voraussetzungen vorliegen, insbesondere wenn der Auftragnehmer die Nacherfüllung zu Recht verweigert, wenn die Nacherfüllung fehlgeschlagen ist oder wenn sie für den Auftraggeber unzumutbar wäre.

Die Minderung ist **vollzogen**, wenn der Auftraggeber sie gegenüber   **456** dem Auftragnehmer erklärt hat. Dieser Erklärung ist eine empfangsbedürftige Willenserklärung wie etwa ein Vertragsangebot. Der Auftragnehmer muss also nicht zustimmen! Mit der (durch die einseitige Erklärung) vollzogenen Minderung erlischt das Recht des Auftraggebers, **Beseitigung** des Mangels oder einen **Druckzuschlag** zu verlangen.

Auf Willenserklärungen und deren Zugang wird oben in Rdnr. 39 ff. näher eingegangen.

Die Minderung des Werklohnes berechnet sich nach § 638 Abs. 3 BGB   **457** nach folgender **Formel**:

$$\frac{\text{Wert der mangelhaften Leistung}}{\text{Wert der mangelfreien Leistung}} \times \text{voller Werklohn} = \text{geminderter Werklohn}$$

Die Minderung kann ggf. auch **geschätzt** werden, so ausdrücklich § 638 Abs. 3 S. 2 BGB. Regelmäßig entspricht der Minderwert dem Betrag, der für die Mängelbeseitigung notwendig ist (BGH v. 22.7.2010, VII ZR 176/09).

458   Bei rein **optischen** Mängeln kann man beispielsweise nicht auf die Mängelbeseitigungskosten abstellen. Solche rein optische Mängel muss der Auftragnehmer regelmäßig nicht im Wege der Nacherfüllung beseitigen, da die Kosten hierfür unverhältnismäßig sind. Die Wertminderung kann bei solchen Mängeln nach der Zielbaummethode bestimmt werden, bei der die einzelnen Funktionen des betroffenen Teiles in Bezug auf den Gesamtwert gewichtet werden.

    Die Minderung ist dabei für den **Zeitpunkt** der Abnahme zu berechnen.

459   Wenn der Auftragnehmer bereits mehr Werklohn erhalten hat, als ihm wegen der Minderung zusteht, muss er den zuviel erhaltenen Betrag an den Auftraggeber **zurückzahlen**, § 638 Abs. 4 BGB.

9. Schadensersatz

460   Anders als die Mängelansprüche Selbstvornahme, Rücktritt und Minderung setzt ein Schadensersatzanspruch voraus, dass der Mangel auf einem **Verschulden** des Auftragnehmers beruht. Der Schadensersatzanspruch umfasst den Ersatz aller Schäden, die bereits eingetreten sind. Deswegen setzt dieser Anspruch auch **keine Fristsetzung** voraus.

461   Wenn der Auftraggeber Schadensersatzansprüche auf **Verzug** des Auftragnehmers stützen will, muss er die Voraussetzungen des § 286 BGB beachten, vgl. dazu oben Rdnr. 335 ff.

462   Wichtigster **Anwendungsfall** des § 280 BGB (also Schadensersatz ohne Fristsetzung) ist der Ersatz von Schäden, die aufgrund einer mangelhaften Leistung an anderen Rechtsgütern oder im Vermögen des Auftraggebers entstanden sind. Dies betrifft also z.B. Schäden an Gegenständen, die der Auftragnehmer bei Ausführung seiner Leistung beschädigt oder die durch einen Mangel in Mitleidenschaft gezogen werden. Es kann also durchaus sein, dass der Auftraggeber teilweise die weiteren Voraussetzungen für Mängelansprüche beachten muss, teilweise nicht.

Fallbeispiel:
Der Auftragnehmer Sorglos soll für Auftraggeber Armenhaus neue Fenster einsetzen. Beim Einbau der Fenster beschädigt S mehrere Möbel und Heizkörper des A, obwohl er auf Nachfragen des A immer wieder gesagt hatte, diese könnten so bleiben wie sie sind, er werde sie nicht beschädigen. Außerdem sind alle Fenster mangelhaft eingepasst, alle Fugen müssen noch einmal bearbeitet werden.

A hat ohne Fristsetzung Anspruch auf Ersatz der Schäden an den Möbeln und den Heizkörpern. Will er Schadensersatzansprüche wegen der Mängel geltend machen, muss er S eine Frist setzen.

4. Teil

Bei der Schadensberechnung muss genau festgestellt werden, welcher Scha- **463** den kausal auf die Handlung des Auftragnehmers zurückzuführen ist. Vermögensvorteile des Auftraggebers („Neu für Alt") sind zu berücksichtigen. Auch sog. Sowieso-Kosten muss der Auftraggeber gegen sich gelten lassen.

– **Kausalität:** Nur wenn ein kausaler Zusammenhang zwischen der schädigenden Handlung des Auftragnehmers und dem Schaden des Auftraggebers besteht, ist der Auftragnehmer ersatzpflichtig.

> **Fallbeispiel:**
> Der Auftragnehmer beschädigt bei seinen Arbeiten eine Renaissance-Truhe des Auftraggebers. Der Auftraggeber gibt die Truhe zu einem Restaurator. Bei einem dort ausbrechenden Feuer verbrennt die Truhe.
>
> Der Auftragnehmer muss nur die Restaurierungskosten bzw. den auf seine Beschädigung zurückzuführenden Minderwert tragen. Die Vernichtung der Truhe ist ihm nicht zuzurechnen.

– **Alt für neu:** Oft werden Sachen beschädigt, die nicht mehr neuwertig sind. Wenn der Auftraggeber aufgrund einer Ersatzleistung des Auftragnehmers eine neue Sache erhält, hat er einen ausgleichspflichtigen Vorteil.

> **Fallbeispiel:**
> Der Auftragnehmer beschädigt einen fünf Jahre alten Computer. Der Auftraggeber macht geltend dieser Computer habe damals 1.000,00 € gekostet und verlangt vom Auftragnehmer diesen Betrag.
>
> Der Auftragnehmer muss dem Auftraggeber jedoch nur den Zeitwert des Computers ersetzen, da der Auftraggeber sonst für die Beschädigung einer weitgehend wertlosen Sache eine wesentlich wertvollere neue erhalten hätte.

– **Sowieso-Kosten:** Der Auftraggeber soll aus dem pflichtwidrigen Verhalten des Auftragnehmers keinen Vorteil ziehen. Wenn der Auftraggeber sowieso gewisse Nachteile/Kosten gehabt hätte, darf er insoweit vom Auftragnehmer keinen Ersatz fordern.

> **Fallbeispiel:**
> Der Auftragnehmer beschädigt mit seinem Bagger einen kleinen Schuppen so stark, dass der Schuppen abgerissen werden muss. Der Auftraggeber wollte den Schuppen sowieso abreißen und hat bereits einen anderen Auftragnehmer mit diesen Abrissarbeiten beauftragt.
>
> Deswegen kann er vom Auftragnehmer keinen Ersatz der Abrisskosten oder gar die Kosten der Wiedererrichtung verlangen.

Nach § 325 BGB kann der Auftraggeber Schadensersatz und **Rücktritt** **464** verbinden, was aber im Baubereich wohl nur wenig Bedeutung haben wird, da die Rechtsfolgen des Rücktrittes wie oben dargestellt für den Vertrag über Bauleistungen in der Regel nur schlecht passen.

10. Kündigung aus wichtigem Grund

464a Nach der Rechtsprechung des BGH hat der Auftraggeber grundsätzlich erst nach der Abnahme die Möglichkeit, Mängelansprüche geltend zu machen (BGH v. 19.1.2017, VII ZR 301/13). **Vor der Abnahme** kann der Auftraggeber in bestimmten Fällen den Vertrag aus wichtigem Grund kündigen, dies ist inzwischen in § 648a BGB gesetzlich verankert. Die gesetzliche Regelung ist anhand der bisherigen Rechtsprechung zu der außergesetzlichen Kündigung aus wichtigem Grund auszulegen. Schon bisher war anerkannt, dass zu den Kündigungsgründen auch Situationen zählen, in denen der Auftragnehmer mangelhaft arbeitet. Wegen des Ausnahmecharakters der Kündigung aus wichtigem Grund muss allerdings das Vertragsverhältnis in besonders schwerwiegender Weise belastet sein.

464b So ist als Grund für eine außerordentliche Kündigung anerkannt, wenn der Auftragnehmer sich nachhaltig und ausdrücklich weigert, den Vertrag zu erfüllen oder beharrlich gegen anerkannte Regeln der Technik verstößt. Grundsätzlich muss der Kündigung eine Abmahnung vorhergehen, d.h. der Auftraggeber sollte den Auftraggeber zur vertragsgerechten Erfüllung auffordern. Dies ist entbehrlich, wenn der Auftragnehmer schon endgültig und ernsthaft erklärt hat, den Vertrag nicht einhalten zu wollen.

464c Nach § 648a Abs. 2 BGB ist auch eine Teilkündigung möglich.

III. Verjährung von Mängelansprüchen nach BGB

1. Verjährungsfristen

465 Das Gesetz kennt drei unterschiedliche Verjährungsfristen für Mängelansprüche, die jeweils für bestimmte Leistungen gelten.

Dauer	2 Jahre	5 Jahre	3 Jahre
betroffene Leistungen	Herstellung, Wartung oder Veränderung einer Sache oder Planungs- oder Überwachungsleistungen hierfür	Leistungen für ein Bauwerk und Planungs- oder Überwachungsleistungen hierfür	sonstige Werkleistungen, z.B. unkörperliche Werke wie Gutachten etc.
Beginn	Abnahme	Abnahme	Ende des Jahres, in dem Anspruch fällig war

2. Dauer

In § 634a Abs. 1 Nr. 2 BGB ist eine Fünfjahresfrist für Ansprüche wegen   466
Mängeln an einem **Bauwerk** festgelegt. Zusätzlich gilt diese Frist auch
für Planungs- und Überwachungsleistungen, die im Zusammenhang mit
der Werkleistung an einem Bauwerk erbracht werden. Bauwerksbezogene
Planungsleistungen erbringen Baugutachter, Statiker, Akustiker, sofern
ihre Leistung auf die Errichtung oder Renovierung und Sanierung eines
Bauwerkes gerichtet ist. Juristisch wird das Bauwerk definiert als eine un-
bewegliche, durch Verwendung von Arbeit und Material in Verbindung
mit dem Erdboden hergestellte Sache. Kein Bauwerk sind z.B. nicht fest
mit dem Bauwerk verbundene Gegenstände oder Außenanlagen, bei denen
auf dem Grundstück keine Sache entsteht.

Bei sachbezogenen, körperlichen Werkleistungen, deren Erfolg in der   467
Herstellung, Wartung oder Veränderung einer Sache besteht gilt die zweijährige Verjährungsfrist. Dies betrifft im Baubereich alle Leistungen, die
nicht zu einem Bauwerk führen, also etwa Abbruch- oder Rodungsar-
beiten.

Außerdem gilt diese Verjährungsfrist für alle Reparaturen an beweglichen Sachen (die Herstellung fällt unter das Kaufrecht).

Hinzuweisen ist aber auch auf die Möglichkeit durch Vertrag die Ver-   468
jährung bis auf 30 Jahre zu **verlängern**, § 202 Abs. 2 BGB, oder zu **verkürzen**. Bei einer Verkürzung in **AGB** ist nach § 309 Nr. 8b) ff) BGB
zu beachten, dass die fünfjährige Gewährleistungsfrist in § 634a Abs. 1
Nr. 2 BGB nicht verkürzt werden darf, die anderen Gewährleistungsfristen können nicht unter ein Jahr verkürzt werden. In Individualverträgen
gelten diese Beschränkungen nicht. Auch wenn die Bestimmung des § 309
Nr. 8 b) ff) BGB für Verträge zwischen Unternehmen nicht direkt anwendbar ist, entnimmt man dem Gesamtkonzept der Gewährleistungsfristen für
Bauleistungen und für den Einkauf von Baustoffen, dass die fünfjährige
Verjährungsfrist zu den wesentlichen Grundgedanken der gesetzlichen
Regelungen zählt. Daher wäre eine Verkürzung dieser Verjährungsfrist
in AGB auch zwischen Unternehmen nach § 307 Abs. 2 BGB unzulässig.

3. Beginn

Beim **Beginn** der Verjährung ist danach zu unterscheiden, in welcher   469
gesetzlichen Frist der Mängelanspruch verjährt.

Die Verjährung der Mängelansprüche beginnt mit der **Abnahme** der
Leistung, wenn die gesetzliche Verjährungsfrist **fünf** oder **zwei** Jahre
beträgt, vgl. § 634a Abs. 2 BGB.

Beträgt die gesetzliche Verjährungsfrist aber **drei** Jahre, beginnt die Verjährung des Anspruches mit **Schluss des Jahres**, in dem die Abnahme erfolgte, § 632a Abs. 2 BGB.

470   Wenn keine Abnahme durchgeführt wird, verjähren Ansprüche nach 10 Jahren nach Beendigung des Werkes und Kenntnis vom ausführenden Unternehmer, §§ 195, 199 BGB.

Einer Abnahme ist die Zahlung des Werklohnes gleichzusetzen. Auch ein Anerkenntnis oder ein Vertrag über die Fertigstellung erfüllen die gleichen Voraussetzungen, ebenso die Kündigung des Vertrages gem. §§ 634a Abs. 2, 218 BGB.

4. Arglistig verschwiegene Mängel

471   Nach § 634a Abs. 3 BGB verjähren auch Ansprüche wegen arglistig verschwiegener Mängel innerhalb der Regelverjährungsfrist von **drei Jahren**, wenn nicht sowieso eine längere Verjährungsfrist gilt. Dann bleibt es natürlich bei der anderen, längeren Verjährungsfrist. Diese Verjährung beginnt aber erst, wenn der Auftraggeber Kenntnis vom Mangel hat oder nur infolge grober Fahrlässigkeit nicht hat.

5. Hemmung/Neubeginn

472   Es bestehen eine Reihe von Möglichkeiten, das Ende der Verjährungsfrist **hinauszuschieben**. Aus Gründen der Darstellung sind die Möglichkeiten zur Hemmung in Rdnr. 690 ff. und zum Neubeginn in Rdnr. 720 ff. bei der Verjährung von Werklohnansprüchen ausführlich dargestellt. Auf diese Ausführungen muss an dieser Stelle verwiesen werden.

Auch nach Ende der Gewährleistungszeit darf sich der Auftraggeber allerdings auf Mängel berufen, die er vor Ablauf der Gewährleistungsfrist entdeckt hat, auch ohne dass eine Anzeige beim Auftragnehmer erfolgt ist und die Mängel der Forderung, noch ausstehenden Werklohn zu zahlen, entgegenhalten (BGH v. 05.11.2015, VII ZR 144/14).

IV. Mängelansprüche nach der VOB/B

473   VOB/B und BGB ähneln sich bei vielen Regelungen sehr. Die VOB/B geht jedoch von einer besonderen Kooperationspflicht der Vertragspartner aus und enthält daher viele Androhungs- und Ankündigungspflichten, die verhindern sollen, dass einer der Partner aus heiterem Himmel massive

Sanktionen ergreifen kann. Damit geht die VOB/B ganz deutlich einen eigenen, praxisgerechten Weg.

Im Unterschied zum BGB gibt die VOB/B dem Auftraggeber außerdem bereits vor der Abnahme die Möglichkeit, Mängelansprüche geltend zu machen.

1. Wann liegt ein Mangel vor?

Der Mangelbegriff der VOB/B entspricht inhaltlich voll und ganz dem **474** Mangelbegriff im BGB, auch die oben in Rdnr. 413 dargestellte Prüfungsfolge ist die gleiche. Die Verfasser der VOB/B haben lediglich die etwas unübersichtliche Formulierung des BGB gestrafft. Außerdem enthält § 13 Abs. 1 VOB/B den ausdrücklichen Hinweis, dass die Leistung den anerkannten Regeln der Technik entsprechen muss. Dies ist bei BGB-Verträgen genauso, der ausdrückliche Hinweis dient nur der Klarstellung dieser bei Bauleistungen wichtigen Frage.

Eine Leistung ist nach § 13 Abs. 1 VOB/B **mangelfrei**, wenn sie **475**

– zur Zeit der Abnahme

– die vertraglich vereinbarte Beschaffenheit hat und

– den anerkannten Regeln der Technik entspricht.

Ebenso wie das BGB gibt die VOB/B Hilfestellungen für den Fall, dass eine Beschaffenheit nicht vereinbart ist.

2. Vor der Abnahme

Die Möglichkeiten des Auftraggebers, vor der Abnahme eine Mangel- **476** beseitigung zu erreichen, sind in BGB und VOB/B sehr unterschiedlich geregelt. Das BGB gibt dem Auftraggeber diese Möglichkeit grundsätzlich erst nach der Abnahme, die VOB/B schon davor, aber zum Preis einer Kündigung.

Wenn ein Mangel auftritt, bevor die Leistung des Auftragnehmers abgenommen ist, hat der Auftraggeber primär die Rechte aus § 4 Abs. 7 VOB/B. Danach muss der Auftragnehmer die mangelhafte Leistung durch eine mangelfreie **ersetzen**, also entweder den Mangel beseitigen oder die Leistung neu ausführen. Welche Art der Mangelbeseitigung er wählt, steht in seiner Entscheidung.

Darüber hinaus hat der Auftragnehmer dem Auftraggeber den **Schaden 477** zu ersetzen, der dem Auftraggeber durch den Mangel oder die Mangelbeseitigung entsteht. Dies gilt allerdings nur, wenn der Auftragnehmer den Mangel zu vertreten hat.

478   Oft passiert es aber, dass der Auftragnehmer einen vom Auftraggeber gerügten Mangel nicht beseitigt, aus welchen Gründen auch immer. Nach dem BGB hätte der Auftraggeber vor der Abnahme keine Möglichkeiten, den Mangel im Rahmen der Selbstvornahme selber zu beseitigen oder den Werklohn zu mindern. Die VOB/B gibt dem Auftraggeber immerhin zwei alternative Handlungsmöglichkeiten: Entweder er lässt die Sache auf sich **beruhen** und prüft bei der Abnahme, ob der Mangel noch besteht, oder er setzt dem Auftragnehmer eine angemessene Frist zur Mängelbeseitigung und droht ihm zugleich die **Kündigung** an. Beseitigt der Auftragnehmer den Mangel nicht innerhalb der gesetzten Frist, kann der Auftraggeber den Vertrag aus wichtigem Grund kündigen.

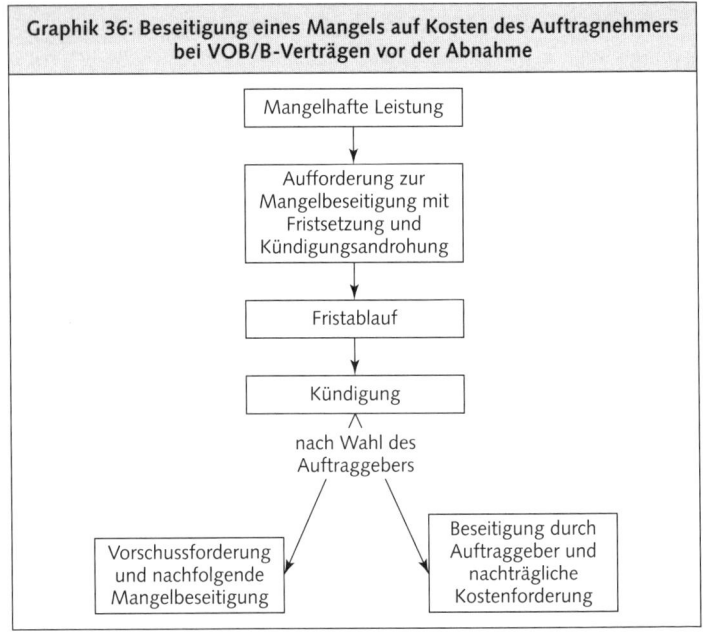

Graphik 36: Beseitigung eines Mangels auf Kosten des Auftragnehmers bei VOB/B-Verträgen vor der Abnahme

Mangelhafte Leistung

Aufforderung zur Mangelbeseitigung mit Fristsetzung und Kündigungsandrohung

Fristablauf

Kündigung

nach Wahl des Auftraggebers

Vorschussforderung und nachfolgende Mangelbeseitigung

Beseitigung durch Auftraggeber und nachträgliche Kostenforderung

479   Der Auftraggeber kann seine Kündigung als **Teilkündigung** auf einen Teil der Leistungen des Auftragnehmers beschränken, er kann also insbesondere den Vertrag hinsichtlich der mangelhaften Leistungen teilkündigen. Allerdings müssen die gekündigten Leistungen einen in sich abgeschlossenen Teil der Leistung darstellen, so § 8 Abs. 3 Nr. 1 S. 2 VOB/B.

480   Die Rechtsfolgen einer solchen Kündigung aus wichtigem Grund sind unten dargestellt (vgl. unten Rdnr. 679 ff.). Hinzuweisen ist besonders

darauf, dass trotz der Kündigung eine **Abnahme** der nicht gekündigten
Leistungen durchzuführen ist.

Die Kündigung ist eine sehr wichtige Voraussetzung für eine Fremd- 481
nachbesserung. Ganz ausnahmsweise kann der Auftraggeber die für die
Mangelbeseitigung erforderlichen Kosten auch ohne Kündigung erstattet
bekommen, wenn der Auftragnehmer „endgültig und ernsthaft" die Beseitigung des Mangels verweigert (BGH v. 9.10.2008, VII ZR 80/07). Auch
wenn der Auftragnehmer die Leistungen (mangelhaft) fertig gestellt und
die Baustelle geräumt hat, ist eine Kündigung entbehrlich.

Hinweis: 482
Die VOB/B sieht ebenso wie das BGB vor, dass der Auftraggeber seine Mängelansprüche größtenteils verliert, wenn er einen Mangel bei der Abnahme
kennt und sich seine diesbezüglichen Ansprüche nicht vorbehält. Erkennt
der Auftraggeber vor der Abnahme Mängel und entscheidet er sich, nicht zu
kündigen, muss er bei der Abnahme einen Vorbehalt wegen dieser Mängel
erklären (vgl. oben Rdnr. 381 ff.).

---

3. Nach der Abnahme

Wenn die Leistung abgenommen ist, stehen dem Auftraggeber die in 483
§ 13 VOB/B beschriebenen Rechte zu, und zwar **Nachbesserung** (§ 13
Abs. 5 VOB/B) sowie unter bestimmten Voraussetzungen **Minderung** (§ 13
Abs. 6 VOB/B) und **Schadensersatz** (§ 13 Abs. 7 VOB/B).

Nach § 13 Abs. 5 VOB/B hat der Auftraggeber vor allem Anspruch dar- 484
auf, dass der Auftragnehmer seine Leistung nachbessert. Der Auftraggeber
kann dem Auftragnehmer eine angemessene Frist zur **Beseitigung** der
Mängel setzen. Was eine angemessene Frist ist, lässt sich nicht allgemein sagen, es kommt stets auf den jeweiligen Mangel an. Innerhalb der gesetzten
Frist muss eine Beseitigung des Mangels mit normalem Einsatz möglich
sein, ansonsten ist die Frist zu kurz. Mit der Setzung einer zu kurzen Frist
wird allerdings auch die angemessene Frist in Gang gesetzt, der Fehler
kann für den Auftraggeber also folgenlos bleiben. Wenn der Auftragnehmer die Mängel nicht innerhalb der Frist beseitigt, kann der Auftraggeber
die Mängel selber beseitigen, und zwar auf Kosten des Auftragnehmers.
Dies muss er dem Auftragnehmer nicht noch einmal androhen.

Unter bestimmten, von der VOB/B in § 13 Abs. 6 VOB/B vorgegebe- 485
nen Umständen kann der Auftraggeber die **Minderung** der Vergütung
fordern. Der Auftraggeber hat also anders als nach dem BGB kein freies
Wahlrecht zwischen der Minderung und anderen Mängelansprüchen wie

Schadensersatz. Er kann vorrangig die Mängelbeseitigung verlangen und **nur dann** eine Minderung geltend machen, wenn

– die Beseitigung des Mangels unmöglich ist **oder**

– sie einen unverhältnismäßig hohen Aufwand erfordern würde **und**

– sie aus diesem Grund vom Auftragnehmer verweigert wird.

Der Auftraggeber kann also insbesondere dann nicht mindern, wenn die Mangelbeseitigung mit einem verhältnismäßigen Aufwand möglich wäre und sie nur deswegen unterbleibt, weil sie der Auftragnehmer aus irgendwelchen anderen Gründen nicht durchführt. In diesen Fällen kann der Auftraggeber nur selber den Mangel beseitigen und dann vom Auftragnehmer Ersatz der Aufwendungen verlangen oder ggf. Schadensersatz fordern.

486   Die Mängelbeseitigung ist dann mit unverhältnismäßigen Kosten verbunden, wenn der Vorteil des Auftraggebers gegenüber dem für die Beseitigung erforderlichem Aufwand so geringwertig ist, dass ein offensichtliches Missverhältnis besteht. Die Unverhältnismäßigkeit ist in jedem Einzelfall zu prüfen.

487   Auch **Schadensersatz** kann der Auftraggeber nur in bestimmten Fällen verlangen, wobei die Unterschiede zum BGB im Ergebnis gering sind. Die VOB/B sieht beim Schadensersatz zwei Stufen vor.

488   In einer Art ersten Stufe ist geregelt, wann der Auftraggeber Ersatz für Schäden **an der baulichen Anlage** verlangen kann, zu deren Herstellung, Instandhaltung oder Änderung die Leistung diente. Voraussetzung für einen solchen Schadensersatzanspruch ist, dass

– ein wesentlicher Mangel vorliegt, der die Gebrauchsfähigkeit erheblich beeinträchtigt, und

– der Mangel auf ein Verschulden des Auftragnehmers oder seiner Erfüllungsgehilfen zurückzuführen ist.

489   Der eingetretene Schaden muss sich jedoch nicht auf die von der Leistung berührte bauliche Anlage beschränken. Der Mangel kann auch **weitergehende Folgen** wie Mietausfälle, Nutzungsausfälle, Beschädigung fremder Sachen etc. haben. Diesbezügliche Schadensersatzansprüche sind in einer Art zweiten Stufe zu prüfen.

Solche Schäden muss der Auftragnehmer dem Auftraggeber nur ersetzen, wenn

– der Mangel auf Vorsatz oder grober Fahrlässigkeit beruht, oder

– der Mangel auf einem Verstoß gegen die anerkannten Regeln der Technik beruht, oder

– der Mangel in dem Fehlen der vertraglich vereinbarten Beschaffenheit besteht oder

– der Auftragnehmer den Schaden durch Versicherung seiner gesetzlichen Haftpflicht gedeckt hat oder innerhalb einer in § 13 Abs. 7 Nr. 2 c) VOB/B näher beschriebenen Versicherung hätte decken können.

Der Verstoß gegen die anerkannten Regeln der Technik und das Fehlen 490 der vereinbarten Beschaffenheit sind natürlich die häufigste Ursache dafür, dass Auftraggeber Schadensersatzansprüche geltend machen können.

4. Bedenkenanmeldung

In der VOB/B ist die Bedenkenanmeldung des Auftragnehmers ausdrück- 491 lich geregelt. Nach § 4 Abs. 3 VOB/B soll der Auftragnehmer **schriftlich** und **unverzüglich** Bedenken anmelden, wenn er Bedenken

– gegen die vorgesehene Art der Ausführung (auch wegen der Sicherung gegen Unfallgefahren),

– gegen die Güte der vom Auftraggeber gelieferten oder vorgeschriebenen Stoffe oder Bauteile

– oder gegen die Leistungen **anderer Unternehmer**

hat. In § 13 Abs. 3 VOB/B ist ergänzend dazu klargestellt, dass der Auftragnehmer auch **für einen Mangel haftet**, der auf

– die **Leistungsbeschreibung** oder

– **Anordnungen** des Auftraggebers,

zurückzuführen ist – außer, er hat die Bedenken nach § 4 Abs. 3 VOB/B angemeldet.

Mit der Bedenkenanmeldung ist es aber nicht getan. Wie auch bei 492 BGB-Verträgen kommt es für das weitere Verhalten des Auftragnehmers auf die Reaktion des Auftraggebers an (vgl. oben Rndr. 442).

5. Verjährung

Die VOB/B enthält in ihrer jetzigen Fassung auch Sondervorschriften für 493 die Dauer der Verjährung und die Verjährungsunterbrechung.

Die **Dauer** der Verjährung ist in § 13 Abs. 4 VOB/B angesprochen. 494 Wenn im Vertrag nichts anderes vereinbar ist, beträgt danach die Verjährungsfrist für Bauwerke und Arbeiten an Bauwerken **vier** Jahre (vgl. zu diesem Begriff oben Rndr. 466), für Arbeiten an einem Grundstück **zwei** Jahre. **Sonderregelungen** gibt es für vom Feuer berührte Teile von

Feuerungsanlagen (zwei Jahre), wobei die Gewährleistungsfrist für feuerberührte und abgasdämmende Teile von industriellen Fertigungsanlagen sogar nur ein Jahr beträgt. Für wartungsbedürftige maschinelle und elektrotechnischen/elektronische Anlagen oder Teile hiervon, wenn der Auftraggeber dem Auftragnehmer die Wartung nicht übertragen hat, beträgt die Gewährleistungsfrist ebenfalls nur zwei Jahre. Auf die mögliche **Unwirksamkeit** nach § 309 Nr. 8 ff.) BGB von Allgemeinen Geschäftsbedingungen, die eine von § 634a Abs. 1 Nr. 2 BGB abweichende Verjährungsfrist für Arbeiten an Bauwerken vorsehen, muss hingewiesen werden.

Gewähr-leistungs-frist			
4 Jahre	Für Bauwerke und Arbeiten an Bauwerken		
2 Jahre	Für Arbeiten an einem Grundstück	Für vom Feuer berührte Teile von Feuerungs-anlagen	Für Teile von maschinellen und elektrotechni-schen/elektroni-schen Anlagen, bei denen die Wartung Einfluss auf Sicherheit und Funktionsfähig-keit hat und der Auftraggeber dem Auftragnehmern die Wartung nicht übertragen hat
1 Jahr		Für feuerberührte und abgasdäm-mende Teile von industriellen Fer-tigungsanlagen	

Tabelle: Überblick über Verjährungsfristen für Mängel

495   Diese Verjährungsfristen sind kürzer als die gesetzlichen Verjährungsfristen. Als Ausgleich hierfür enthält die VOB/B eine besondere Art der **Unterbrechung**. Nach § 13 Abs. 5 Nr. 1 VOB/B beginnt eine neue Verjährungsfrist von zwei Jahren, wenn der Auftraggeber einen Mangel schriftlich rügt – aber nur bezogen auf diesen Mangel. Diese Unterbrechung tritt mit Zugang des Mängelbeseitigungsverlangens beim Auftragnehmer ein, mit diesem Zeitpunkt beginnt die Verjährung erneut.

Nach Abnahme der Mängelbeseitigungsarbeiten beginnt für diese – **496** und nur diese Leistungen – erneut eine Verjährungsfrist von zwei Jahren.

Berechnungsbeispiel:
Auftraggeber Amsel nimmt am 30.11.2012 die Leistung seines Auftragnehmers Klotz ab. Dem Vertrag liegt die VOB/B zugrunde, zusätzliche Vereinbarungen zu Mängelansprüchen haben A und K nicht getroffen. Die Verjährung der Mängelansprüche läuft also ursprünglich bis zum 30.11.2016. Am 30.10.2015 rügt A schriftlich einen Mangel. K erhält dieses Schreiben am 31.10.2015. Damit läuft die Verjährung der Mängelansprüche insoweit bis zum 31.10.2017.
Am 1.2.2017 beseitigt K den gerügten Mangel. Für diese Mängelbeseitigungsarbeiten läuft erneut eine zweijährige Verjährungsfrist bis zum 31.1.2019 an.

Die VOB/B gestattet es den Vertragspartnern, hiervon **abweichende Ver-** **497** **einbarungen** zu treffen. So können die Vertragspartner z.B. längere Verjährungsfristen vereinbaren und auch vereinbaren, dass mit der Mangelrüge diese längeren Verjährungsfristen neu beginnen. Üblicherweise wird jedoch nur eine längere Verjährungsfrist vereinbart. Erfahrene Auftraggeber nutzen diese Möglichkeit praktisch immer aus. Da die Verlängerung auch in AGB enthalten sein kann, findet sich die Festlegung der Verjährung oft in Besonderen Vertragsbedingungen oder anderen Formularen.

5. Teil
Bezahlung des Werklohnes

I. Vorleistungspflicht des Unternehmers

Nach dem gesetzlichen Leitbild ist der Auftragnehmer **vorleistungspflich-** 498
tig. Das heißt, dass er nach dem Grundsatz „Erst die Leistung, dann das
Geld" erst nach Erbringung seiner Leistung dem Auftraggeber eine Rechnung stellen kann bzw. von ihm Zahlung verlangen kann. Mit § 632a BGB
hat der Gesetzgeber dem Auftragnehmer die Möglichkeit eröffnet, auch
vor Abschluss des Bauvorhabens Zahlungen verlangen zu können – an
der Vorleistungspflicht des Auftragnehmers hat der Gesetzgeber jedoch
ansonsten nichts geändert.

    Unternehmerisch tätige Auftraggeber müssen die sog. Bauabzugssteuer 499
berücksichtigen, die der Auftraggeber direkt ans Finanzamt zahlen muss,
wenn ihm keine Freistellungserklärung des Auftragnehmers vorliegt.

II. Vorauszahlungen

Nach dem gesetzlichen Leitbild hat der Auftragnehmer grundsätzlich 500
keinen Anspruch auf Vorauszahlungen, also Zahlungen vor Erbringung
von Leistungen. Dies gilt sowohl für BGB- als auch für VOB-Verträge.

    Der Auftragnehmer kann nur dann Vorauszahlungen verlangen, wenn 501
die Vertragspartner dies **ausnahmsweise** vereinbart haben. Solche Vereinbarungen sollten eindeutig sein und können nicht in AGB erfolgen.

    Die VOB/B spricht die Vorauszahlungen in § 16 Abs. 2 VOB/B an und 502
sieht Sicherheitsleistung des Auftragnehmers, Verzinsung und Anrechnung auf die nächste fällige Zahlungen vor.

III. Voraussetzungen eines Anspruches auf Abschlags- und Schlusszahlungen

Die nachstehenden Erläuterungen zu Zahlungen nach BGB und VOB/B 503
gelten natürlich immer nur dann, wenn der **Vertrag** keine anderslauten-

den Vereinbarungen enthält. Grundsätzlich ist der im Vertrag vereinbarte **Zahlungsplan** maßgeblich für die vom Auftraggeber geschuldeten Abschlagszahlungen und die Voraussetzungen für die Schlusszahlung. Weicht der Zahlungsplan von BGB und VOB/B ab, so gelten vorrangig der Zahlungsplan und die darin festgesetzten Zahlungsmodalitäten.

504   Auch Zahlungspläne können jedoch nicht völlig frei vereinbart werden, so unterliegen sie insbesondere folgenden **Grenzen**:

– bei Verträgen, die unter die MaBV fallen, sind maximal Raten nach § 3 Abs. 2 MaBV zulässig (zur MaBV ausführlicher unten Rdnr. 882);

– bei Verträgen mit **Verbrauchern** ist zu prüfen, ob der Zahlungsplan vom Auftragnehmer gestellt wurde und ob er daher nach AGB-Grundsätzen wegen Verstoßes gegen §§ 650m, 650v BGB unwirksam ist.

1. Abschlagszahlungen nach BGB

505   Für vertragsgemäß erbrachte Leistungen kann der Auftraggeber nach § 632a BGB Abschlagszahlungen verlangen. Für Verbraucherbauverträge gelten die Sonderregelungen des § 650m BGB.

Hinweis:
Voraussetzungen für die Abschlagszahlung sind
– Ausführung von Leistungen
– eine prüffähige Abrechnung des Auftragnehmers und
– bei Verbraucherbauverträgen die Beachtung von § 650g BGB (Begrenzung der Höhe nach, Sicherheit)
– bei Verträgen über Errichtung oder den Umbau eines Hauses die Beachtung von § 650v BGB.

---

506   Einen bleibenden Wertzuwachs verlangt das BGB nicht mehr. Der Auftragnehmer hat vielmehr wie auch nach der VOB/B Anspruch auf Vergütung in Höhe des Wertes der erbrachten Leistungen. Dieser Wert ist nach den vertraglich vereinbarten Preisen zu ermitteln.

506a   Für Abschlagszahlungen, die eine **Vergütungsanpassung** nach § 650b BGB betreffen, sieht § 650c Abs. 3 BGB eine Sonderregelung vor. Danach kann der Auftragnehmer, wenn es nicht zu einer Einigung oder einer anderslautenden gerichtlichen Entscheidung kommt, 80 % des in seinem Angebot genannten Betrages als Abschlagszahlung verlangen.

507   Bei **Mängeln** kann der Auftraggeber einen Druckzuschlag geltend machen, der nach §§ 632a Abs. 1 Satz 4, 641 Abs. 3 BGB in der Regel das Doppelte der voraussichtlichen Mangelbeseitigungskosten ausmachen darf.

508   Bei **Verbraucherbauverträgen** i.S.d. § 650i BGB darf der Unternehmer nach § 650m Abs. 1 BGB maximal 90 % der ihm zustehenden Vergütung

in Abschlagsrechnungen abrechnen. Will der Auftragnehmer solche Abschlagszahlungen geltend machen, muss er dem Verbraucher mit der ersten Abschlagszahlung eine Sicherheit in Höhe von 5 % der vereinbarten Gesamtvergütung stellen. Bei Nachträgen muss die Sicherheit ergänzt werden, wenn diese mehr als 10 % des Auftragswertes betragen. Nach § 650u Abs. 2 BGB gilt dies auch für **Bauträgerverträge** i.S.d § 650u Abs. 1 BGB, die mit Verbrauchern geschlossen werden.

Der Auftragnehmer kann auch Abschlagszahlungen für erforderliche **509** **Stoffe oder Bauteile** verlangen, die eigens angefertigt oder angeliefert sind. Dieser Anspruch des Auftragnehmers besteht allerdings nur, wenn der Auftraggeber Eigentum an den Stoffen oder Bauteilen erhält oder wenn der Auftragnehmer Sicherheit für die Abschlagszahlung leistet.

Für die Zahlungsmodalitäten bei **Bauträgerverträgen** hat der Gesetz- **510** geber eine Sondervorschrift geschaffen, auf die § 650v BGB verweist. Auf der Grundlage von Art. 244 EGBGB wurde die sog. Abschlagsverordnung erlassen, die festlegt, welche Abschläge Bauträger vor Abnahme verlangen können. Dabei verweist diese Verordnung über Abschlagszahlungen bei Bauträgerverträgen im Wesentlichen auf die MaBV. Bauträger können danach Abschlagszahlungen vereinbaren, die § 3 Abs. 2 MaBV entsprechen, sofern die Voraussetzungen von § 3 Abs. 1 MaBV vorliegen. Hierauf wird weiter unten noch näher in Rdnr. 882 ff. eingegangen. Als Bauträger ist dabei nach § 650u Abs. 1 BGB jeder Auftragnehmer anzusehen, der

– ein Haus oder ein vergleichbares Bauwerk errichtet oder umbaut **und**

– dem Auftraggeber das Eigentum an einem Grundstück übertragen muss oder die Bestellung eines Erbbaurechts schuldet.

Der Auftragnehmer kann keine Abschlagszahlungen mehr verlangen, **511** wenn er eine **Schlussrechnung** gestellt hat. Dann kann er nur noch seine Ansprüche aus der Schlussrechnung geltend machen. Gleiches gilt, wenn der Auftragnehmer die Schlussrechnung zwar noch nicht gestellt hat, aber stellen könnte, weil die Leistung **abnahmereif** ist und erst recht natürlich, wenn die Abnahme bereits erfolgt ist. Wenn alle Voraussetzungen dafür vorliegen, die Schlussrechnung zu stellen, muss er dies tun und kann sich nicht auf Abschlagsrechnungen beschränken.

Der Auftraggeber kann natürlich auch gegenüber einer Abschlags- **512** zahlung **Gegenansprüche** geltend machen, also z.B. wegen Mängeln die Zahlung ganz oder teilweise zurückhalten, mit Schadensersatzforderungen aufrechnen etc.

Zahlungen auf eine Abschlagsrechnung bedeuten **kein Anerkenntnis**. **513** Der Auftraggeber kann also auf eine Abschlagsrechnung zahlen und darf dennoch Ansprüche wegen Mängeln der abgerechneten Leistungen geltend machen, zum Beispiel sobald er weitere Abschlagsrechnungen erhält.

514   **Zahlt** der Auftraggeber eine Abschlagsrechnung **nicht**, so kann der Auftragnehmer berechtigt sein, die Arbeit einzustellen oder unter weiteren Voraussetzungen den Vertrag zu kündigen (zur Arbeitseinstellung unten Rdnr. 559 und zur Kündigung unten Rdnr. 681 ff.). Solche Vorgehensweisen sind bei Abschlagsrechnungen jedoch risikobelastet. Der Auftraggeber muss sich nämlich auf seine Gegenansprüche wegen Mängeln etc. nicht ausdrücklich berufen, nur in einzelnen Urteilen ist dem Auftraggeber eine solche Pflicht auferlegt. Er kann diese auch erst im Nachhinein geltend machen. Der Auftragnehmer kann also eigentlich nie ganz sicher sein, ob und ggf. welche Gegenansprüche der Auftraggeber geltend machen will oder nicht. Er kann daher auch nicht abschätzen, ob er einen Anspruch auf die Abschlagszahlung hat oder nicht, so dass er die Rechtmäßigkeit seiner Schritte erst im Nachhinein sicher beurteilen kann.

515 | **Hinweis:**
Der Auftragnehmer ist in der Regel gut beraten, wenn er sich nicht auf unsichere Schritte wie Arbeitseinstellung, Kündigung etc. einlässt, sondern Sicherheit nach § 650f BGB fordert. Der Auftragnehmer darf auch für mängelbehaftete Leistungen eine solche Sicherheit in voller Höhe des noch ausstehenden Werklohnes verlangen, so dass behauptete Mängel für den Auftragnehmer insoweit kein Risiko darstellen.

AN kann Sicherheiten fordern

2. Schlusszahlungen nach BGB

516   Mit vollzogener Abnahme wird der Werklohn des Auftragnehmer **fällig**, § 641 Abs. 1 BGB. Der Auftragnehmer ist **bei Bauverträgen auch nach dem BGB** verpflichtet, dem Auftraggeber eine prüffähige Rechnung zu stellen, damit der Anspruch fällig wird, § 650g Abs. 4 Satz 1 BGB. Die Rechnung dient beim BGB-Vertrag vor allem dazu, über den genauen Rechnungsbetrag zu informieren und die Fälligkeit des Anspruches herbeizuführen. Eine Schlussrechnung muss eine übersichtliche Aufstellung der erbrachten Leistungen enthalten und für den Auftraggeber nachvollziehbar sein. Die Prüffähigkeit dürfte bei Beachtung der in der VOB/B vorgesehenen Abrechnungsregeln regelmäßig gegeben sein, vgl. dazu unten Rdnr. 528. Hat der Auftraggeber innerhalb von 30 Tagen keine Einwendungen gegen Prüffähigkeit erhoben, gilt die Rechnung nach § 650g Abs. 4 Satz 2 BGB als prüffähig.

517   Der Auftragnehmer muss **bei Bestreiten** des Auftraggebers nachweisen, welche Leistungen er erbracht hat und in welcher Höhe daher ein Werklohn entstanden ist. Dies wird ihm regelmäßig nur möglich sein, wenn er seine erbrachten Leistungen prüffähig abrechnen kann. Die feh-

lende Prüffähigkeit kann dann zu Problemen bei Vortrag und Nachweis der erbrachten Leistungen führen.

Ansprüche von **Subunternehmern** werden nach § 641 Abs. 2 BGB dann **518** fällig, wenn und soweit der Generalunternehmer vom Hauptauftraggeber die Vergütung für die betroffene Leistung erhalten hat, der Hauptauftraggeber die Leistung abgenommen hat oder der Auftragnehmer dem Subunternehmer hierüber trotz Fristsetzung keine Auskunft erteilt hat.

3. Abschlagszahlungen nach VOB/B

Nach § 16 Abs. 1 Nr. 1 VOB/B kann der Auftragnehmer **ohne Einschrän-** **519** **kungen** durch § 632a BGB Abschlagsrechnungen stellen. Die VOB/B fordert den Auftraggeber sogar auf, Abschlagszahlungen in möglichst kurzen Zeitabständen zu leisten. Umgekehrt ist natürlich der Auftragnehmer aufgefordert, in möglichst kurzen Zeitabständen Abschlagsrechnungen zu stellen.

Der Auftragnehmer muss die geleisteten und von der Abschlags- **520** rechnung umfassten Leistungen **prüffähig abrechnen**, § 16 Abs. 1 Nr. 1 S. 2 VOB/B.

Wie bei § 632a BGB kann der Auftragnehmer auch nach der VOB/B **521** für angefertigte und bereitgestellte **Bauteile** und für angelieferte **Baustoffe** Abschlagszahlungen verlangen. Voraussetzung ist lediglich, dass der Auftraggeber entweder Eigentum an den Bauteilen bzw. Baustoffen erhält oder der Auftragnehmer für die Abschlagszahlung eine Sicherheit stellt.

Die **Zahlungsfrist** für Abschlagsrechnungen beträgt nach § 16 Abs. 1 **522** Nr. 3 VOB/B 21 Tage ab Zugang der prüfbaren Abschlagsrechnung. Nach Ablauf dieser Zahlungsfrist sind die Abschlagszahlungen jedoch nicht automatisch zu verzinsen. Voraussetzung für eine **Verzinsung** ist nach § 16 Abs. 5 Abs. 3 VOB/B, dass der Auftragnehmer dem Auftraggeber nach Fälligkeit, also nach Ablauf der 21 Tage, eine angemessene Nachfrist setzt.

Zahlungen des Auftraggebers auf die Abschlagsrechnungen haben **kei-** **523** **ne** rechtlichen Folgen. So kann sich der Auftraggeber auch nach Ausgleich der Abschlagsrechnung darauf berufen, bestimmte Leistungen habe er nicht beauftragt, das Aufmaß sei falsch oder der Auftragnehmer rechne Leistungen doppelt ab.

Im Übrigen gilt das für Abschlagsrechnungen nach dem BGB Gesagte. **524** Insbesondere kann der Auftragnehmer keine Abschlagsrechnungen mehr stellen, wenn er eine Schlussrechnung erstellen könnte, also nach **Abnahme** bzw. **Abnahmereife** der Leistung.

4. Schlusszahlungen nach VOB/B

525 Nach erfolgter Abnahme kann der Auftragnehmer dem Auftraggeber die **Schlussrechnung** stellen, die **prüffähig** sein muss. Ohne Vorlage einer solchen prüffähigen Schlussrechnung wird der Werklohn des Auftragnehmers nicht fällig.

526 § 14 Abs. 3 VOB/B gibt dem Auftragnehmer für die Einreichung der Schlussrechnung bestimmte **Fristen** vor, abhängig von der vertraglichen Ausführungsfrist der Bauleistung. Bei einer vertraglichen Ausführungsfrist von drei Monaten oder kürzer muss der Auftragnehmer die Schlussrechnung innerhalb von 12 Werktagen nach Fertigstellung eingereicht haben, für jeweils drei weitere Monate Ausführungsfrist verlängert sich die Frist für die Einreichung der Schlussrechnung um sechs Werktage.

527 Reicht der Auftragnehmer nicht fristgerecht eine Schlussrechnung ein, kann der **Auftraggeber** tätig werden und anstelle des Auftragnehmer eine Schlussrechnung erstellen, § 14 Abs. 4 VOB/B. Weitere Voraussetzung ist, dass der Auftraggeber dem Auftragnehmer erfolglos eine angemessene Frist gesetzt hatte, eine Schlussrechnung zu erstellen.

528 Die Schlussrechnung muss **prüffähig** sein. In § 14 Abs. 1 VOB/B ist näher dargelegt, wie der Auftragnehmer seine Rechnung aufbauen soll und welche Unterlagen der Auftragnehmer regelmäßig vorzulegen hat. Der Auftragnehmer muss seine Rechnung übersichtlich aufstellen und dabei Reihenfolge und Bezeichnung der Leistungen aus dem Vertrag verwenden. Außerdem muss er Nachweise für die Leistung beifügen, die VOB/B nennt beispielhaft Mengenberechnungen und Zeichnungen. Änderungen und Ergänzungen muss der Auftragnehmer kennzeichnen und auf Wunsch des Auftraggebers getrennt abrechnen – gemeint sind die (in der VOB so nicht genannten) **Nachträge**. Der Auftragnehmer kann zur Vereinfachung auch auf prüfbare Abschlagsrechnungen Bezug nehmen.

529 Regeln für die Abrechnung der Leistung sind auch in der **VOB/C** zu finden auf die § 14 Abs. 2 Satz 2 VOB/B verweist. Eine Kernvorschrift ist dabei Abschnitt 5 der ATV DIN 18299. Danach ist die Leistung aus Zeichnungen zu ermitteln, soweit die ausgeführte Leistung den Zeichnungen entspricht. Es ist also möglich, die (unverändert ausgeführten) Ausführungspläne des Auftraggebers für die Abrechnung zu verwenden.

530 Die Prüffähigkeit ist jedoch kein Selbstzweck. So kann sich der Auftraggeber nicht mehr darauf berufen, dass eine Schlussrechnung nicht strengen Anforderungen an die Prüffähigkeit genügt, wenn er die Schlussrechnung bereits einmal geprüft hat oder wenn die Schlussrechnung den vom Auftraggeber vorgegebenen Anforderungen entspricht.

531 Ansprüche auf Zahlung der Schlusszahlung werden, so § 16 Abs. 3 Nr. 1 VOB/B, alsbald nach Prüfung und Feststellung des Schlusszahlungsgutha-

bens **fällig**. Die **Prüffrist** beträgt im Regelfall 30 Tage und kann, wenn dies aufgrund der besonderen Natur oder Merkmale der Vereinbarung (z.B. bei einer besonders komplexen oder umfangreichen Abrechnung) sachlich gerechtfertigt ist, maximal 60 Tage betragen, dies muss im vorhinein vereinbart werden.

Der Auftraggeber muss **Einwendungen** gegen die Prüfbarkeit inner-   **532** halb der Prüffrist geltend machen. Tut er dies nicht, kann er sich nicht mehr auf die rein formale Verteidigung der fehlenden Prüfbarkeit berufen. Es kommt dann zu einer Sachprüfung, ob die abgerechneten Leistungen erbracht wurden oder nicht. Beweispflichtig ist hierfür der Auftragnehmer, und da bereitet ihm die fehlende Prüfbarkeit natürlich erhebliche, diesmal inhaltliche Probleme.

Ist diese Frist abgelaufen, ohne dass der Auftraggeber die fehlende Prüffähigkeit gerügt hat, beginnt auch die **Verjährung** des Werklohnes. Der Auftragnehmer kann dies nicht verhindern oder hinauszögern, indem er eine neue, diesmal prüffähige Schlussrechnung vorlegt.

IV. Aufrechnung/Zurückbehaltungsrechte

Der Auftraggeber hat oft Gründe, warum er eine vom Auftragnehmer   **533** gestellte Rechnung nicht bezahlen will. Rechtlich ist danach zu unterscheiden, ob er die Zahlung dauerhaft verweigern will oder nur vorübergehend.

Dauerhaft kann der Auftraggeber die Zahlung vor allem dann verwei-   **534** gern, wenn der Zahlungsanspruch

– infolge **Minderung** nach § 638 BGB gemindert ist,

– oder der Auftraggeber mit anderen Ansprüchen gegen die Werklohnforderung **aufrechnet**.

Natürlich erlischt auch mit der **Zahlung** der Anspruch des Auftragnehmers.

Lediglich **vorübergehend** kann der Auftraggeber eine Zahlung ver-   **535** weigern, wenn ihm ein Zurückbehaltungsrecht zusteht. Im Baubereich häufigstes Beispiel ist das **Zurückbehaltungsrecht** wegen vorhandener Mängel nach § 641 Abs. 3 BGB, das dem Auftraggeber bis zur Beseitigung der Mängel erlaubt, einen Teil des Werklohnanspruches zurückzubehalten (einschließlich eines Druckzuschlages). Sind die Mängel beseitigt oder wird die Minderung erklärt, fällt dieses Recht weg.

1. Aufrechnung

536 Bei der Aufrechnung **erlöschen** die miteinander aufgerechneten Ansprüche. Die Aufrechnung ist in den §§ 398 ff. BGB geregelt. Mit Hilfe der
Aufrechnung können der Auftraggeber und der Auftragnehmer also vor
allem Zahlungsflüsse vereinfachen und mit der Auszahlung von Geldern
verbundenen Risiken vermeiden, insbesondere also das Insolvenzrisiko
des Zahlungsempfängers.

537 Damit der Auftraggeber mit anderen Zahlungsansprüchen gegen den
Werklohnanspruch des Auftragnehmers aufrechnen kann, müssen folgende **Voraussetzungen** vorliegen:

– es muss sich um gleichartige Forderungen handeln, was bei wechselseitigen Geldforderungen der Fall ist;

– Anspruchsinhaber und Anspruchsgegner müssen die beiden Vertragspartner sein, dabei sind sie bei den beiden zur Aufrechnung gestellten
Forderungen je einmal Anspruchsinhaber und einmal Anspruchsgegner;

– die Forderungen müssen sich fällig und unverjährt gegenübergestanden
haben.

538 Die Aufrechnung wird vollzogen durch die **Aufrechnungserklärung**.
Diese Aufrechnungserklärung ist eine Willenserklärung und muss dem
jeweiligen Aufrechnungsgegner zugehen. Für sie gelten die oben dargestellten Grundsätze für Willenserklärungen (vgl. oben Rdnr. 39). Durch
die Aufrechnung erlöschen die Forderungen **rückwirkend** zu dem Zeitpunkt, zu dem die o.g. Voraussetzungen erstmals vorlagen.

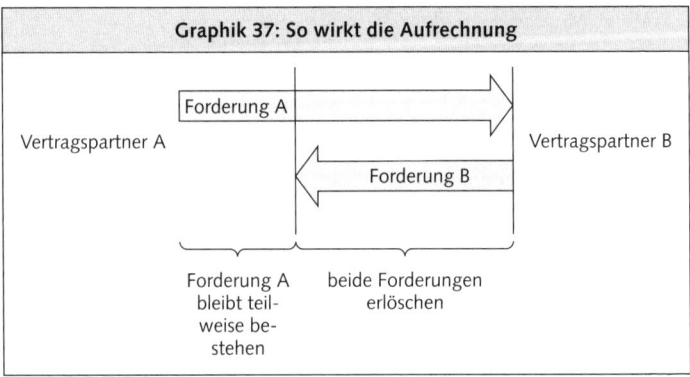

Graphik 37: So wirkt die Aufrechnung

Forderung A

Vertragspartner A

Forderung B

Vertragspartner B

Forderung A
bleibt teil-
weise be-
stehen

beide Forderungen
erlöschen

Das Recht zur Aufrechnung kann durch Vereinbarungen **einge-** 539
schränkt werden. Dies ist auch in **AGB** zulässig. Allerdings dürfen die
AGB keinen Ausschluss für die Aufrechnung mit unbestrittenen oder
rechtskräftig festgestellten Forderungen vorsehen, § 309 Nr. 3 BGB.

Unter Umständen kann in der Aufrechnung ein Anerkenntnis des 540
Aufrechnenden hinsichtlich der gegen ihn gerichteten Forderung liegen
(Zum Anerkenntnis vgl. unten Rdnr. 723 ff.).

2. Zurückbehaltungsrechte

Zurückbehaltungsrechte geben jeweils nur einen **vorübergehenden** An- 541
spruch, eine Leistung zurückzuhalten. Sie dienen also im Ergebnis dazu,
dem Schuldner eine bessere wirtschaftliche Ausgangslage zu verschaffen:
Wenn er seine Leistung (zur Zeit) nicht erbringen muss, wird der Gläubiger
eher zum Nachgeben bereit sein. Die meisten Zurückbehaltungsrechte
hängen davon ab, dass die Gegenseite etwas tun müsste.

Typischer Fall des Zurückbehaltungsrechtes im Baubereich ist der sog. 542
Druckzuschlag in § 641 Abs. 3 BGB, der dem Auftraggeber ein Zurückbehaltungsrecht am Werklohn gibt, wenn der Auftragnehmer vorhandene
Mängel nicht beseitigt. Dieses Recht kann der Auftraggeber ausüben,
wenn

– die Leistung des Auftragnehmer **mangelhaft** ist,

– der Auftraggeber die **Beseitigung** der Mängel verlangen kann,

– der Zahlungsanspruch des Auftragnehmers fällig ist.

Der **Höhe** nach kann der Auftraggeber einen Betrag zurückhalten, der
nach dem Gesetz in der Regel das Doppelte der Mängelbeseitigungskosten
beträgt.

Der Auftraggeber muss beweisen, dass die für ihn günstigen Vorausset- 543
zungen des Zurückbehaltungsrechts vorliegen. Er ist also beweispflichtig
für den Mangel und die von ihm angesetzten Mangelbeseitigungskosten.

Anders als bei der Aufrechnung müssen sich **nicht gleichartige** Forde- 544
rungen gegenüberstehen. Man kann also z.B. die Werklohnforderung eines Architekten zurückbehalten, solange dieser noch nicht alle gefertigten
Pläne oder wichtige Originalunterlagen übergeben hat.

153

V. Verjährung von Werklohnansprüchen

545 Zahlungsansprüche verjähren nach § 195 BGB in **drei Jahren**. Die Verjährung **beginnt** nach § 199 BGB mit dem Schluss des Jahres, in dem der
Anspruch fällig wird.

Hat der Auftragnehmer dem Auftraggeber keine Zahlungsfrist gesetzt,
greift bei BGB-Verträgen § 271 BGB ein, wonach Zahlungsansprüche
im Zweifel sofort fällig sind. Haben die Vertragspartner die Geltung der
VOB/B vereinbart, so sind Abschlagsrechnungen 21 Tage nach Zugang
fällig. Schlusszahlungen nach der VOB/B beginnen mit dem Ende der
Prüffrist zu verjähren.

546 **Fallbeispiel:**
Die Rechnung des Auftragnehmers Bleibtrei wird zum 2.1.2015 fällig. Die
Verjährung beginnt am 31.12.2015, 24.00 h und endet am 31.12.2018,
24.00 h. Effektiv dauert die Verjährung also fast vier Jahre.

547 Ansprüche aus **Abschlagsrechnungen** verjähren selbständig. Die Verjährungsfrist beträgt hier ebenfalls drei Jahre. Der Auftraggeber kann also
nach Ablauf der Verjährungsfrist die Zahlung verweigern. Der Auftragnehmer seinerseits kann jedoch die in der verjährten Abschlagsrechnung
abgerechneten Leistungen in die Schlussrechnung aufnehmen und so eine
neue Verjährungsfrist in Gang setzen.

548 Die Abschlagsrechnung soll dem Auftragnehmer nur einen vorzeitigen
Anspruch geben, er soll jedoch keine Nachteile haben, wenn er diesen
vorzeitigen Anspruch nicht geltend macht.

6. Teil
Ansprüche des Auftragnehmers bei Zahlungsverzug des Auftraggebers

I. Ansprüche des Auftragnehmers bei BGB-Verträgen

Nachfolgend sind die grundlegenden Ansprüche des Auftragnehmers bei **549** Zahlungsverzug des Auftraggebers dargestellt. Es sind dies (unter den jeweils dargestellten Voraussetzungen) **ohne Beendigung** des Vertrages mit dem Auftraggeber:

– Verzinsung nach § 641 Abs. 4 BGB mit Abnahme;
– Verzugsschaden nach §§ 280 1, 2 i.V.m. 286 BGB;
– Arbeitseinstellung nach § 273 BGB;
– Leistungsverweigerung nach § 321 BGB.

Folgende Möglichkeit hat der Auftragnehmer, bei Zahlungsverzug den Vertrag mit dem Auftraggeber zu **beenden** und im Anschluss Ansprüche geltend zu machen:

– Rücktritt nach § 323 BGB;
– Rücktritt nach § 321 BGB.

1. Verzinsung nach § 641 Abs. 4 BGB mit Abnahme

§ 641 Abs. 4 BGB gibt dem Auftragnehmer automatisch Zinsen auf seinen **550** Werklohn. Nach § 641 Abs. 4 BGB ist die Vergütung des Auftragnehmers **ab der Abnahme** zu verzinsen. Weitere Voraussetzungen wie Verzug sieht das Gesetz nicht vor. Allerdings muss die Forderung zumindest durch eine Rechnung **konkretisiert** sein, d.h. beim BGB-Vertrag muss zumindest die Schlussrechnungssumme mitgeteilt werden. Die Zinshöhe richtet sich nach § 246 BGB und beträgt (niedriger als bei Verzugszinsen) 4 % p.a.

Eine Ausnahme gilt dann, wenn die Vergütung gestundet ist – was etwa **551** beim **VOB-Vertrag** gegeben ist, weil dort die Vergütung von einer prüffähigen Abrechnung abhängt und eine Verzinsung erst nach prüffähiger Abrechnung und ggf. Fristsetzung beginnt.

552   Die Höhe der Zinsen richtet sich nach § 288 BGB, wenn die Voraussetzungen für **Verzug** vorliegen. Danach müssen Zinsen in Höhe von 5 Prozentpunkten über dem Basiszinssatz gezahlt werden; Unternehmer untereinander schulden Zinsen in Höhe von 9 Prozentpunkten über dem Basiszinssatz.

2. Verzug und Verzugsschaden nach §§ 280 Abs. 1, 2 i.V.m. 286 BGB

553   **Hinweis:**
Verzug tritt ein, wenn der Auftragnehmer den Auftraggeber
– nach Fälligkeit des Anspruches
– mahnt (sofern die Mahnung nicht entbehrlich ist) und
– der Auftraggeber trotz Mahnung nicht zahlt.
(zu den abweichenden Regelungen der VOB/B vgl. unten Rdnr. 569 ff.)

554   Bei Entgeltforderungen kommt der Auftraggeber spätestens 30 Tage nach Zugang der Rechnung in Verzug, § 286 Abs. 3 BGB. Bei Verbrauchern muss der Auftragnehmer allerdings in der Rechnung auf diese Rechtsfolge besonders hinweisen. Diese Frist bis zum Verzugseintritt kann durch AGB oder durch individuelle Zahlungsaufforderungen verkürzt werden, da § 286 Abs. 3 BGB nur eine Möglichkeit neben der Inverzugsetzung durch Mahnung bieten soll.

555   Wie nach dem bisherigen Recht auch ist es möglich, die Mahnung mit der die Fälligkeit begründenden Handlung, also der Rechnung, zu verbinden. So kann der Auftragnehmer dem Auftraggeber bereits in der Schlussrechnung eine Zahlungsfrist setzen, mit deren Ablauf der Auftraggeber automatisch in Verzug gerät.

556   Eine Mahnung ist nach § 286 Abs. 2 BGB **entbehrlich,** wenn

– für die Zahlung eine **Zeit** nach dem Kalender bestimmt ist, also z.B. im Vertrag oder in der Rechnung ein fester Zahlungstermin genannt ist;
– der Zahlung ein bestimmtes **Ereignis** vorhergehen muss und sich die Zahlungsfrist von dem Ereignis an nach dem Kalender zu bestimmen ist, also z.B. eine Zahlung „14 Werktage nach Abnahme";
– der Auftraggeber die Zahlung ernsthaft und endgültig **verweigert.**

557   Wenn unklar ist, **wann** eine Rechnung dem Auftraggeber zugegangen ist, gerät er spätestens 30 Tage nach Fälligkeit der abgerechneten Forderung und nach Empfang der Gegenleistung in Verzug, § 286 Abs. 3 S. 2 BGB. Dies kann z.B. dann hilfreich sein, wenn sich nicht nachweisen lässt, ob der

Auftraggeber eine Rechnung vor oder nach dem angegebenen Zahlungs-datum erhalten hat. Wenn umstritten ist, **ob** eine Rechnung zugegangen ist, greift diese Regelung jedoch nicht ein. Hierfür bleibt der Auftragneh-mer in vollem Umfang beweispflichtig.

Der gesetzliche **Verzugszins** liegt 5 Prozentpunkte, bei Entgeltforde-   **558** rungen zwischen Unternehmern 9 Prozentpunkte über dem Basiszinssatz, § 288 Abs. 2 BGB. Der Auftragnehmer kann auf Nachweis einen höheren Schaden verlangen, also etwa bei Inanspruchnahme eines höher verzinsten Kredites etc.

Nach einer Entscheidung des EuGH **endet** der Zahlungsverzug übri-gens erst mit der Gutschrift beim Zahlungsempfänger – bis dahin laufen die Verzugszinsen.

3. Arbeitseinstellung nach § 273 BGB

Wenn dem Auftragnehmer ein **fälliger Werklohnanspruch** gegen den   **559** Auftraggeber zusteht, kann er nach § 273 BGB die Arbeiten einstellen. Der Auftragnehmer muss sich jedoch auf dieses Recht ausdrücklich berufen.

Diese Möglichkeit wird in der Praxis vorsichtig gehandhabt, weil die Fälligkeit des Zahlungsanspruches oft wegen gerügter Mängel oder einer möglicherweise fehlenden Prüffähigkeit der Rechnung streitig ist. Dieses Risiko geht der Auftragnehmer nicht ein, wenn er den Weg über § 650f BGB geht (vgl. dazu Rdnr. 606 ff.).

4. Leistungsverweigerung und Rücktritt nach § 321 Abs. 1 BGB

Nur der Vollständigkeit halber wird auf das Leistungsverweigerungsrecht   **560** nach § 321 Abs. 1 BGB und das Kündigungsrecht nach § 321 Abs. 2 BGB hingewiesen. Danach kann der Auftragnehmer seine Vorleistung **ver-weigern**, wenn nach Abschluss des Vertrages erkennbar wird, dass sein Werklohnanspruch durch mangelnde **Leistungsfähigkeit** des Auftragge-bers gefährdet wird. § 321 BGB betrifft also eine Situation, in der noch kein Zahlungsverzug oder andere Pflichtverletzungen vorliegen, in der aber Risiken hinsichtlich zukünftig entstehender Werklohnforderungen erkennbar werden.

Es kommt nach § 321 BGB nicht darauf an, wie sich die Vermögens-   **561** verhältnisse des Auftraggebers entwickeln, sondern vielmehr darauf, dass diese Entwicklung für andere **erkennbar** wird.

Der Auftragnehmer kann dem Auftraggeber eine angemessene Frist setzen, entweder Zug um Zug die Zahlungen zu erbringen oder aber

Sicherheit zu leisten. Nach Ablauf dieser Frist kann der Auftragnehmer nach § 321 Abs. 2 BGB vom Vertrag **zurücktreten**.

562   Mit dem nachgeschalteten Rücktrittsrecht nach § 321 Abs. 1 BGB ähnelt § 321 BGB in weiten Bereichen § 650f BGB, der allerdings nur für Bauverträge anwendbar ist. Deswegen wird § 321 BGB im Baubereich wahrscheinlich nur geringe Bedeutung entwickeln.

563   Im Vergleich zu § 650f BGB bietet § 321 BGB vor allem den **Vorteil**, dass der Auftragnehmer nach § 321 Abs. 1 BGB auch ohne vorherige Fristsetzung sofort die Arbeiten einstellen kann. Der Auftragnehmer ist allerdings in vollem Umfang dafür beweispflichtig, dass sein Anspruch auf den Werklohn gefährdet ist. Dazu dürfte es nicht reichen, dass beim Auftraggeber nur einzelne Verdachtsmerkmale auftreten, die auf finanzielle Probleme hindeuten. Diese Verdachtsmerkmale dürften nur im Ausnahmefall Rückschlüsse auf die Leistungsfähigkeit des Auftraggebers zulassen, so dass der Auftragnehmer regelmäßig die Gefährdung seines Anspruches nur schwer nachweisen kann.

5. Rücktritt nach § 323 BGB

564   **Hinweis:**
Der Auftragnehmer kann vom Vertrag zurücktreten, wenn
– der Auftraggeber eine fällige Zahlung nicht leistet und
– der Auftragnehmer dem Auftraggeber eine angemessene Nachfrist gesetzt hat (sofern nicht ausnahmsweise entbehrlich) und
– der Auftraggeber innerhalb dieser Frist nicht gezahlt hat.
(zu den abweichenden Regelungen der VOB/B vgl. unten Rdnr. 575 ff.)

565   In seinen Absätzen 2 und 4 beschreibt § 323 BGB Fallgestaltungen, in denen die Nachfristsetzung **entbehrlich** ist. Eine Nachfristsetzung ist danach entbehrlich, wenn

– der Auftraggeber die Zahlung ernsthaft und endgültig verweigert, § 323 Abs. 2 Nr. 1 BGB;

– der Auftraggeber die Zahlung innerhalb einer im Vertrag oder der Rechnung bestimmten Frist nicht leistet und der Auftragnehmer bereits im Vertrag sein Interesse am Fortbestand seines Vertrages an die Rechtzeitigkeit der Zahlung gebunden hat, § 323 Abs. 2 Nr. 2 BGB;

– besondere Umstände vorliegen, die unter Abwägung der beiderseitigen Interessen den sofortigen Rücktritt rechtfertigen, § 323 Abs. 2 Nr. 3 BGB.

– wenn offensichtlich ist, dass die Voraussetzungen des Rücktritts eintreten werden, § 323 Abs. 4 BGB.

Bei der Ermittlung der **angemessenen Frist** ist zwar grundsätzlich auf   **566** den Einzelfall abzustellen, doch ist anders als bei der Mängelbeseitigung die Art der vorzunehmenden Handlung einfach zu bestimmen: es geht nur um die Zahlung als solche. Da diese sehr einfach auszuführen ist und der Schuldner für seine Leistungsfähigkeit einstehen muss („Geld hat man zu haben"), kann auch eine sehr kurze Frist angemessen sein, in der Rechtsprechung wurde etwa in einem Fall eine Frist von vier Werktagen für ausreichend erklärt. Eine zu kurze Fristsetzung führt nur dazu, dass eine angemessene Frist beginnt und hat nicht die Unbeachtlichkeit der Fristsetzung zur Folge.

Nach § 325 BGB wird das Recht des Auftragnehmers, **Schadensersatz**   **567** zu verlangen, durch den Rücktritt nicht ausgeschlossen. Schadensersatzforderungen kann der Auftraggeber jedoch – anders als den Rücktritt – durch den Nachweis fehlenden **Verschuldens** abwehren. Das (vermutete) Verschulden als Anspruchsvoraussetzung von Schadensersatzansprüchen wird von §§ 323 ff. BGB nicht aufgehoben.

Wie das Zurückbehaltungsrecht nach § 273 BGB ist jedoch auch diese   **568** Vorgehensweise risikobehaftet, wenn der Auftraggeber Zurückbehaltungsrechte wegen Mängeln geltend macht oder die fehlende Prüffähigkeit einer Rechnung einwendet. Es ist daher regelmäßig zu überlegen, vorzugsweise nach § 650f BGB vorzugehen, vgl. dazu ausführlich unten Rdnr. 606 ff.

II. Ansprüche des Auftragnehmers bei VOB-Verträgen

Hinweis: **569**
Bei VOB-Verträgen hat der Auftragnehmer folgende Möglichkeiten, bei Zahlungsverzug des Auftraggebers vorzugehen:
– Verzugsschaden nach § 16 Abs. 5 Nr. 3 VOB/B;
– Arbeitseinstellung nach § 16 Abs. 5 Nr. 4 VOB/B;
– Kündigung nach § 9 VOB/B.

---

1. Verzugsschaden nach § 16 Abs. 5 Nr. 3 VOB/B

Für Verträge, bei denen die Geltung der VOB/B vereinbart ist, enthält   **570** § 16 Abs. 5 Nr. 3 VOB/B eine besondere Regelung über die Verzugszinsen. Danach hat der Auftragnehmer erst Anspruch auf Verzugszinsen bei verspäteter Zahlung von **Abschlagszahlungen** und **strittigen Schlusszahlungen**, wenn er dem Auftraggeber

- nach Fälligkeit
- erfolglos eine angemessene **Nachfrist** zur Zahlung gesetzt hat.

571 Eine angemessene **Nachfrist** liegt in der Regel bei 10 Werktagen. Setzt der Auftragnehmer eine zu kurze Frist, läuft anstelle der zu kurzen Frist eine (objektiv) angemessene Nachfrist an.

Eine Nachfrist ist entbehrlich, wenn sich der Auftraggeber ernsthaft weigert, die Forderung auszugleichen.

Der Auftraggeber kommt nach § 16 Abs. 5 Nr. 3 Satz 3 VOB/B auch dann in Verzug, wenn er eine Rechnung oder Abschlagszahlung 30 Tage nach Zugang (oder bei der nur ausnahmsweise zulässigen Vereinbarung einer längeren Frist) nicht zahlt.

572 Die **Höhe** der Verzugszinsen richtet sich nach § 288 Abs. 2 BGB und liegt damit bei Geschäften zwischen Unternehmern 9 Prozentpunkte über dem Basiszinssatz. Der Auftragnehmer hat jedoch auch die Möglichkeit, einen höheren Schaden nachzuweisen und diesen gegenüber dem Auftraggeber geltend zu machen.

573 Der Auftraggeber hat das Recht, gegenüber Abschlags- und Schlusszahlungen in gleicher Weise die ihm zustehenden Gegenansprüche wegen Mängeln, Verzugsschäden etc. geltend zu machen.

2. Arbeitseinstellung nach § 16 Abs. 5 Nr. 4 VOB/B

574 Die VOB/B trifft in § 16 Abs. 5 Nr. 4 VOB/B eine eigene und vom BGB abweichende Regelung. Danach kann der Auftragnehmer seine Arbeiten **einstellen**, wenn er

- einen fälligen Werklohnanspruch hat und
- der Auftraggeber bei Fälligkeit nicht bezahlt und
- ihm der Auftragnehmer eine angemessene Nachfrist gesetzt hat und
- diese erfolglos abgelaufen ist.

In der Praxis ist die Berechtigung einer solchen Arbeitseinstellung oft strittig. Rechtliche Aufhänger ist in der Regel, ob der Anspruch des Auftragnehmers fällig ist. Problematisch sind oft die notwendige prüffähige Abrechnung und entgegenstehende Mängelansprüche des Auftraggebers.

3. Kündigung nach § 9 VOB/B

Das Kündigungsrecht des Auftragnehmers nach § 9 VOB/B knüpft an 575
eine Vertragsverletzung des Auftraggebers an, nämlich eine dem Auftragnehmer zustehende, vom Auftraggeber aber nicht geleistete **fällige
Abschlagszahlung**. Die Voraussetzungen für einen fälligen Anspruch des
Auftragnehmers auf Abschlagszahlungen sind oben ausführlicher dargestellt (oben Rdnr. 505 ff.).

Leistet der Auftraggeber ein fällige Abschlagsrechnung nicht, kann der 576
Auftragnehmer kündigen, wenn er

— dem Auftraggeber eine **angemessene Frist** zur Zahlung gesetzt hat und

— **angekündigt** hat, nach fruchtlosem Fristablauf den Vertrag zu kündigen.

Bei der Ermittlung der angemessenen Frist ist zwar grundsätzlich auf 577
den Einzelfall abzustellen, doch ist anders als z.B. bei Mängeln die Art
der vorzunehmenden Handlung einfach zu bestimmen: es geht nur um
die Zahlung als solche. Da diese sehr einfach auszuführen ist und der
Schuldner für seine Leistungsfähigkeit einstehen muss („Geld hat man zu
haben"), kann auch eine sehr kurze Frist angemessen sein. Eine zu kurze
Fristsetzung führt nur dazu, dass eine angemessene Frist beginnt und hat
nicht die Unbeachtlichkeit der Fristsetzung zur Folge.

Die **Kündigungsandrohung** muss eindeutig sein. Formulierungen wie 578
„Wir behalten uns vor, nach Fristablauf die Möglichkeiten der VOB/B
auszuschöpfen" oder „Wir werden unserem Mandanten nach Fristablauf
raten, den Vertrag zu kündigen" reichen nicht aus!

Nach Fristablauf kann der Auftragnehmer den Vertrag kündigen. Auch 579
hier empfiehlt sich eine eindeutige Formulierung des Kündigungsschrei-
bens. So könnte z.B. die Formulierung „Wegen Ihres Zahlungsverzuges
werde ich keine weiteren Leistungen mehr ausführen" als Geltendmachung
eines Zurückbehaltungsrechtes ausgelegt werden.

4. Abrechnung des vorzeitig gekündigten Vertrages

Bei der Abrechnung des vorzeitig ordentlich gekündigten Vertrages ist 580
unabhängig von der Art der vereinbarten Vergütung zwischen nicht erbrachten und erbrachten Leistungen zu differenzieren.

Für erbrachte Leistungen erhält der Auftragnehmer die vereinbarte
Vergütung, für nicht erbrachte Leistungen steht dem Auftragnehmer nach
§§ 642 BGB bzw. 9 Abs. 3 VOB/B eine angemessene Vergütung zu.

Bei einem **Einheitspreisvertrag** ist die vereinbarte Vergütung für er- 581
brachte Leistungen auf der Grundlage eines Aufmaßes einfach zu ermit-

teln. Das Mengengerüst für nicht erbrachte Leistungen ergibt sich aus den beauftragten Leistungen, wie sie sich aus Leistungsverzeichnis oder Planungsunterlagen ergeben.

582   Die Abrechnung eines vorzeitig gekündigten **Pauschalpreisvertrages** ist hingegen komplexer. Insbesondere ist bei der gesamten Abrechnung der vereinbarte Pauschalnachlass zu berücksichtigen.

7. Teil
Sicherheiten

I. Sicherung des Werklohnes

Beim Werkvertrag ist der Auftragnehmer **vorleistungspflichtig**. Nach **583** dem Grundsatz „Erst die Leistung, dann das Geld" muss er seine Leistungen erbringen und kann erst im Nachhinein seinen Werklohn geltend machen. Wirtschaftlich trägt er damit das Risiko, dass der Auftraggeber die erbrachten Leistungen nicht bezahlen kann. Wie kann sich der Auftragnehmer davor **sichern**, nach erbrachter Leistung leer auszugehen?

Der Gesetzgeber hat dem Auftragnehmer für seine Absicherung zwei **584** **gesetzliche Möglichkeiten** eröffnet. Der Auftragnehmer kann entweder nach § 650e BGB eine Bauhandwerkersicherungshypothek in das Grundbuch des Baugrundstückes eintragen lassen oder aber nach § 650f BGB eine andere Sicherheit vom Auftraggeber verlangen.

Für den Fall, dass dem Auftragnehmer eine Verschlechterung der **585** Vermögenslage des Auftraggebers bekannt wird, hat er außerdem nach § 321 BGB die Möglichkeit, Sicherheit zu verlangen oder den Vertrag zu kündigen.

Daneben gibt es natürlich auch die Möglichkeit, dass der Auftragneh- **586** mer **vertraglich** Sicherheiten vereinbart. Auch hierauf soll kurz eingegangen werden.

1. Gesetzliche Möglichkeiten

a) Nach- und Vorteile der gesetzlichen Sicherungsmöglichkeiten nach §§ 650e, 650f BGB

Die Vor- und Nachteile der beiden gesetzlichen Sicherungsmöglichkeiten **587** sind in der Tabelle kurz zusammengefasst:

	Sicherungshypothek, §650e BGB	§650f BGB
Vorteile	Sicherung nicht kündbar bei Verschlechterung der Vermögensverhältnisse des Auftraggeber	Nicht nachrangig gegenüber anderen Gläubigern
	Selbstständig durchzusetzen, ggf. durch Einstweilige Verfügung	bei Verweigerung die Wahlmöglichkeit der Arbeitseinstellung oder Vertragsbeendigung
	Insolvenzfestigkeit	Selbständig durchzusetzen durch Klage
		Auch für Werklohn betreffend noch nicht erbrachte Leistungen
Nachteile	In der Regel nachrangig gegenüber anderen Gläubigern und daher wirtschaftlich oft wertlos	teilweise Kündigungsmöglichkeit bei Vermögensverschlechterung des Auftraggeber zulässig
	Durchsetzung nur für Vormerkung unkompliziert möglich	
	Für Werklohn nur betreffend erbrachte Leistungen	

b) Bauhandwerkersicherungshypothek nach § 650e BGB

588

Hinweis:
Der Auftragnehmer kann vom Auftraggeber die Eintragung einer Sicherungshypothek verlangen, wenn folgende Voraussetzungen vorliegen:
– zwischen Auftragnehmer und Auftraggeber besteht ein **Bauvertrag i.S.d. §650a BGB oder ein Architekten- und Ingenieurvertrag i.S.d. §650p BGB**;
– der Auftragnehmer hat einen **Anspruch** wegen dieser Arbeiten;
– die Sicherheit soll am **Baugrundstück** eingetragen werden;
– der Auftraggeber ist **Eigentümer** des Baugrundstückes.

589 Durch die Bauhandwerkersicherungshypothek kann der Auftragnehmer eine Sicherung an dem Grundstück erhalten, auf dem er seine Arbeiten ausführt.

Ist der Auftragnehmer durch eine solche Bauhandwerkersicherungshypothek gesichert, kann er später versuchen, durch **Verwertung** dieser Sicherheit seine Werklohnansprüche zu realisieren. Dabei wird er oft feststellen, dass andere Gläubiger ihm gegenüber vorrangig gesichert sind, insbesondere **Banken** sind regelmäßig durch erstrangige Grundpfandrechte gesichert. Die Sicherheit ist in solchen Fällen wirtschaftlich mehr oder weniger wertlos. Ist vorrangig eine **Auflassungsvormerkung** zugunsten eines Dritten eingetragen, hat dieser Dritte Anspruch auf Übertragung des Eigentums am Baugrundstück und kann bei Vollzug des Eigentumswechsels verlangen, dass die Sicherungshypothek gelöscht wird. Allerdings ist eine solche Eintragung dann für den Auftraggeber hinderlich, wenn er erst nach ihrer Eintragung das betroffene Grundstück oder die betroffene Wohnung verkaufen will.

Die Verwertung der Sicherungshypothek erfolgt durch **Zwangsver-** 590
steigerung und Aufteilung des Versteigerungserlöses. Voraussetzung ist jedoch, dass der Auftragnehmer einen durchsetzbaren Titel für die Werklohnforderung selber hat.

aa) Bauvertrag

Zwischen dem Auftraggeber und dem Auftragnehmer muss ein **Bauver-** 591
trag i.S.d. § 650a BGB bestehen. Ansprüche aus Dienstverträgen, Kaufverträgen etc. können nicht nach § 650e BGB gesichert werden. Auf die Abgrenzung dieser Vertragsarten wird oben eingegangen (zum Begriff Bauvertrag vgl. Rdnr. 22).

bb) Architekten- und Ingenieurvertrag

Nach § 650q Abs. 1 BGB gilt die Vorschrift des § 650e BGB auch für Ar- 592
chitekten- und Ingenieurverträge i.S.d. § 650q BGB. Dies sind Verträge, bei denen sich der Auftragnehmer verpflichtet, Planungs- oder Überwachungsleistungen für die Planung und Ausführung eines Bauwerks oder einer Außenanlage zu erbringen. oder zumindest Teilen davon dienen.

Näheres zu dem Begriff des Architekten- und Ingenieurvertrages 593
i.S.d. § 650q BGB ist unter Rdnr. 786b erläutert.

Der Auftragnehmer muss mit den Arbeiten **begonnen** haben. Es reicht 594
nicht aus, dass der Auftragnehmer lediglich vorbereitende Maßnahmen getroffen hat, wie z.B. das Aufstellen eines Bauzaunes oder Vorbereitungen für die Erstellung der Planung.

cc) Zu sichernder Anspruch

Die zu sichernde Forderung muss dem **Grunde** nach aus dem Bauvertrag 595
bzw. dem Architekten- oder dem Ingenieurvertrag rühren. Neben den

vertraglichen Ansprüchen des Auftragnehmers auf Werklohn kann er auch andere Ansprüche sichern, so z.b. Entschädigungsansprüche aus § 642 BGB und Ansprüche wegen ordentlicher Kündigung nach § 648 BGB.

596   Der **Höhe** nach muss sich der Auftragnehmer ggf. Gegenansprüche des Auftraggebers anrechnen lassen, insbesondere haben **Mängel** der Leistung zur Folge, dass insoweit keine Sicherung erfolgen kann.

Der Anspruch muss noch **nicht fällig** sein. Deswegen kann der Auftragnehmer auch noch nicht fällige Werklohnteile wie den Sicherheitseinbehalt durch eine Sicherungshypothek absichern.

597   Ist der Auftragnehmer bereits **in anderer Weise gesichert**, kann er keinen Anspruch mehr aus § 650e BGB geltend machen. Dabei kommt es nicht darauf an, ob die Sicherung des Auftragnehmers auf einem gesetzlichen oder einem vertraglichen Anspruch beruht.

598   Ist das Bauwerk nur **teilweise** vollendet, kann der Auftragnehmer die Einräumung der Sicherungshypothek für einen der geleisteten Arbeit entsprechenden Teil der Vergütung und für die in der Vergütung nicht inbegriffenen Auslagen verlangen, § 650e Abs. 1 S. 2 BGB.

dd) Baugrundstück im Eigentum des Auftraggeber

599   Das **Baugrundstück** ist das Grundstück, auf dem die Arbeiten durchgeführt werden. Maßgeblich ist dabei grundsätzlich die Beschreibung des Grundstückes im Grundbuch bei Beginn der Arbeiten. Spätere Verkleinerungen führen allenfalls dazu, dass der Auftragnehmer auch ein Sicherungsrecht hinsichtlich der abgeteilten Grundstücksteile hat.

600   Dieses Baugrundstück muss im **Eigentum** des Auftraggebers sein. Deswegen haben z.B. **Subunternehmer** keinen Anspruch gegen ihren Auftraggeber auf Eintragung einer Sicherungshypothek.

Auftraggeber und Eigentümer müssen also **personenidentisch** sein. Eine **Ausnahme** kommt nur ganz ausnahmsweise in Frage. Nach der Rechtsprechung reicht es aus, wenn der Eigentümer den Auftraggeber beherrscht und durch die Werkleistung in die Lage versetzt wird, sein Grundstück in erhöhtem Maße zu nutzen. Eine typische Konstellation für eine solche Ausnahme liegt vor, wenn der Eigentümer der einzige Gesellschafter einer GmbH ist, die ihr Grundstück an eine GmbH & Co KG vermietet hat. Wenn diese GmbH & Co KG auftritt, profitiert die GmbH ganz wesentlich wirtschaftlich von der Bauleistung. Es wäre wegen der engen gesellschaftsrechtlichen und wirtschaftlichen Verknüpfungen treuwidrig, wenn sich der Eigentümer des Grundstückes auf die fehlende Identität berufen dürfte.

ee) Verzicht auf die Rechte aus § 650e BGB

Der Auftragnehmer kann auf seine Sicherungsmöglichkeit aus § 650e BGB   **601**
verzichten, allerdings nur in **Individualvereinbarungen**. Ein in AGB
enthaltener Verzicht ist unwirksam, sofern er dem Auftragnehmer nicht
andere Sicherheiten gibt.

Ein wirksam vereinbarter Verzicht auf die Rechte aus § 650e BGB
wird **hinfällig**, wenn sich die Vermögensverhältnisse des Auftraggeber
wesentlich verschlechtern.

ff) Prozessuale Durchsetzung

Ist der Auftraggeber **freiwillig** bereit, dem Auftragnehmer die verlangte   **602**
Sicherheit zu geben, so kann er dies grundsätzlich formlos erklären. Einer
besonderen Vereinbarung bedarf es nicht. Damit die Sicherungshypothek
eingetragen werden kann, muss allerdings die von der Grundbuchord-
nung, § 29 GBO, verlangte **Form** eingehalten werden. Die Einwilligung
des Auftraggebers muss daher **notariell beglaubigt** werden.

Wenn der Auftraggeber die Sicherungshypothek nicht freiwillig eintra-   **603**
gen lässt, könnte der Auftragnehmer die Sicherheit in einem Prozess einfordern. Dies ist für den Auftragnehmer jedoch in der Regel nicht sinnvoll,
da er ggf. in der gleichen Zeit auch den Werklohn selber einklagen könnte.

Der Auftragnehmer kann sich jedoch ohne langwierigen Prozess eine
Sicherheit verschaffen, indem er durch eine **einstweilige Verfügung** eine
Vormerkung eintragen lässt. In einem solchen Verfahren muss der Auftragnehmer als Antragsteller glaubhaft machen, dass er einen Anspruch
darauf hat, eine Sicherungshypothek zu erhalten.

Mittel der Glaubhaftmachung sind:

– eidesstattliche Erklärungen

– im Termin anwesende Zeugen

– Urkunden.

Der Auftraggeber wiederum kann etwaige **Gegenansprüche** – insbe-   **604**
sondere wegen **Mängeln** – geltend machen und so die Eintragung der
Vormerkung **verhindern**. Auch insoweit reicht die **Glaubhaftmachung**.

gg) Insolvenzfestigkeit

Hat der Auftragnehmer eine Sicherungshypothek oder eine Vormerkung   **605**
eintragen lassen, behält er dieses Sicherungsrecht auch, wenn über das
Vermögen des Auftraggebers das **Insolvenzverfahren** eröffnet wird. Der
Auftragnehmer hat nur dann das Nachsehen, wenn das Recht zum Zeitpunkt der Eröffnung des Insolvenzverfahrens noch nicht eingetragen war.

Hat der Auftragnehmer nur eine **Vormerkung** eintragen lassen, kann er auch vom Insolvenzverwalter die Eintragung einer Sicherungshypothek verlangen und diesen Anspruch notfalls klageweise durchsetzen. Dieser Anspruch besteht – wie allgemein bei der Sicherungshypothek – nur dann, wenn der Auftragnehmer einen zu sichernden Anspruch hat und nur in Höhe dieses Anspruches.

c) § 650f BGB

606   Oben sind die Vor- und Nachteile der Sicherungsmöglichkeiten nach §§ 650e und 650f BGB dargestellt. Für die Sicherungshypothek wird dort darauf hingewiesen, dass sie nur nachrangig gegenüber anderen eingetragenen Rechten (z.B. Auflassungsvormerkungen, Grundschulden) ist und daher wirtschaftlich oft wertlos ist. Außerdem kann sie (von wenigen Ausnahmen abgesehen) nur von einem Auftraggeber verlangt werden, der auch Eigentümer des Baugrundstückes ist. Diese in der Praxis sehr erheblichen Nachteile hat die Sicherung nach § 650f BGB nicht. Außerdem kann der Auftragnehmer mit ihr alle aus einem Bauvertrag rührenden Werklohnansprüche absichern lassen, also auch soweit Leistungen noch gar nicht oder mangelhaft erbracht sind.

607   In der nachfolgenden Graphik ist dargestellt, wie zu prüfen ist, ob ein Auftragnehmer einen Anspruch aus § 650f BGB hat oder nicht:

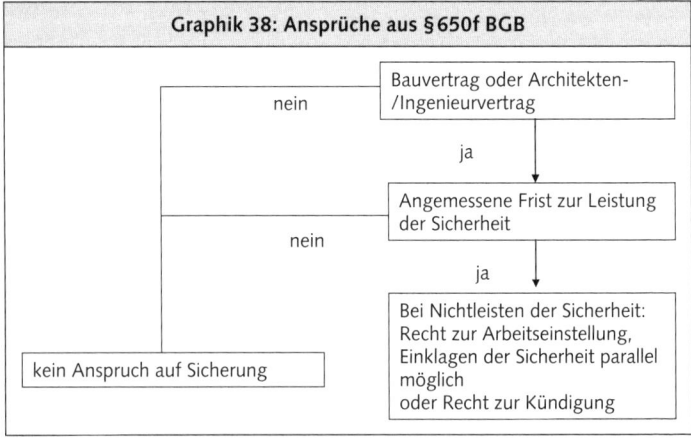

608   Um eine Sicherheit nach § 650f BGB zu bekommen, muss der Auftragnehmer dem Auftraggeber eine **Frist** setzen und die Sicherheit **verlangen**. Dabei muss der Auftragnehmer vor allem mitteilen, in welcher **Höhe** er

Sicherheit geltend macht. Fordert der Auftragnehmer eine zu hohe Sicherheit, darf der Auftraggeber die Sicherheit nicht insgesamt verweigern, sondern muss sie in der Höhe leisten, die nach seiner Auffassung richtig ist. Deswegen ist dem Auftragnehmer zu raten, dass er dem Auftraggeber Anhaltspunkte für die Berechnung der geforderten Bürgschaft gibt.

Die Sicherheit kann auch noch nach **Abnahme** der Leistungen verlangt werden, so ausdrücklich § 650f Abs. 1 S. 3 BGB.

Auch **Mängel** geben dem Auftraggeber nicht die Möglichkeit, dem Auftragnehmer keine oder nur eine geminderte Sicherheit zu geben. **Erhaltene Abschlagszahlungen** oder andere **Erfüllungssicherheiten** sind allerdings zugunsten des Auftraggebers zu berücksichtigen. Nur soweit der Werklohnanspruch durch **Aufrechnung** (allerdings nur bei unstreitiger oder rechtskräftig festgestellter Gegenforderung) oder aufgrund einer **Minderung** endgültig erloschen ist, besteht kein zu sichernder Anspruch mehr und der Auftragnehmer kann insoweit keine Sicherheit mehr fordern. **609**

Kosten für die Sicherheit bis maximal 2 % p.a. der Sicherheitssumme muss der Auftragnehmer tragen. Darüber hinaus gehende Kosten trägt der Auftraggeber. **610**

Es bleibt dem Auftraggeber überlassen, für welche **Art der Sicherheit** er sich entscheidet. Die üblichste Sicherheit ist die Bürgschaft. Ihm stehen außerdem als zulässige Sicherungsmittel nach § 232 BGB u.a. die Verpfändung von Forderungen oder beweglichen Gegenständen zur Verfügung.

§ 650f Abs. 1 Satz 5 BGB eröffnet dem Sicherungsgeber die Möglichkeit, seine Sicherheit mit dem **Vorbehalt** zu versehen, sie zu **widerrufen**, wenn sich die Vermögensverhältnisse des Bauherren verschlechtern. Dieser Widerruf greift jedoch nicht rückwirkend. Bis zum Widerruf erbrachte Leistungen sind also auf jeden Fall abgesichert. **611**

Der Auftragnehmer muss dem Auftraggeber eine angemessene Frist zur Stellung der Bürgschaft setzen. Als **angemessene Frist** sind in der Regel 10 Tage anzusehen, allerdings kann im Einzelfall eine längere Frist notwendig sein. **612**

Nach Ablauf der Frist darf der Auftragnehmer die Arbeiten einstellen oder den Vertrag kündigen. Während der **Arbeitseinstellung** kann der Auftragnehmer die **Sicherheit einklagen**, er muss dies aber nicht tun. Leistungen muss der Auftragnehmer währenddessen nicht erbringen, auch nicht etwa zur Beseitigung von **Mängeln**. Daher kann ihm der Auftraggeber während der Arbeitseinstellung auch nicht den Vertrag entziehen.

Nach einer eventuellen **Kündigung** kann der Bauunternehmer die erbrachten Leistungen abrechnen und für die noch nicht ausgeführten Leistungen **entgangenen Gewinn** geltend machen. Für die Höhe des entgangenen Gewinnes greift eine gesetzliche Vermutung ein: Kann nicht eine **613**

Seite (egal ob Auftraggeber oder Auftragnehmer) etwas anderes beweisen, wird dessen Höhe mit **5 %** vermutet. Voraussetzung für die Abrechnung ist mindestens ein ordnungsgemäßes Aufmaß der ausgeführten Leistungen. Um Problemen vorzubeugen, sollte der Bauunternehmer ein Aufmaß durchführen, sobald er die Sicherheit fordert, bei erkennbar schwierigen Bauherren auch vorher. Es ist leider so, dass Bauunternehmer schlechte Aussichten haben, ihren Werklohnanspruch durchzusetzen, wenn ihnen der Bauherr widerrechtlich untersagt, ein Aufmaß zu erstellen. Bei Pauschalverträgen kann sich die Abrechnung etwas schwieriger gestalten, in diesem Fall sind bei der Ermittlung des Werklohnes wie des entgangenen Gewinnes Pauschalpreisnachlässe zu berücksichtigen.

614 Der Auftragnehmer kann auf den Sicherungsanspruch **nicht verzichten**, § 650f Abs. 7 BGB. Dabei spielt es keine Rolle, ob ein entsprechender Verzicht in AGB oder in Individualvereinbarungen enthalten ist.

615 Die Regelung des § 650f BGB gilt nicht bei Verträgen mit Verbrauchern, wenn es sich um einen Verbraucherbauvertrag nach § 650i BGB oder einen Bauträgervertrag nach § 650u BGB handelt, und öffentliche Auftraggebern, § 650f Abs. 6 BGB.

d) § 321 BGB

616 Wenn erkennbar wird, dass der Anspruch des vorleistungspflichtigen Schuldners **gefährdet** ist, greift § 321 BGB ein, der oben in Rdnr. 560 ff. näher dargestellt ist. Wann diese mangelnde Leistungsfähigkeit entstanden ist, ist dabei unerheblich.

Nach § 321 Abs. 2 S. 1 BGB kann der Gläubiger unter Setzung einer Frist verlangen, dass der Schuldner entweder Zahlung leistet oder eine Sicherheit stellt. Dabei muss der Gläubiger seine Leistung Zug um Zug gegen die Zahlung bzw. Sicherheitsleistung des Schuldners anbieten.

Kommt der Schuldner dem Verlangen des Gläubigers innerhalb der gesetzten Frist nicht nach, kann der Gläubiger vom Vertrag zurücktreten, § 321 Abs. 2 S. 2 BGB.

Weil der Auftragnehmer für die Voraussetzungen der Sicherheit – und insbesondere die Gefährdung seines Anspruches – beweispflichtig ist, hat diese Regelung wegen der deutlich einfacheren Sicherungsmöglichkeit nach § 650f BGB kaum praktische Bedeutung.

2. Vertragliche Möglichkeiten

617 Eine vom Auftraggeber zu stellende Sicherheit setzt – außer in den gesetzlich geregelten Fällen – eine entsprechende **Vereinbarung** voraus.

Die Vereinbarung einer Sicherheit kann auch in **Allgemeinen Ge-schäftsbedingungen** vorgesehen werden (BGH v. 27.5.2010, VII ZR 165/09). Für **Verbraucherbauverträge** ist die Begrenzung der Höhe nach in § 650m Abs. 4 BGB zu beachten.

Diese Vereinbarung muss **Zeitpunkt, Art**, und **Höhe** der vom Auftrag-   618
geber zu stellenden Sicherheit regeln. Außerdem muss vereinbart werden, wann der Auftragnehmer die Sicherheit zurückzugeben hat.

Da es sich um eine Vereinbarung handelt, stehen den Vertragspartnern   619
– sofern nichts anderes vereinbart ist – alle möglichen **Arten der Sicherheit** offen, insbesondere die in § 232 BGB gesetzlich geregelten, nämlich im Wesentlichen durch Verpfändung beweglicher Sachen, durch Bestellung von Hypotheken an inländischen Grundstücken, durch Verpfändung von Forderungen, für die eine Hypothek an einem inländischen Grundstücke besteht, oder durch Verpfändung von Grundschulden oder Rentenschulden an inländischen Grundstücken. Das Gesetz lässt ausnahmsweise auch die Stellung eines Bürgen zu, § 232 Abs. 2 BGB.

Dabei dürfte in der Praxis die **Bürgschaft** das häufigste Sicherungs-   620
mittel sein. In der Bürgschaft verpflichtet sich der Bürge, gegenüber dem Auftragnehmer als Gläubiger des Auftraggebers für die Erfüllung der Zahlungsverpflichtung des Auftraggebers als Schuldner einzustehen. Die Vertragsbeziehungen zwischen Bürge, Auftragnehmer und Auftraggeber sind unten in Rdnr. 637 graphisch dargestellt.

Um die Durchsetzbarkeit der Bürgschaftsforderung zu erleichtern,   621
sollte der Auftragnehmer immer eine **selbstschuldnerische** Bürgschaft fordern. Tut er dies nicht, muss der Auftragnehmer – außer in den genau geregelten Fällen des § 773 BGB – erst bei dem Auftraggeber vollstrecken, bevor er die Bürgschaft in Anspruch nehmen muss. Da die Vollstreckung einen (gewonnenen) Prozess voraussetzt, bedeutet dies für den Auftrag-nehmer einen großen Zeitverlust.

II. Sicherheiten zugunsten des Auftraggebers

Weitaus üblicher als Sicherheiten zugunsten des Auftragnehmers sind   622
Sicherheiten zugunsten des Auftraggebers.

Anders als der Auftragnehmer hat der Auftraggeber jedoch **keinen gesetzlichen Anspruch** auf Sicherheiten – einzige Ausnahme ist der Siche-rungsanspruch von Verbrauchern bei **Verbraucherbauverträgen**, § 650m Abs. 2 BGB. Der Auftraggeber kann abgesehen von dieser Ausnahme nur dann eine Sicherheit vom Auftragnehmer verlangen, wenn dies **vertrag-lich vereinbart** ist.

623 In ihrem Vertrag müssen die Vertragspartner also festlegen, dass der Auftragnehmer eine Sicherheit zu stellen hat und müssen dabei **Zeitpunkt, Art** und **Höhe** der Sicherheitsleistung bestimmen. Diese vertragliche Festlegung wird auch als **Sicherungsvereinbarung** bezeichnet. Die VOB/B hält für eine solche Vereinbarung in § 17 VOB/B wichtige Zusatzregelungen bereit, vgl. unten Rdnr. 642 ff.

624 Ganz häufig vereinbaren die Vertragspartner **Bar-Sicherheitseinbehalte**. Aufgrund solcher Vereinbarungen kann der Auftraggeber in der Regel 10 % der Abschlagszahlungen und 5 % der Schlusszahlung einbehalten. § 9 Abs. 7 und 8 **VOB/A** enthalten besondere Vorgaben für öffentliche Auftraggeber.

625 Üblicherweise wird dem Auftragnehmer die Möglichkeit gegeben, den Sicherheitseinbehalt zu vermeiden, indem er dem Auftraggeber eine andere Sicherheit gibt. Die in solchen Fällen fast ausschließlich übliche Art der Sicherheitsleistung ist dabei die **Bürgschaft**.

1. Sicherheit bei Verbraucherbauverträgen

626 Bei **Verbraucherverträgen** i.S.d. § 650i Abs. 1 BGB kann der Verbraucher nach § 650m Abs. 2 BGB für den Fall, dass der Auftragnehmer Abschlagsrechnungen stellen will, vor der Zahlung der ersten Abschlagsrechnung eine Sicherheit verlangen. Inhaltlich muss diese Sicherheit den Anspruch auf die rechtzeitige Herstellung des Werks ohne wesentliche Mangel abdecken. Die Höhe der Sicherheit beträgt 5 % der vereinbarten Gesamtvergütung.

627 Eine Sicherheit muss dann nicht übergeben werden, wenn der Auftragnehmer **keine Abschlagszahlungen** verlangt.

Im Regelfall wird der Auftragnehmer eine **Bürgschaft** übergeben. Er kann jedoch auch eine andere Art der Sicherheit wählen, etwa durch **Einbehalt** von den Abschlagsrechnungen, § 650m Abs. 2 S. 3 BGB.

628 Erhöht sich später der Werklohnanspruch durch Vertragsänderungen um mehr als 10 %, so ist dem Auftraggeber eine zusätzliche Sicherheit in Höhe von 5 % des gesamten zusätzlichen Werklohnanspruches zu übergeben.

629 Übergibt der Auftragnehmer die Sicherheit nicht, so darf der Auftraggeber die Abschlagszahlung verweigern und bis zur Sicherheitsleistung zurückhalten, ganz unabhängig wie hoch die aufgelaufenen Abschlagsrechnungen sind. Eine Sicherheit durch Einbehalt muss der Auftragnehmer ausdrücklich verlangen, der Auftraggeber darf sie also nicht von sich aus vornehmen.

Die Sicherheit ist vom Auftraggeber **zurückzugeben**, wenn der Auf- 630
tragnehmer den Vertrag erfüllt hat, also die Bauleistung ausgeführt hat
und keine zu beseitigenden Mängel mehr vorhanden sind.

2. Sicherheitseinbehalte

Bei entsprechender vertraglicher Vereinbarung kann der Auftraggeber 631
einen Teil des Werklohnes des Auftragnehmers für die Sicherheiten einbehalten.

Da es sich um eine Abweichung vom gesetzlichen Leitbild handelt, muss
die Vereinbarung **eindeutig** sein. Es muss also insbesondere geregelt sein,
in welcher Höhe und wie lange der Auftraggeber die Gelder zurückbehalten kann. Weil der Auftragnehmer nach dem Gesetz Anspruch auf seine
Vergütung hat, wenn die Leistung erbracht ist, sind der Vereinbarung von
Einbehalten Grenzen gesetzt.

So ist eine Vereinbarung in AGB unwirksam, die vom Auftragnehmer
sowohl eine Erfüllungssicherheit von 10 % verlangt als auch eine Auszahlung der Abschlagsrechnungen in Höhe von nur 90 % vorsieht (BGH
v. 9.12.2010, VII ZR 7/10).

a) Ablösung durch andere Sicherheiten

Nur wenn im Vertrag etwas Entsprechendes vereinbart ist, kann der Auf- 632
tragnehmer einen Sicherheitseinbehalt durch andere Sicherheiten **ablösen**.
Die VOB/B beispielsweise sieht in § 17 Abs. 3 VOB/B eine solche Ablösung
vor.

Der Auftragnehmer sollte im eigenen Interesse darauf bestehen, dass
ihm die Möglichkeit der Ablösung gegeben wird. Außerdem sollte der
Vertrag vorsehen, dass der Auftraggeber **Bar-Sicherheitseinbehalte** auf
Verlangen des Auftragnehmers hinterlegen muss. Anderenfalls droht dem
Auftragnehmer bei **Insolvenz** des Auftraggebers der völlige Verlust seiner
einbehaltenen Gelder.

b) Auszahlung

Wenn vereinbart ist, dass der Auftraggeber den Werklohn des Auftrag- 633
nehmer bis zur Erfüllung der gesicherten Ansprüche oder bis zur Stellung
einer anderen Sicherheit zurückbehalten darf, so ist dies eine **verjährungs-
hemmende** Vereinbarung im Sinne des § 205 BGB. Der Auftragnehmer
muss also nicht befürchten, dass sein Zahlungsanspruch vor Ablauf der
Gewährleistungsfrist verjährt. Diese Befürchtung würde naheliegen, da
die Verjährungsfrist für den Zahlungsanspruch drei Jahre beträgt, die Verjährungsfrist für Mängelansprüche aber bis zu fünf Jahre betragen kann.

634   Spätestens mit Ablauf der Gewährleistungsfrist muss der Auftraggeber in solchen Fällen den einbehaltenen Werklohn auszahlen. Er hat allenfalls noch die Möglichkeit, gegen diesen Anspruch aufzurechnen. Voraussetzung hierfür ist jedoch, dass seine Ansprüche, mit denen er gegen den Werklohnanspruch aufrechnen will, vor dem Ende der Verjährungsfrist fällig geworden sind.

Auch nach Ende der Gewährleistungszeit darf sich der Auftraggeber allerdings auf Mängel berufen, die er vor Ablauf der Gewährleistungsfrist entdeckt hat, auch ohne dass eine Anzeige beim Auftragnehmer erfolgt ist (BGH v. 05.11.2015, VII ZR 144/14). Für solche Mängel kann der Auftraggeber auch einen Sicherheitseinbehalt heranziehen.

c) Rückgabe

635   Es ist beiden Vertragspartnern dringend anzuraten, genau festzulegen, wann der Auftraggeber die erhaltenen Sicherheiten zurückgeben muss. Es ist dabei im Interesse des **Auftraggebers**, eine Sicherheit mindestens bis zur Verjährung der gesicherten Ansprüche zu behalten. Sofern bei Ablauf der Gewährleistungsfrist noch gesicherte Ansprüche offen sind und auch nicht verjähren (z.B. weil eine Klage anhängig ist), sollte der Auftraggeber Wert darauf legen, die Sicherheit weiterhin in Anspruch nehmen zu dürfen. Der **Auftragnehmer** hingegen sollte darauf achten, dass der Auftraggeber nicht doppelt gesichert ist (z.B. durch Vertragserfüllungs- und Gewährleistungssicherheit) und dass er die Sicherheiten spätestens mit Verjährung der gesicherten Ansprüche zurückerhält.

3. Besonderheiten der Bürgschaft

636   Bei der **Bürgschaft** verpflichtet sich der Bürge gegenüber dem Auftraggeber als Gläubiger, für die Zahlungsverpflichtung des Schuldners, also des Auftragnehmers, einzustehen. Der Bürge muss also an der Stelle des Schuldners zahlen. In der nächsten Graphik werden die Rechtsverhältnisse zwischen den Beteiligten Personen dargestellt. In diesem Abschnitt werden, im Unterschied zum sonst verfolgten Konzept dieses Buch, nicht die Begriffe Auftragnehmer und Auftraggeber verwendet, sondern die im Bürgschaftsrecht üblichen Bezeichnungen Bürge, Schuldner und Gläubiger. Die **Graphik** dient dazu, die jeweilig bezeichnete Person kenntlich zu machen.

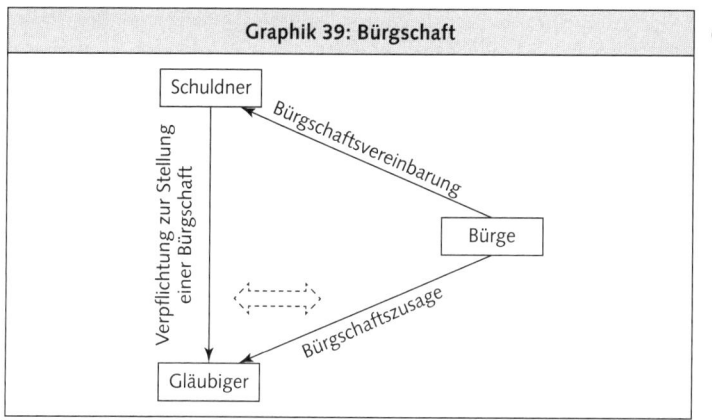

Graphik 39: Bürgschaft 637

Schuldner

Bürgschaftsvereinbarung

Verpflichtung zur Stellung einer Bürgschaft

Bürge

Bürgschaftszusage

Gläubiger

Bei der Bürgschaft kann der Bürge die Zahlung verweigern, wenn die ge- 638
sicherte Forderung nicht besteht. Wenn der Bürge nicht zahlt, kann ihn der
Gläubiger verklagen. In diesem Prozess muss der Gläubiger beweisen, dass
sein Anspruch besteht. Macht der Auftraggeber beispielsweise die Kosten
einer Selbstvornahme nach § 637 BGB geltend, muss er im Prozess gegen
den Bürgen beweisen, dass ein Mangel vorlag, dass er dem Auftragnehmer
eine angemessene Frist gesetzt hat, dass die Aufwendungen erforderlich
waren etc.

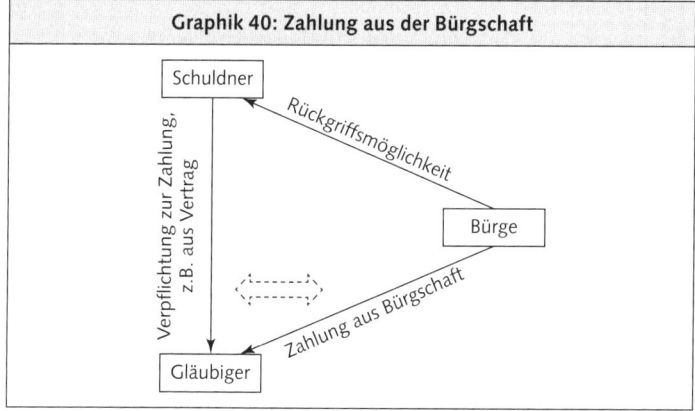

Graphik 40: Zahlung aus der Bürgschaft

Schuldner

Rückgriffsmöglichkeit

Verpflichtung zur Zahlung, z.B. aus Vertrag

Bürge

Zahlung aus Bürgschaft

Gläubiger

639 Der Vorteil einer Bürgschaft besteht für den Gläubiger vor allem darin, dass neben dem Schuldner auch der Bürge für seinen Anspruch haftet. Hat der Gläubiger etwa eine Bankbürgschaft erhalten, braucht er sich um die **wirtschaftliche Durchsetzbarkeit** seines Anspruches keine Gedanken zu machen. Dennoch kann es mühsam und zeitaufwendig sein, die Bürgschaft in Anspruch zu nehmen.

640 Zahlt der Bürge an den Gläubiger, so kann er bei dem Schuldner Rückgriff nehmen. Banken zum Beispiel sorgen für diesen Fall vor und lassen sich Sicherheiten einräumen. Hat der Bürge keine Sicherheiten, muss er die von ihm bezahlte und auf ihn übergegangene Forderung ggf. gerichtlich beim Schuldner einfordern.

641 Der Anspruch aus einer Bürgschaft **verjährt selbständig**, und zwar in drei Jahren. Die Verjährung beginnt mit der Fälligkeit der Hauptforderung. Entsteht etwa ein abgesicherter Anspruch früh innerhalb einer fünfjährigen Gewährleistung, verjährt der Anspruch aus der Bürgschaft schon vor Ablauf der Gewährleistungsfrist (BGH v. 11.9.2012, XI ZR 56/11). Das Gleiche kann passieren, wenn der Auftraggeber den Auftragnehmer verklagt, aber den Bürgen nicht in das Klageverfahren einbezieht. Das bedeutet, dass der Auftraggeber diese Verjährung genau verfolgen und ggf. für eine Hemmung im Verhältnis zum Bürgen sorgen muss.

4. Besonderheiten bei Vereinbarung der VOB/B

642 Die VOB/B enthält in § 17 VOB/B eine Reihe von Regelungen zu Sicherheiten. Damit diese Vorschrift eingreift, muss aber im Vertrag festgelegt sein, dass der Auftragnehmer dem Auftraggeber eine Sicherheit stellen muss. Die VOB/B enthält also nur Regelungen „wie" mit einer Sicherheit umzugehen ist, nicht aber „ob" eine Sicherheit zu leisten ist.

643 So ist dort vorgesehen, dass der **Auftragnehmer** die Wahl hat, wie er Sicherheit leistet und dass er einen Bar-Einbehalt durch eine Bürgschaft ablösen kann, § 17 Abs. 3 VOB/B. Ist nichts weiter vereinbart, reicht eine normale **Bürgschaft** eines Kreditinstitutes oder Kreditversicherers. Das Kreditinstitut bzw. der Kreditversicherer müssen in der EU zugelassen sein oder in einem Staat, der Vertragspartner des Abkommens über den Europäischen Wirtschaftsraum oder des WTO-Übereinkommens über das öffentliche Beschaffungswesen ist. Nach § 17 Abs. 4 VOB/B darf keine Bürgschaft auf erstes Anfordern verlangt werden.

644 Die **VOB/B** sieht in § 17 Abs. 6 VOB/B vor, dass der Auftraggeber von ihm einbehaltene Bareinbehalte auf ein **Sperrkonto** einzubezahlen hat. Dazu hat er 18 Werktage Zeit. Zahlt der Auftraggeber die Beträge nicht auf ein Sperrkonto ein, so kann ihm der Auftragnehmer eine angemessene

Nachfrist setzen. Lässt der Auftraggeber auch diese Nachfrist ungenutzt verstreichen, kann der Auftragnehmer die Auszahlung der Sicherheitseinbehalte an sich fordern und muss die betroffene Sicherheit nicht mehr leisten. Der Auftraggeber verliert seinen Sicherungsanspruch also **endgültig**!

Die Anforderungen an das Sperrkonto (sog. Und-Konto) sind in § 17 Abs. 5 VOB/B geregelt.

Nach § 17 Abs. 8 Nr. 1 VOB/B hat der Auftraggeber eine erhaltene **645** Sicherheit für **Erfüllungsansprüche** zurückzugeben, wenn die Leistung abgenommen ist und der Auftragnehmer eine vereinbarte Gewährleistungssicherheit gestellt hat. Liegen noch Mängel vor, kann der Auftraggeber einen entsprechenden Teil der Sicherheit nur dann zurückhalten wenn die diesbezüglichen Mängelansprüche nicht durch die Gewährleistungssicherheit abgedeckt sind.

Eine Sicherheit für **Gewährleistungsansprüche** ist nach § 17 Abs. 8 **646** Nr. 2 VOB/B regelmäßig **zwei Jahre** nach der Abnahme zurückzugeben, und zwar unabhängig davon, ob die gesicherten Mängelansprüche verjährt sind oder nicht. Die Vertragspartner können jedoch einen anderen Rückgabezeitpunkt **vereinbaren**. Dies liegt auch ganz eindeutig im Interesse des Auftraggebers, der ansonsten bei einer normalen Verjährung von vier Jahren während der letzten zwei Jahre ungesichert ist. Die Rückgabefrist von zwei Jahren beginnt mit der Übergabe der Sicherheit, um zu vermeiden, dass der Auftragnehmer vertragswidrig die Sicherheit verspätet übergibt. Soweit der Auftragnehmer zum vereinbarten Rückgabezeitpunkt noch **Mängel** beseitigen muss, kann der Auftraggeber einen entsprechenden Teil der Sicherheit zurückhalten.

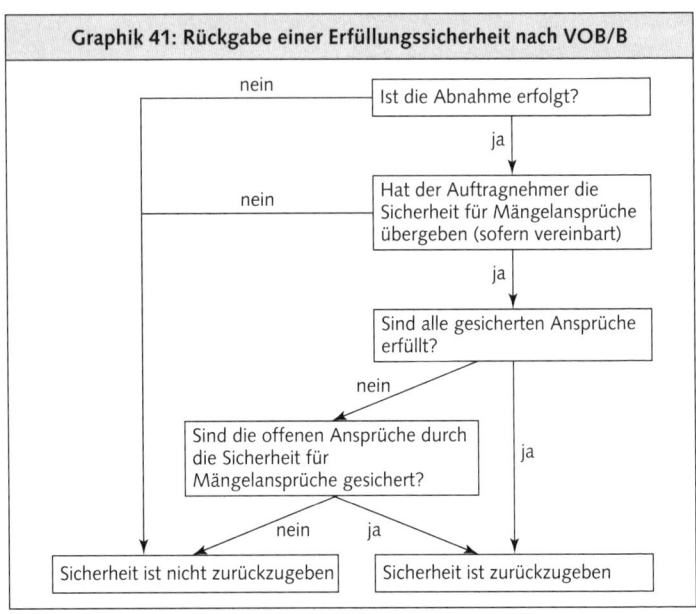

Graphik 41: Rückgabe einer Erfüllungssicherheit nach VOB/B

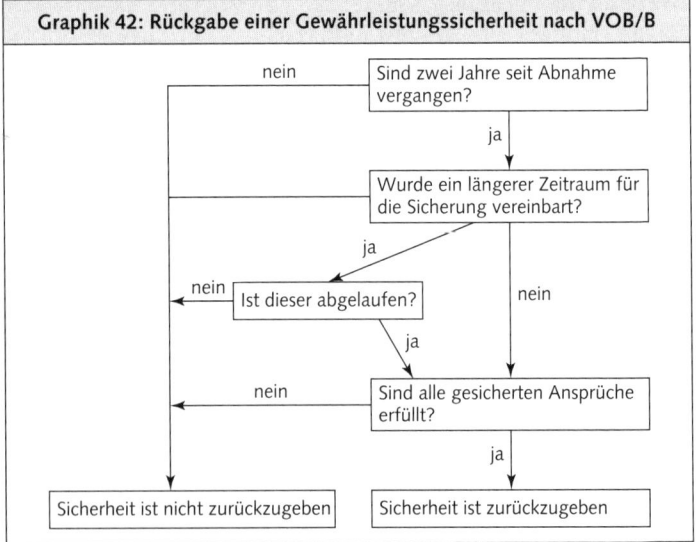

Graphik 42: Rückgabe einer Gewährleistungssicherheit nach VOB/B

8. Teil
Vorzeitige Beendigung des Vertrages

Vor Beginn einer Baumaßnahme oder während ihrer Durchführung kön- **647**
nen sich Umstände ergeben, wegen denen eine Seite den Vertrag nicht
weiter durchführen will. Das rechtliche Mittel dazu ist die **Kündigung**
des Vertrages.

Dabei ist zu unterscheiden zwischen der ordentlichen und der außer- **648**
ordentlichen Kündigung. Diese lassen sich grob wie folgt beschreiben:

— Die **ordentliche Kündigung** beruht in der Regel auf Gründen, die
nichts mit dem Vertrag selber und dem Vertragspartner zu tun haben. Sie wird auch als freie Kündigung bezeichnet. Der **Auftraggeber**
kann Werkverträge jederzeit ordentlich kündigen, etwa weil er wegen
berechtigter Nachträge absehbar nicht mehr die Mittel hat, das Bauvorhaben durchzuführen oder weil er das Bauvorhaben wegen eines
Umzuges o.ä. nicht mehr durchführen will. Weil der Auftragnehmer
für diese Umstände nichts kann, soll er keine Nachteile aus der Kündigung haben. Der **Auftragnehmer** ist übrigens nicht zur ordentlichen
Kündigung des Vertrages berechtigt.

— Bei der **außerordentlichen Kündigung** muss jeweils ein gravierendes
Fehlverhalten des anderen Vertragspartners vorliegen. Man spricht
daher auch von einer „**Kündigung aus wichtigem Grund**". Da die
außerordentliche Kündigung durch den Auftraggeber z.B. dazu führt,
dass der gekündigte Auftragnehmer wegen der entzogenen Leistungen
keine wie auch immer gearteten Ansprüche haben soll, ist diese Kündigung auf wirklich schwerwiegende Fälle begrenzt. Sowohl **Auftraggeber** als auch **Auftragnehmer** können zur außerordentlichen Kündigung
berechtigt sein.

— Außerdem gibt es bei BGB-Verträgen die Möglichkeit des Rücktritts,
z.B. bei Pflichtverletzungen des anderen Vertragspartners oder für den
Auftragnehmer nach § 321 BGB bei Gefährdung seines Vergütungsanspruches.

Graphik 43: Rechtsfolgen von Kündigung und Rücktritt		
Nicht ausgeführte Leistungen		**Ausgeführte Leistungen**
Außerordentliche Kündigung des Auftragnehmers	Schadensersatz	Vereinbarte Vergütung
Rücktritt	Keine Vergütung	Rückabwicklung der Leistungen bzw. Wertersatz
Außerordentliche Kündigung des Auftraggebers	Keine Vergütung	Vereinbarte Vergütung
Ordentliche Kündigung des Auftraggebers	Vereinbarte Vergütung mit Abzügen	Vereinbarte Vergütung

I. Ordentliche Kündigung durch den Auftraggeber

1. Voraussetzungen

649   Die ordentliche Kündigung des Auftraggebers ist in **§ 648 BGB** geregelt. In der VOB/B enthält **§ 8 Abs. 1 VOB/B** eine rechtlich völlig identische Regelung.

    Die ordentliche Kündigung ist an **keine** wie auch immer geartete **Voraussetzungen** gebunden. Der Auftraggeber kann die ordentliche Kündigung zu jedem Zeitpunkt und aus jedem Grund erklären. Die Kündigung ist nur insofern gesetzlich beschränkt, als sie vor Vollendung der Leistung erfolgen muss. Das leuchtet ein, da nach Vollendung des Werkes eine Kündigung wirtschaftlich ins Leere gehen würde.

650   Die ordentliche Kündigung ist nur dann **unwirksam**, wenn die Vertragspartner einen **Ausschluss** der ordentlichen Kündigung vereinbart haben. Eine solche Vereinbarung ist auch in **AGB** möglich.

2. Rechtsfolgen

651   Mit Ausspruch der ordentlichen Kündigung ist der Vertrag für die Zukunft **beendet**. Dennoch muss eine **Abnahme** durchgeführt werden, damit der Anspruch des Auftragnehmers abgerechnet und damit fällig werden kann (BGH v. 11.5.2006 – VII ZR 146/04).

Die weiteren Rechtsfolgen – insbesondere die Höhe des Werklohnan- 652
spruches – sind für die **erbrachten** und die **nicht erbrachten** Leistungen
unterschiedlich. Grundsätzlich gilt der Vertrag für die erbrachten Leistungen weiter und entfällt nur für die Zukunft, insbesondere hinsichtlich der
noch nicht erbrachten Leistungen.

a) Erbrachte Leistungen

Für erbrachte Leistungen gilt der Vertrag weiter. Der Auftragnehmer hat 653
also einen Anspruch auf die vereinbarte **Vergütung**, für die er allerdings
nachweispflichtig ist. Der Auftraggeber seinerseits hat die vertraglichen
bzw. gesetzlichen **Mängelansprüche**.

b) Noch nicht erbrachte Leistungen

Da der Vertrag mit der Kündigung für die Zukunft entfällt, muss der Auf- 654
tragnehmer die noch nicht erbrachten Leistungen nicht mehr ausführen.
Er wird von seiner **Leistungsverpflichtung** frei.

Der Auftraggeber ist demgegenüber jedoch weiterhin verpflichtet, die 655
vereinbarte Vergütung zu zahlen. Allerdings muss der Auftragnehmer
seine ersparten Aufwendungen abziehen und alles, was er durch Aufträge
verdient, die er anstelle des gekündigten Vertrages ausführt. Wirtschaftlich – nicht juristisch – gesehen muss der Auftraggeber im Ergebnis regelmäßig den entgangenen Gewinn und die nutzlosen Aufwendungen des
Auftragnehmers übernehmen.

Der Auftragnehmer ist voll **nachweispflichtig** für seinen Werklohn- 656
spruch. Dabei kommt dem Auftragnehmer eine **Vermutung** zugute: Nach
§ 648 S. 2 BGB wird vom Gesetz vermutet, dass dem Auftragnehmer **5 %**
des auf die gekündigte Werkleistung entfallenden Werklohnes zustehen.
Beide Seiten können diese Vermutung widerlegen. Will der Auftragnehmer mehr als diese 5 % verlangen, muss er darlegen, welche Aufwendungen
er sich erspart. Dazu muss er beispielsweise seine Kalkulation offenlegen.
Wenn der Auftragnehmer die Ansätze seiner Kalkulation nicht einhalten
kann, weil er z.B. bestimmte Subunternehmeraufträge anders als kalkuliert vergibt, muss er seine Kalkulation anpassen. Für den entgangenen
Gewinn ist dann die geänderte Kalkulation maßgeblich. Dies darf jedoch
nicht dazu führen, dass der Auftragnehmer insgesamt mehr oder weniger
erhält als im Auftrag vorgesehen!

Aus Auftraggebersicht ist gelegentlich erstaunlich, zu welchen Ergeb- 657
nissen Auftragnehmer kommen können. Liest man in Zeitungsartikeln
davon, dass in der Baubranche – wenn überhaupt – Gewinnspannen von
2 bis ca. 5 % erreicht werden, wird man in Prozessen mit Gewinnspannen
von bis zu 30 % konfrontiert. Dies betrifft insbesondere Prozesse mit

gekündigten Planern. Dies ist bei der Risikoabwägung vor einer ordentlichen Kündigung zu berücksichtigen.

Hat der Auftragnehmer seine Vergütung für die nicht erbrachten Leistungen schlüssig dargelegt, muss der **Auftraggeber** dieser Darlegung entgegentreten. Er kann sich nicht darauf zurückziehen, der Anspruch des Auftragnehmers sei offensichtlich überzogen. Vielmehr muss er nachweisen, dass die Ansätze des Auftragnehmers unrichtig oder unvollständig sind.

658 Der Auftragnehmer muss sich auf die vereinbarte Vergütung aber auch **anrechnen** lassen, was er durch andere Aufträge verdienen könnte, aber böswillig zu erwerben unterlässt.

> **Fallbeispiel:**
> Auftraggeber Gerngroß erteilt dem Verputzer Kleinschmidt den Auftrag, ein Mehrfamilienhaus zu verputzen. Wegen einer Planungsänderung erhält das Mehrfamilienhaus eine Glasfassade. G kündigt den Vertrag mit K und bietet ihm einen neuen Vertrag über ein benachbartes Gebäude gleicher Größe an. K lehnt den Auftrag ab und verlangt von G den vollen Werklohn aus dem gekündigten Vertrag.
>
> G kann hier zu recht einwenden, dass K durch den abgelehnten Auftrag eine vergleichbare Summe erhalten hätte. G darf daher den Werklohn des abgelehnten Auftrages vom Auftragswert des gekündigten Vertrages abziehen.

659 Soweit der Auftragnehmer einen Anspruch wegen der nicht ausgeführten Leistungen geltend macht, unterfällt dieser nicht der **Umsatzsteuer** (BGH v. 22.11.2007, VII ZR 83/05).

3. Abrechnung des gekündigten Pauschalvertrages

660 Die Abrechnung eines vorzeitig beendeten Pauschalvertrages stellt besonders hohe Anforderungen an den Auftragnehmer, weil dieser in vollem Umfang für seinen Vergütungsanspruch nachweispflichtig ist. Die rechtlichen Anforderungen an eine solche Abrechnung sind aufgrund langjähriger Rechtsprechung nunmehr in rechtlicher Sicht klar. Die Probleme ergeben sich in der Regel aus den **praktischen Problemen** bei der Ausfüllung dieser Anforderungen.

661 Bei der vorzeitigen Kündigung eines Pauschalvertrages muss der Auftragnehmer ermitteln, welchen Teil der Leistungen er **erbracht** hat. Für diesen Teil erhält er die vereinbarte Vergütung, wobei der im Rahmen des Pauschalvertrages gewährte Pauschalnachlass zu berücksichtigen ist. Für die **nicht erbrachten** Leistungen erhält er den hierauf entfallenden Teil der Vergütung mit den oben dargestellten Abzügen. Dazu folgendes extrem vereinfachtes Beispiel:

Fallbeispiel: 662

Auftragnehmer Hagestolz bietet an, 10 gleichartige Einbauschränke anzufertigen und einzubauen. Nach dem Einbau von 5 Schränken wird der Vertrag gekündigt. Das ursprüngliche Angebot belief sich pro Einbauschrank auf € 440,00, insgesamt € 4.400,00.

H und der Auftraggeber einigen sich auf € 4.000,00. Der Pauschalpreisnachlass beträgt also 10 %.

H kann damit für 50 % der ausgeführten Leistung je Schrank € 440,00 abrechnen, also € 2.200,00 und muss hiervon den Pauschalpreisnachlass von 10 % abziehen. Er kann also für die ausgeführten Leistungen € 2.000,00 verlangen.

Bei den nicht ausgeführten Schränken muss H nachweisen, welche Kosten er sich erspart hat. Wenn er nachweisen kann, dass er sich bei den anderen, nicht ausgeführte Schränken je € 300,00 für nicht erfolgte Materiallieferung und Einbau erspart, kann er die Differenz von € 140,00 je Schrank verlangen. Allerdings muss er den Pauschalnachlass berücksichtigen, der pro Schrank € 40,00 ausmacht. H hat also Anspruch auf € 100,00 je Schrank, insgesamt auf € 500,00.

Dieses Beispiel ist vor allem deswegen einfach, weil es sich gar nicht um 663 einen echten Pauschalvertrag handelt. Zwar ist der Preis pauschaliert, aber die von H auszuführende Menge steht fest. Bei einem echten Pauschalvertrag wäre auch die Menge pauschaliert, der Auftragnehmer würde insofern das Massenrisiko tragen und müsste vor Abrechnung des Vertrages auch noch genau die ausgeführten und nicht ausgeführten Mengen bestimmen.

Es muss also zuerst ermittelt werden, welche Leistungen der Auftrag- 664 nehmer **schuldete**. Nimmt man den Schulfall des Pauschalvertrags, den Vertrag über ein schlüsselfertiges Gebäude, muss der Auftragnehmer also feststellen, welche Leistungen vom Vertrag erfasst waren. Da der Vertrag diese gerade nicht abschließend benennt und oft keine Massen enthält, muss der Auftragnehmer diese Leistungen ggf. dem ausgeführten Bau oder den Plänen entnehmen und sie zusammenstellen – oft erstmals bei dieser Gelegenheit.

Danach muss der Auftragnehmer aufschlüsseln, welche der geschul- 665 deten Leistungen **erbracht** wurden. Problematisch werden hierbei oft die nicht mehr sichtbaren bzw. nicht mehr zugänglichen Leistungen. Ein ordnungsgemäßes Aufmaß oder ein anderer Nachweis dürfte dem Auftragnehmer hier nur möglich sein, wenn er die Leistung vorsorglich baubegleitend aufgemessen hat.

Im dritten Schritt muss der Auftragnehmer die Vergütung ermit- 666 teln, die er für die erbrachte Leistung verlangen kann. Dies ist jedenfalls dann einfach, wenn er die Leistung ursprünglich auf der Grundlage von Einheitspreisen angeboten oder kalkuliert hatte. Dann muss er nur die ermittelten Massen mit den ursprünglichen Einheitspreisen abrechnen.

Von dem Endwert muss er den vereinbarten **Pauschalnachlass** abziehen. Wesentlich schwieriger ist es, wenn der Auftragnehmer zu keinem Zeitpunkt Einheitspreise für die Leistung angeboten oder kalkuliert hatte. Dem Auftragnehmer bleibt dann nichts anderes übrig, als nachträglich eine ausführliche Kalkulation zu erstellen. Diese Kalkulation vollständig und schlüssig aufzustellen, fällt vielen Unternehmern schwer.

667   Der Auftragnehmer kann nur **ausnahmsweise** in vereinfachter Weise abrechnen, wenn nur noch ganz geringfügige Leistungen fehlen. In diesem Fall darf er den gesamten Werklohn abrechnen, muss allerdings für die fehlenden Leistungen Abzüge berücksichtigen.

668

> **Hinweis:**
> Bei der **Abrechnung** des gekündigten Pauschalvertrages ist festzustellen:
> – welche Leistungen auszuführen waren,
> – welche Leistungen ausgeführt wurden,
> – welche Vergütung hierfür kalkuliert war,
> – welcher Pauschalnachlass vereinbart war.
> Bei nicht ausgeführten Leistungen sind darüber hinaus die ersparten Aufwendungen zu ermitteln.
>
> Wichtige **Hilfsmittel** für die Abrechnung sind
> – Kalkulation/Angebot auf Einheitspreisbasis,
> – baubegleitendes Aufmaß.

669   Soweit es um die nicht erbrachten Leistungen geht, sei insbesondere auf Abschnitt 5 der ATV DIN 18299 hingewiesen, wonach der Auftragnehmer die Zeichnungen des Auftraggebers für die Ermittlung seiner Leistungen verwenden kann.

4. Kündigung und Abrechnung bei Vorliegen eines Kostenvoranschlages

670   In § 649 BGB ist der Fall angesprochen, dass der Auftragnehmer dem Auftraggeber einen **Kostenvoranschlag** erstellt, ohne die Gewähr für die Richtigkeit des Kostenvoranschlages zu übernehmen. Solche unverbindlichen Kostenvoranschläge sind bei größeren Bauvorhaben die Ausnahme. Kostenvoranschläge haben ihre wesentliche Bedeutung für die Praxis bei kleineren Instandhaltungs- und Reparaturmaßnahmen.

671   Oft ergibt sich während der Ausführung, dass der Kostenvoranschlag überschritten werden wird. Bei einer **erheblichen Überschreitung** des Kostenvoranschlages ist der Auftraggeber berechtigt, den Vertrag zu kündigen. Ob eine erhebliche Überschreitung vorliegt, ist jeweils im Einzelfall festzustellen. Geht es um eine Kostenüberschreitung von 15–20%,

ausnahmsweise bis zu 25 %, so liegt regelmäßig eine erhebliche Überschreitung vor. Nachträglich beauftragte zusätzliche Leistungen sind dabei natürlich nicht zu berücksichtigen. Kündigt der Auftraggeber wegen dieser erheblichen Überschreitung, hat dies für die Vergütung des Auftragnehmers eine ganz wichtige Folge: Er kann nur Werklohn für den ausgeführten Teil der Leistung verlangen. Für den nicht ausgeführten Teil hat er keinen Vergütungs- oder Schadensersatzanspruch!

Diese für den Auftragnehmer unangenehme Rechtsfolge lässt sich nur **672** schwer vermeiden, insbesondere weil der Auftragnehmer nach § 649 Abs. 2 BGB verpflichtet ist, dem Auftraggeber eine solche **drohende Überschreitung** mitzuteilen. Kommt der Auftragnehmer dieser Verpflichtung nicht nach, begeht er eine Vertragsverletzung und muss den Auftraggeber so stellen, als hätte er die Überschreitung rechtzeitig angezeigt. Nach der aus Sicht des Verfassers richtigen – allerdings umstrittenen Meinung – hat der Auftragnehmer in solchen Fällen nur für die erbrachten Leistungen Anspruch auf eine Vergütung in Höhe des Kostenvoranschlages zuzüglich der zulässigen Überschreitung.

5. Rechtsfolgen bei Vereinbarung der VOB/B

Wenn die Vertragspartner die Geltung der VOB/B vereinbart haben, **673** treten nach § 8 Abs. 1 VOB/B die gleichen Rechtsfolgen wie bei § 648 BGB ein. Der Auftragnehmer ist jedoch verpflichtet, seine Leistungen **prüffähig** abzurechnen. Dies muss er nach dem BGB nur Bauverträgen i.S.d. § 650a BGB.

II. Außerordentliche Kündigung durch den Auftraggeber

1. Voraussetzungen

Außer in den oben beschriebenen Fällen einer Kündigung wegen Pflicht- **674** verletzungen des Auftragnehmers kommt eine Kündigung aus wichtigem Grund vor allem bei **anderen wichtigen Gr**ünden wie einem Vertrauensverlust in Frage. Es handelt sich jedoch um Ausnahmefälle, insbesondere weil das BGB mittlerweile als Folge der meisten Sachverhalte (z.B. Verletzung von Nebenpflichten) ein Rücktrittsrecht gibt. Allerdings hat im Baubereich die außerordentliche Kündigung ihre Bedeutung behalten, weil ein Rücktritt wegen seiner besonderen Rechtsfolgen (vollständige Rückabwicklung) in der Regel nicht praktikabel ist. Die außerordentliche Kündigung ist in **§ 648a BGB** geregelt.

Es ist im Einzelfall zu prüfen, ob ein Fehlverhalten des Auftragnehmers den Auftraggeber zur Kündigung berechtigt oder ob der Auftraggeber den Auftragnehmer **abmahnen** muss und erst nach einem weiteren Fehlverhalten des Auftragnehmers kündigen kann.

2. Rechtsfolgen

675　Ebenso wie bei einer ordentlichen Kündigung des Auftraggebers **erlischt** nach einer außerordentlichen Kündigung der Vertrag für die Zukunft. Der Auftraggeber muss nur die erbrachten Leistungen bezahlen, der Auftragnehmer hat hinsichtlich der gekündigten Leistungen **keinen Anspruch** auf Ersatz des entgangenen Gewinnes. Außerdem hat der Auftraggeber Anspruch auf Ersatz der ihm durch die Kündigung entstandenen Schäden, insbesondere also Mehrkosten bei Beauftragung eines anderen Auftragnehmers.

Nach § 648a Abs. 3 BGB kann jeder Vertragspartner vom anderen verlangen, dass der **erreichte Leistungsstand gemeinsam festgestellt** wird. Wenn der so aufgeforderte Vertragspartner diese Möglichkeit nicht wahrnimmt (außer er hat dies nicht zu vertreten, § 648a Abs. 3 Satz 3 BGB), kehrt sich zu seinen Lasten die **Beweislast** für den erreichten Leistungsstand um. Er muss dann also einer vom anderen Vertragspartner aufgestellten Leistungsermittlung entgegentreten und beweisen, welche Leistungen aus seiner Sicht tatsächlich ausgeführt waren.

3. Besonderheit der Abrechnung von Pauschalverträgen

676　Wie auch bei der ordentlichen Kündigung, ist die Abrechnung des vorzeitig gekündigten Pauschalvertrages oft besonders schwierig.

Der Auftragnehmer hat bei der außerordentlichen Kündigung des Pauschalvertrages nur Anspruch auf Vergütung der **erbrachten Leistung**. Dieser Vergütungsanspruch ist in gleicher Weise wie bei einer ordentlichen Kündigung zu ermitteln.

III. Rücktritt des Auftraggebers nach § 323 BGB

677　Der Rücktritt als eine mögliche Reaktion auf vorliegende **Mängel** wurde oben bei den Mängelansprüchen in Rdnr. 451 dargestellt.

IV. Außerordentliche Kündigung durch den Auftraggeber nach VOB/B

Die VOB/B sieht in **§ 8 VOB/B** eine Reihe von außerordentlichen Kün- 678 digungsmöglichkeiten des Auftraggebers vor. Der Auftraggeber kann danach außerordentlich kündigen, wenn

– der Auftragnehmer seine **Zahlungen einstellt** oder das Insolvenzverfahren beziehungsweise ein vergleichbares gesetzliches Verfahren beantragt oder ein solches Verfahren eröffnet wird oder dessen Eröffnung mangels Masse abgelehnt wird, § 8 Abs. 2 Nr. 1 VOB/B;

– wenn eine vom Auftraggeber gesetzte **Frist** zur Beseitigung eines Mangels gemäß § 4 Abs. 7 VOB/B fruchtlos abgelaufen ist, § 8 Abs. 3 Nr. 1 VOB/B,

– wenn eine vom Auftraggeber gesetzte Frist zur Ausführung der Leistungen im eigenen Betrieb gemäß § 4 Abs. 8 Nr. 1 VOB/B fruchtlos verstrichen ist, § 8 Abs. 3 Nr. 1 VOB/B;

– wenn der Auftragnehmer im **Verzug** mit seinen Leistungen ist und eine vom Auftraggeber gesetzte Frist gemäß § 5 Abs. 4 VOB/B fruchtlos abgelaufen ist, § 8 Abs. 3 Nr. 1 VOB/B;

– der Auftragnehmer aus Anlass der Vergabe eine Abrede getroffen hatte, die eine unzulässige **Wettbewerbsbeschränkung** darstellt, § 8 Abs. 4 Nr. 1 VOB/B.

Wenn der Auftraggeber aus einem der genannten Gründe kündigt, **erlischt** 679 der Vertrag für die Zukunft, der Auftragnehmer hat keinen Anspruch auf Vergütung nicht erbrachter Leistungen. Außerdem hat der Auftraggeber Anspruch auf Ersatz der ihm durch die Kündigung entstandenen **Schäden**, insbesondere die Mehrkosten wegen der Beauftragung der Leistungen an einen anderen Auftragnehmer. Wie bei der ordentlichen Kündigung muss auch bei der außerordentlichen Kündigung eine **Abnahme** der erbrachten Leistungen erfolgen, damit der Auftragnehmer sie abrechnen kann.

V. Ordentliche Kündigung durch den Auftragnehmer

Anders als der Auftraggeber hat der Auftragnehmer **keine Möglichkeit**, 680 einen Vertrag vorzeitig zu kündigen, ohne dass ein wichtiger Grund vorliegt. Der Auftragnehmer hat nun einmal die Verpflichtung übernommen, eine bestimmte Leistung auszuführen und darf sich dieser Verpflichtung nicht einseitig entziehen. Diese Möglichkeit besteht auch bei keinem anderen Vertrag, also auch nicht bei Kauf- oder Mietvertrag.

VI. Rücktritt/außerordentliche Kündigung durch den Auftragnehmer

681 Der Auftragnehmer kann bei **Zahlungsverzug** des Auftraggebers nach § 323 BGB zurücktreten. Die genauen Voraussetzungen und die Folgen eines solchen Rücktrittes sind oben in Rdnr. 564 ff. dargestellt.

Außerdem kann auch der Auftragnehmer den Vertrag nach **§ 648a BGB** aus wichtigem Grund kündigen. Ein wichtiger Grund kann beispielsweise die ernsthafte und endgültige Weigerung sein, nicht nur unerhebliche fällige Forderungen des Auftragnehmers aus dem Bauvorhaben zu bezahlen.

VII. Rücktritt des Auftragnehmers nach § 321 BGB

682 Der Auftragnehmer ist nach dem Grundsatz „Erst die Leistung, dann das Geld" vorleistungspflichtig. Wenn er erkennt, dass sein zukünftiger Anspruch auf den Werklohn **gefährdet** ist, kann er – auch ohne dass der Auftraggeber mit einer Zahlung in Verzug ist – unter den Voraussetzungen des § 321 Abs. 1 BGB die Leistung zurückhalten und unter den weiteren Voraussetzungen des § 321 Abs. 2 BGB vom Vertrag zurücktreten. Die Einzelheiten hierzu sind oben in Rdnr. 560 ff. dargestellt.

VIII. Außerordentliche Kündigung durch den Auftragnehmer nach VOB/B

683 In § 9 VOB/B ist die außerordentliche Kündigung des Vertrages durch den Auftragnehmer geregelt. Danach kann der Auftragnehmer den Vertrag kündigen:

– wenn der Auftraggeber eine ihm obliegende Handlung unterlässt und dadurch den Auftragnehmer außerstande setzt, die Leistung auszuführen (**Annahmeverzug** nach §§ 293 ff. BGB),

– wenn der Auftraggeber eine fällige **Zahlung** nicht leistet oder sonst in **Schuldnerverzug** gerät.

Vor der Kündigung muss der Auftragnehmer dem Auftraggeber eine angemessene **Frist** zur Erfüllung seiner Pflichten gesetzt haben, außerdem muss der Auftragnehmer die Kündigung des Vertrages angedroht haben.

Die **Rechtsfolgen** einer solchen außerordentlichen Kündigung sind in **684** § 9 Abs. 2 VOB/B dargestellt. Die erbrachten Leistungen sind abzurechnen und vom Auftraggeber zu bezahlen. Außerdem hat der Auftragnehmer Anspruch auf eine Entschädigung nach § 642 BGB.

9. Teil
Verjährung von Ansprüchen

I. Beginn und Ende der Verjährungsfrist

Einige Ansprüche haben einen **einheitlichen Verjährungsbeginn** zum **685**
Ende des Jahres nach Fälligkeit. Dies erleichtert insbesondere den Unternehmen die Kontrolle der Verjährungsfristen. Ohne diese Regelung in
§ 199 BGB müssten sie für jede Rechnung die individuelle Verjährungsfrist
notieren und täglich einen Fristenkalender prüfen, ob die Verjährung
von Ansprüchen droht. Dies betrifft insbesondere die **Verjährung von
Zahlungsansprüchen**.

Nur der Vollständigkeit halber sei darauf hingewiesen, dass der Verjährungsbeginn zum Jahresende gemäß § 199 BGB **nicht** für alle Mängelansprüche und andere in § 199 Abs. 2 BGB und §§ 200 ff. BGB genannte Ansprüche gilt. Bei **Mängelansprüchen** mit fünf- und zweijähriger
gesetzlicher Dauer beginnt die Verjährung mit der Abnahme und nur
bei Ansprüchen mit dreijähriger Verjährungsfrist mit Ende des Jahres,
in dem die Abnahme erfolgte, § 632a Abs. 2 BGB (zur Verjährung von
Mängelansprüchen vgl. ausführlich oben Rdnr. 469).

II. Wirkung der Verjährung

Wenn die Verjährungsfrist abgelaufen ist, ist der betroffene Anspruch **686**
verjährt. Der Anspruch erlischt jedoch damit nicht automatisch, auch
Gerichte müssen nicht von sich aus die Verjährung prüfen. Der Schuldner
muss sich vielmehr darauf berufen, dass Verjährung eingetreten ist. Nur
wenn er diese sog. **Einrede der Verjährung** erhebt, darf der Gläubiger
die Leistung verweigern. Vergisst der Schuldner, sich auf die Verjährung
zu berufen, kann der Gläubiger daher trotz Verjährung seinen Anspruch
durchsetzen.

Der Gläubiger hat jedoch auch nach Eintritt der Verjährung die Mög- **687**
lichkeit, seine verjährte Forderung als Verteidigung gegen andere Ansprüche des Schuldners zu verwenden, und zwar mit einer **Aufrechnung**
oder einem **Zurückbehaltungsrecht**, § 215 Abs. 2 BGB. Voraussetzung

ist jedoch, dass die wechselseitigen Gegenansprüche bereits bestanden und fällig waren, bevor die Verjährungsfrist endete. Er kann sie auch bei Mängeln einem Zahlungsanspruch entgegenhalten.

III. Vereinbarungen über die Verjährung

688   Die Vertragspartner haben oft ein bestimmtes Interesse daran, die Verjährung von Ansprüchen vom Gesetz abweichend zu regeln. So sind Auftraggeber in der Regel an längeren Verjährungsfristen interessiert, Auftragnehmer an kürzeren.

689   Der Gesetzgeber hat mit dem § 202 BGB die Möglichkeiten für solche Vereinbarungen deutlich erweitert. **Grenzen** für solche Vereinbarungen ergeben sich zum einen aus § 202 BGB selber, wonach

– die Verjährung für Haftung wegen Vorsatzes nicht erleichtert werden darf

– und die Verjährungsfrist nicht länger als 30 Jahre nach dem gesetzlichen Verjährungsbeginn dauern darf.

Zum anderen ergeben sich für **AGB** Begrenzungen aus § 309 Nr. 8 ff.) BGB. Danach darf in AGB die Verjährungsfrist bei Kauf- und Werkverträgen nicht kürzer sein als nach den gesetzlichen Vorschriften der §§ 438 Abs. 1 Nr. 2, 634a Abs. 1 Nr. 2 BGB. Bei allen anderen Ansprüchen muss die Verjährungsfrist mindestens ein Jahr betragen (vgl. zur Dauer der Verjährung von Mängelansprüchen oben für BGB-Verträge Rdnr. 465 ff. und für VOB/B-Verträge Rdnr. 493 ff.). Für **Individualvereinbarungen** bestehen diese Begrenzungen nicht.

IV. Hemmung der Verjährung

690   Der Eintritt der Verjährung kann zumindest für eine gewisse Dauer verhindert werden. Das Gesetz gibt dem Gläubiger mehrere Möglichkeiten, eine **Hemmung** der Verjährung herbeizuführen.

691   Nach § 209 BGB wird die Zeit, in der die Verjährung des Anspruches gehemmt ist, **nicht** in die Verjährungsfrist eingerechnet.

692   **Fallbeispiel:**
Der Werklohnanspruch des Glasers Gutblas wird am 1.7.2017 fällig. Die Verjährungsfrist würde also am 31.12.2020, 24.00 h, enden. Im Zeitraum vom 1.3.2018 bis zum 31.1.2019 ist die Verjährung gehemmt. Daher endet die Verjährungsfrist erst am 30.11.2021, 24.00 h.

Die Hemmung ist die wichtigste Möglichkeit, den Ablauf der Verjäh- 693
rungsfrist hinauszuschieben. Der unten dargestellte **Neubeginn der Verjährung** (vgl. oben Rdnr. 720 ff.) ist demgegenüber die Ausnahme. Beim
Neubeginn beginnt eine bereits angelaufene Verjährungsfrist von Neuem.

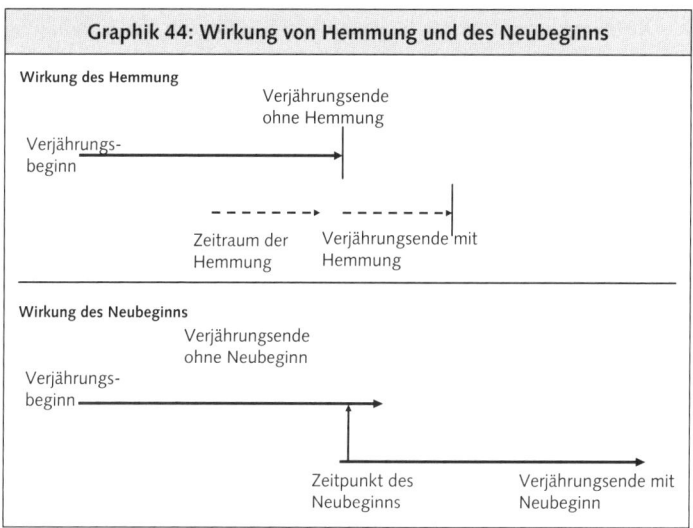

Graphik 44: Wirkung von Hemmung und des Neubeginns

Die wichtigsten Hemmungstatbestände sind nachfolgend dargestellt.
Angelehnt an den Aufbau des BGB wird zuerst die in § 203 BGB an-
gesprochene Hemmung bei Verhandlungen dargestellt, dann folgen die
praxisrelevanten Fallgruppen der Hemmung bei Rechtsverfolgung aus
§ 203 Abs. 1 Nr. 1 bis 14 BGB.

1. Hemmung durch Verhandlungen

Hemmung tritt ein, wenn Schuldner und Gläubiger über den Anspruch 694
oder die anspruchsbegründenden Umstände **verhandeln**, § 203 BGB. Die
Hemmung endet, wenn eine Seite die Fortsetzung der Verhandlungen
verweigert. Um dem Gläubiger nach Ende der Hemmung die Möglichkeit
zu geben, das weitere Vorgehen ohne Zeitdruck festzulegen, bestimmt
§ 203 BGB außerdem, dass die Verjährung frühestens drei Monate nach
Ende der Hemmung endet.

Eine **Verhandlung** setzt umgangssprachlich voraus, dass sich beide 695
Seiten beteiligen und ergebnisoffen Argumente austauschen. Auch im

Rahmen des § 203 BGB ist der Begriff der Verhandlung weit auszulegen.
Es genügt jeder Meinungsaustausch über den Anspruch oder seine tatsächlichen Grundlagen zwischen dem Gläubiger und dem Schuldner, wenn
nicht sofort und eindeutig die Verhandlung abgelehnt wird (BGH, Urteil
v. 14.7.2009, XI ZR 18/08).

696   Die Hemmung der Verjährung setzt mit dem **Beginn** der Verhandlung
ein. Betrachtet man den normalen Verlauf von Verhandlungen, muss
der Beginn der Verhandlung daran anknüpfen, dass eine Seite Gründe
rechtlicher oder tatsächlicher Art vorbringt, um die andere Seite auf ihre
Rechtsposition aufmerksam zu machen und dadurch zu Verhandlungen
zu bewegen. Eine ausdrückliche Aufforderung zu Verhandlungen ist nicht
zwingend erforderlich. Allerdings ist es zu empfehlen, diese Aufforderung ausdrücklich und unmissverständlich mitzuteilen oder anderenfalls
genauso unmissverständlich zu äußern, dass man keine Verhandlungen
will. Schuldner haben regelmäßig kein Interesse daran, durch kurz vor
der Verjährung mitgeteilte Einwendungen den Eintritt der Verjährung zu
hemmen. **Ein nur einseitiges Angebot** über Verhandlungen führt **nicht**
zur Hemmung. Der andere Vertragspartner muss sich seinerseits auf die
Verhandlungen einlassen, sonst kommt es nicht zur Hemmung. Deswegen
führt eine **sofortige Weigerung**, das Verhandlungsangebot anzunehmen,
auch nicht zur Hemmung.

697   Die Hemmung **beginnt** mit dem Zugang des Verhandlungsverlangens
bei der anderen Seite, wie dies auch bei der Klage, dem Mahnbescheid etc.
ist. Da es sich bei dieser Aufforderung um eine rein privatschriftliche oder
sogar nur mündliche Äußerung handelt, ist insbesondere dem Gläubiger zu
raten, dass er den Zeitpunkt des Zuganges **nachweisen** kann.

698   Wenn die Verhandlungen dazu führen, dass eine streitige Tatsache oder
Auffassung einvernehmlich **begutachtet** wird (z.B. Schiedsgutachten), so
kann dies als Teil der Verhandlungen angesehen werden. Auf jeden Fall
ist während einer solchen Begutachtung die Verjährung nach § 204 Abs. 1
Nr. 8 BGB gehemmt (vgl. unten Rdnr. 716).

699   Hinsichtlich des **Endes** der Hemmung regelt § 203 BGB nur den Fall,
dass eine Seite die Fortsetzung der Verhandlungen **verweigert**. In diesem
Fall endet die Hemmung drei Monate nach dieser Weigerung. Aus Gründen der Rechtssicherheit ist für die Berechnung dieser drei Monate der
Zugang der Weigerung maßgeblich.

700   Wenn beide Seiten mit Verhandlungen beginnen, kann es passieren,
dass die Verhandlungen – aus welchen Gründen auch immer – faktisch
einschlafen. Dies kann auch passieren, wenn beide Seiten die Verhandlungen eigentlich fortsetzen wollen. Jedenfalls kann eine solche mehr oder
weniger lange Pause insbesondere auch dann eintreten, wenn keine Seite
die Fortsetzung der Verhandlungen verweigert oder auch nur verweigern

will. In diesem Fall enden die Verhandlungen in dem Zeitpunkt, zu nach Treu und Glauben der nächste Verhandlungsschritt zu erwarten gewesen wäre.

Als ein Verhandlungsangebot ist es auch anzusehen, wenn der Auftrag- **701** geber dem Auftragnehmer die Sache übergibt, damit der Auftragnehmer einen vom Auftraggeber gerügten Mangel **prüfen** soll.

2. Hemmung bei Rechtsverfolgung

Die Verjährung ist auch dann gehemmt, wenn der Gläubiger den Weg **702** der **Rechtsverfolgung** einschlägt. § 204 Abs. 1 BGB nennt dabei eine Reihe von Möglichkeiten, die jeweils die Hemmung herbeiführen. Leicht abweichend von der Reihenfolge im § 204 Abs. 1 BGB wird nachfolgend zwischen **gerichtlichen** und **außergerichtlichen** Möglichkeiten unterschieden. Vor der Darstellung dieser hemmenden Umstände wird die für alle Handlungsmöglichkeiten geltende Regel des § 204 Abs. 2 BGB erläutert, wann die Verjährung endet.

a) Ende der Hemmung

Die Hemmung endet nach § 204 Abs. 2 S. 1 BGB mit der rechtskräftigen **703** **Entscheidung** oder anderweitigen **Erledigung**. Was hierunter bei den einzelnen Hemmungstatbeständen zu verstehen ist, wird nachfolgend bei dem einzelnen Tatbestand erläutert.

Wird das Verfahren aus welchen Gründen auch immer nicht bis zum Ende betrieben und kommt es zum **Stillstand**, greift § 204 Abs. 2 S. 2 BGB ein, wonach die Hemmung sechs Monate nach der letzten Handlung endet. Das Gesetz sieht dies Ende der Hemmung ausdrücklich auch für die Fälle vor, in denen der Stillstand des Verfahrens auf einer Vereinbarung beruht. Eine solche Vereinbarung könnte z.B. den Inhalt haben, ein bestimmtes Verfahren nicht fortzusetzen, ohne dass zugleich eine Einigung über den Anspruch selber getroffen wird.

Kommt es zum **Stillstand**, so werden die sechs Monate bis zum Ende **704** der Hemmung ab der letzten Verfahrenshandlung der Parteien, des Gerichtes oder der sonst mit dem Verfahren beteiligten Stelle berechnet. Als eine sonstige Stelle sind z.B. auch die angerufenen Schiedsgerichte oder Gutachter zu verstehen.

b) Gerichtliche Rechtsverfolgung

Folgende Handlungen im Rahmen gerichtlicher Rechtsverfolgung führen **705** zu einer Hemmung der Verjährung, wobei sich die Darstellung auf die im Baubereich relevanten Fälle beschränkt:

706 – **Klageerhebung**, § 204 Abs. 1 Nr. 1 BGB

Mit Erhebung einer Klage wird die Verjährung gehemmt. Nach den Vorschriften der ZPO ist die Klage erhoben, sobald sie **zugestellt** ist, § 253 Abs. 1 ZPO. Der jeweilige Kläger hat jedoch keinen Einfluss darauf, wann genau die Klage zugestellt ist. Der Gesetzgeber schützt den Kläger vor etwaigen Verzögerungen im Gerichtsapparat, indem er die Hemmung bereits mit Einreichung der Klage beginnen lässt. Voraussetzung ist allerdings, dass die Klage „**demnächst**" zugestellt werden kann, § 270 Abs. 3 ZPO. Dies setzt voraus, dass der Kläger alles tut, um eine schnellstmögliche Zustellung der Klage zu ermöglichen. Der Kläger muss also einen angeforderten Gerichtskostenvorschuss kurzfristig einzahlen, ggf. bei unterbliebener Kostenanforderung nachfragen und ebenso kurzfristig auf etwaigen Anfragen des Gerichtes reagieren, z.B. bei falschen Adressangaben etc. Kommt er dieser Pflicht nicht oder nur mit Verzögerungen nach, so beginnt die Hemmung erst mit der Zustellung, auch wenn weitere Hemmnisse von Seiten des Gerichts hinzukommen.

Es reicht also weiterhin aus, die Klage spätestens am letzten Tag der Verjährungsfrist bei Gericht einzureichen, sofern der Kläger nachfolgend die Zustellung nach Möglichkeit fördert.

Soweit der Kläger gewinnt oder ihm der Gegner in einem vollstreckbaren Prozessvergleich einen Ausgleich zusagt, beginnt eine neue, **dreißigjährige Verjährungsfrist**, §§ 201, 197 Abs. 1 Nr. 3 bzw. 4 BGB. Bei einer **Klagerücknahme** fällt die hemmende Wirkung erst nach Ablauf der sechs Monate weg.

707 – Zustellung des **Mahnbescheides**, § 204 Abs. 1 Nr. 3 BGB

Wählt der Gläubiger statt einer Klage die Einreichung eines Mahnbescheides, so beginnt die Verjährung ebenfalls erst mit der **Zustellung**. Genau wie bei der Klage reicht es jedoch aus, den Mahnbescheidsantrag vor Verjährungsende einzureichen, sofern die Zustellung daraufhin „**demnächst**" im Sinne von § 270 Abs. 3 ZPO erfolgen kann.

Die Hemmung **endet** sechs Monate nach rechtskräftigem Erlass eines Vollstreckungsbescheides oder eines streitigen Urteiles, wobei Ansprüche aus Vollstreckungsbescheid oder Urteil in 30 Jahren verjähren.

708 – **Güteantrag**, § 204 Abs. 1 Nr. 4 BGB

Um außergerichtliche Streitbeilegungsverfahren zu stärken, führt auch der Antrag zu einer anerkannten Gütestelle als Vorstufe eines gerichtlichen Verfahrens oder zu einer gemeinsam festgelegten sonstigen Streitschlichtungsstelle zur Hemmung.

– **Aufrechnung** im Prozess, § 204 Abs. 1 Nr. 5 BGB   **709**
Auf die Aufrechnung wurde bereits oben eingegangen (vgl. oben
Rdnr. 536 ff.). Durch die Aufrechnung erlöschen die beiden Ansprüche,
die sich aufrechenbar gegenüberstehen.
Wird die Aufrechnung im Prozess erklärt, wird außerdem noch die
Verjährung gehemmt. Dies ist immer dann vorteilhaft, wenn der Auf-
rechnende nicht sicher ist, ob die Forderung der Gegenseite besteht
oder nicht oder wenn er über die Höhe der gegnerischen Forderung
unsicher ist.

> **Fallbeispiel:**
> Bauunternehmer Kampf verklagt Auftraggeber Besenrein auf Werklohn
> in Höhe von € 20.000,00. B glaubt, dass das Aufmaß des K nicht stimmt
> und dass K daher überzahlt ist. Außerdem stehen ihm Gegenansprüche
> wegen Selbstvornahme aus einem anderen Bauvorhaben in Höhe von
> € 20.000,00 zu. Wegen des laufenden Prozesses will er jedoch abwarten,
> bevor er seinerseits K verklagt, obwohl die Verjährung dieses Anspru-
> ches bevorsteht. Im Prozess trägt B daher vor, dass K überzahlt ist und
> rechnet hilfsweise mit seinen Gegenansprüchen auf. Der vom Gericht
> bestellte Sachverständige prüft das Aufmaß und stellt fest, dass K noch
> € 5.000,00 zustehen. In Höhe dieser € 5.000,00 erlischt die Forderung
> des B, hinsichtlich der weiteren € 15.000,00 kann er K verklagen, wobei
> die Verjährung dieser Forderung während des laufenden Klageverfahrens
> gehemmt ist.

Die Hemmung **endet** sechs Monate nach rechtskräftiger Entscheidung
über die zur Aufrechnung gestellte Forderung.

– **Streitverkündung**, § 204 Abs. 1 Nr. 6 BGB   **710**
An der Durchführung von Bauvorhaben ist oft eine Reihe von Han-
delnden beteiligt. Vergibt der Auftraggeber einzelne Gewerke an verschiedene Auftragnehmer, ist ein Mangel nicht immer sicher einem
bestimmten Auftragnehmer zuzurechnen. Hat der Auftraggeber einen
Generalunternehmer eingeschaltet, muss dieser versuchen, Forderungen des Auftraggebers an seine Subunternehmer „durchzureichen". Es
kann also vorkommen, dass ein und derselbe Sachverhalt **eine Vielzahl**
von Beteiligten wirtschaftlich und rechtlich betreffen kann.
Kommt es zu einer Klage, können diese zahlreichen wirtschaftlichen
Interessen in der Klage selber oft nicht berücksichtigt werden. So muss
sich z.B. der Auftraggeber bei der gewerkeweisen Vergabe entscheiden,
welches Unternehmen er verklagen will. Dabei geht er das Risiko ein,
den falschen Beklagten zu wählen. Die Folgen einer solchen erfolglosen
Klage lässt sich mit der Streitverkündung nach § 72 ZPO reduzieren.
Wenn eine Partei glaubt, bei Verlust eines Prozesses Ansprüche gegen
Dritte zu haben, so kann sie diesen **Dritten** den Streit verkünden. Die
Streitverkündung ist zulässig, wenn die Ansprüche gegen Dritte auf

Schadensersatz oder Gewährleistung gerichtet sind. Der Auftraggeber hat z.b. die Möglichkeit, einen Auftragnehmer zu verklagen und weiteren Auftragnehmer den Streit zu verkünden, wie dies in der nachfolgenden Graphik dargestellt ist.

711

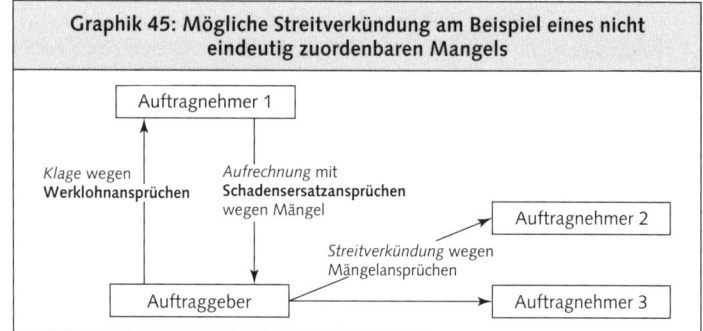

Graphik 45: Mögliche Streitverkündung am Beispiel eines nicht eindeutig zuordenbaren Mangels

Die Streitverkündung ist dann sinnvoll, wenn der Bauherr nicht sicher ist, welches der von ihm beauftragten Unternehmen die Mängel zu vertreten hat.

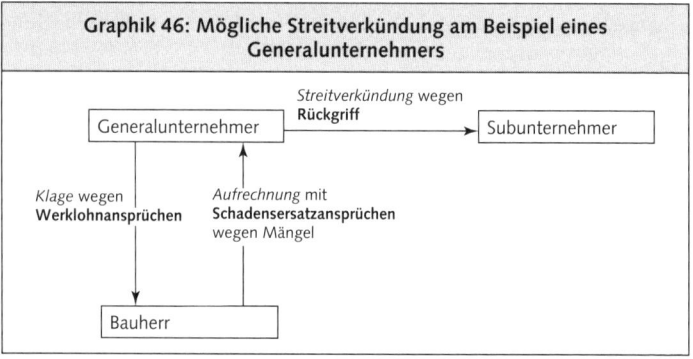

Graphik 46: Mögliche Streitverkündung am Beispiel eines Generalunternehmers

Die Streitverkündung ist dann sinnvoll, wenn der Generalunternehmer die vom Bauherrn bemängelten Leistungen durch den Subunternehmer ausführen ließ.

Zwischen dem Streitverkünder, also z.B. dem Auftraggeber, und dem Streitverkündungsempfänger, also z.B. den Auftragnehmer 2 und 3, gilt das Ergebnis des geführten Prozesses (also zwischen Auftraggeber und Auftragnehmer 1) als richtig. Wird also das Vorhandensein eines

Mangels festgestellt, kann keiner der anderen Auftragnehmer behaupten, die Leistung sei mangelfrei. Dies ist für den Auftraggeber wichtig, wenn sich herausstellt, dass der Auftragnehmer 1 den Mangel gar nicht verursacht hat, sondern schuld sei Auftragnehmer 2. Auch insoweit ist der Auftragnehmer 2 dann gebunden.

In dem graphisch dargestellten Beispiel der Streitverkündung bei Generalunternehmerverhältnissen kann der Subunternehmer später immer noch einwenden, er habe die mangelhafte Leistung nicht ausgeführt, dies habe ein anderer Subunternehmer gemacht. Er kann sich jedoch ebenfalls nicht damit verteidigen, die Leistung sei nicht mangelhaft.

Die Hemmung **endet** sechs Monate nach rechtskräftigem Abschluss des Verfahrens, in dem die Streitverkündung erfolgte.

– Einleitung des **selbständigen Beweisverfahrens**, § 204 Abs. 1 **712** Nr. 7 BGB

Das selbständige Beweisverfahren bietet die Möglichkeit, innerhalb und **außerhalb eines Klageverfahrens** über bestimmte Sachverhalte Beweis erheben zu lassen. Da es bei diesem Verfahren nur um die Feststellung von Tatsachen geht, entscheidet das Gericht nicht über bestimmte Ansprüche. Wenn z.B. in einem selbständigen Beweisverfahren festgestellt wird, dass ein bestimmter Mangel vorliegt, wird nicht darüber entschieden, ob der Auftraggeber zu Schadensersatz, Minderung oder einer Kündigung berechtigt war.

Die Hemmung **endet** sechs Monate nach Abschluss des selbständigen Beweisverfahrens. Das selbständige Beweisverfahren endet mit dem Termin zur Beweisaufnahme (z.B. zur Zeugenvernehmung) oder mit der Zustellung des Sachverständigengutachtens, wenn es nicht mehr zu einem Termin vor Gericht kommt.

– Antrag auf **Arrest oder einstweilige Verfügung**, § 204 Abs. 1 **713** Nr. 9 BGB

Die ZPO gibt den Rechtssuchenden außer dem oft zeitaufwendigen Klageverfahren auch Möglichkeiten des **einstweiligen Rechtsschutzes** an die Hand, §§ 925 ff. ZPO. Diese unterscheiden sich vom Klageverfahren dadurch, dass in einem summarischen Verfahren einstweilige Regelungen getroffen werden. Summarisch heißt in diesem Fall insbesondere, dass über die von den Parteien behaupteten Tatsachen kein Beweis erhoben wird, sondern dass Glaubhaftmachung ausreicht.

Die Verjährung wird allerdings nur hinsichtlich genau des Anspruches gehemmt, der im Verfahren des einstweiligen Rechtsschutzes geltend gemacht wird.

Der bekannteste und im Baubereich häufigste Antrag im einstweiligen Rechtsschutz betrifft die Sicherung des Auftragnehmer durch eine

Handwerkersicherungshypothek und richtet sich darauf, dass zugunsten des Auftragnehmer eine entsprechende Vormerkung eingetragen wird (ausführlich oben Rdnr. 583 ff.). Hinsichtlich dieses Anspruches, also der Eintragung einer Vormerkung, würde auch nur die Hemmung eintreten. Die Verjährung der **Werklohnforderung** würde ungehemmt weiterlaufen.

Ansonsten sind Verfahren des einstweiligen Rechtsschutzes im Bereich des privaten Baurechts eher selten. Dies kann sich möglicherweise ändern, da nach § 650d BGB die Voraussetzungen für einstweiligen Rechtsschutz für Verfahren wegen **Anordnungen nach § 650b BGB** und **Vergütungsanpassungen nach § 650c BGB** unter erleichterten Bedingungen möglich sein werden. Insoweit sind im Moment noch keine Vorhersagen möglich.

Soweit sie durchgeführt werden, betreffen sie regelmäßig Ansprüche außerhalb des Kernbereiches des Baurechts, also der Erbringung der Werkleistung und der Bezahlung. Nur ausnahmsweise können auch eilige Baumaßnahmen durchgesetzt oder mangelhafte Leistungen verhindert werden. **Mögliche Gegenstände** sind die Herausgabe von Planunterlagen, die Erlaubnis, die Baustelle zu betreten, eine Beweissicherung durchführen zu können, das Verbot, nach Kündigung Gerüste etc. von der Baustelle zu entfernen oder das Verbot, urheberrechtliche relevante Eingriffe vorzunehmen.

In den geschilderten Fällen geht es vor allem um **besonders dringliche Maßnahmen**, die von vorne herein nicht von Verjährung bedroht sind, so dass § 204 Abs. 1 Nr. 9 BGB im Baubereich wohl nur geringe Bedeutung haben wird.

Die Hemmung **endet** sechs Monate nach Beendigung des Verfahrens, also z.B. nach Erlass einer einstweiligen Verfügung oder rechtskräftiger Zurückweisung.

714 – **Antrag** auf Bestimmung des zuständigen Gerichts, § 204 Abs. 1 Nr. 13 BGB

Vor Einreichung einer Klage muss das zuständige Gericht ermittelt werden. Dabei kann es vorkommen, dass ein Kläger mehrere Beklagte in Anspruch nehmen will und dass es kein Gericht gibt, vor dem Klage gegen alle Beklagte erhoben werden könnte. Für solche Fälle besteht die Möglichkeit, das zuständige Gericht bestimmen zu lassen, wofür ein höheres Gericht zuständig ist. Da die Klageerhebung aus Sicht des Klägers in diesem Fall allein durch die Zuständigkeitsregeln der ZPO verhindert wird, ist es nur konsequent, bereits mit der Einreichung dieses Antrages – sofern er demnächst zugestellt werden kann – die Verjährung zu hemmen.

Die Hemmung **endet** sechs Monate nach Bestimmung des zuständigen Gerichtes bzw. der rechtskräftigen Zurückweisung des Antrages, sofern nicht ein Hauptsacheverfahren durchgeführt wird.

– Bekanntgabe des Antrages auf Gewährung von **Prozesskostenhilfe**, **715** § 204 Abs. 1 Nr. 14 BGB
Ist eine Partei nicht in der Lage, aus eigenen Mitteln einen Prozess zu finanzieren, kann sie **Prozesskostenhilfe** beantragen. Dabei spielt es keine Rolle, ob die Partei Kläger oder Beklagter ist. Die Einzelheiten sind in §§ 119 ff. ZPO geregelt. Dort finden sich insbesondere Regelungen dazu, wann eine Partei als bedürftig anzusehen ist. Anforderungen der Rechtsprechung an den Antrag, wie z.B., dass sich der Antragsteller selber für bedürftig halten muss, hat der Gesetzgeber ausdrücklich nicht in diese Regelung übernommen.

Da der Antragsteller grundsätzlich auch eigenes Vermögen für die Prozessführung verwenden muss, sind aktive Bauunternehmen regelmäßig nicht berechtigt, Prozesskostenhilfe zu erhalten.

Da dieser Antrag jedoch ohne anwaltliche Hilfe gestellt werden kann, kann ein solcher Antrag eine vergleichsweise **kostengünstige Möglichkeit** sein, zugleich die Verjährung des Anspruches zu hemmen und die Aussichten der Klage festzustellen. So besteht z.B. auch im Prozesskostenhilfeverfahren die Möglichkeit, dass ein Gericht mündlich verhandeln lässt und dass bei dieser Gelegenheit ein Vergleich protokolliert wird.

Die Hemmung **endet** sechs Monate nach Entscheidung über die Prozesskostenhilfe, sofern nicht ein Hauptsacheverfahren durchgeführt wird.

c) Außergerichtliche Rechtsverfolgung

– Beginn eines vereinbarten **Begutachtungsverfahrens**, § 204 Abs. 1 **716** Nr. 8 Alternative 1 BGB.
Bei § 203 BGB tritt eine Hemmung der Verjährung bereits dann ein, wenn die Beteiligten über einen Anspruch verhandeln. Es ist deswegen konsequent, wenn die Durchführung einer demgegenüber noch intensiveren Maßnahme, nämlich der vereinbarten Begutachtung, ebenfalls zur Hemmung führt.

Diese Regelung wird wegen § 203 BGB nur dann wirklich zum Tragen kommen, wenn das vereinbarte Begutachtungsverfahren automatisch und ohne vorherige oder begleitende Verhandlungen der Parteien beginnt.

Eine Begutachtung liegt immer dann vor, wenn ein nicht mit den Anspruchsgegnern identischer Dritter eine Tatsache, einen Sachverhalt, ei-

nen Ablauf, eine Rechtsauffassung etc. untersucht und den Anspruchsgegnern das Ergebnis seiner Untersuchungen schriftlich, mündlich oder
in anderer Form mitteilen soll. Der Dritte kann auch eine Institution
wie z.B. eine Kammer sein.

Gehemmt wird die Verjährung für den Anspruch, der unter die Begutachtung fällt, alle anderen Ansprüche verjähren ohne Hemmung
weiter.

Die Hemmung **endet** sechs Monate nachdem der Dritte den Parteien
das Ergebnis seiner Begutachtung mitgeteilt hat. Maßgeblich ist dabei
der Zugang bei den Parteien.

717   – Anmeldung im **Insolvenzverfahren**, § 204 Abs. 1 Nr. 10 BGB
Die Hemmung durch Anmeldung soll den Gläubiger davor schützen,
dass er während der Prüfung des Insolvenzverwalters eine Klage einreichen muss, nur um die Verjährung zu hemmen. Die dadurch entstehenden Kosten wird ihm die Insolvenzmasse regelmäßig nicht ersetzen
können. Wird sein Anspruch zur Tabelle anerkannt, wäre außerdem das
Klageverfahren unzulässig.

Die Hemmung **endet** sechs Monate nachdem der Insolvenzverwalter
dem Gläubiger das ablehnende Ergebnis seiner Prüfung mitgeteilt hat.
Soweit der Insolvenzverwalter die Forderung zur Tabelle feststellt,
beginnt nach §§ 201, 197 Abs. 1 Nr. 5 BGB eine neue, **dreißigjährige
Verjährungsfrist**.

718   – Einleitung eines **Schiedsverfahrens**, § 204 Abs. 1 Nr. 11 BGB
Im Hinblick auf die hemmende Wirkung von außergerichtlichen Verhandlungen (§ 203 BGB) und von einvernehmlich durchgeführten Be-
gutachtungen (§ 204 Abs. 1 Nr. 8 BGB) ist es nur folgerichtig, dass auch
ein Schiedsverfahren die Verjährung hemmt. Die Hemmung **endet**
sechs Monate nach Zustellung des Schiedsspruches.

3. Hemmung aufgrund von Vereinbarung, § 205 BGB

719 Die Verjährung ist auch dann gehemmt, wenn der Schuldner aufgrund
einer **Vereinbarung** zur Verweigerung der Leistung berechtigt ist. Diese
Vorschrift ergänzt die Regeln zur Hemmung bei Verhandlungen und bei
außergerichtlicher Rechtsverfolgung. Eine solche verjährungshemmen-
de Vereinbarung liegt typischerweise bei den **Sicherheitseinbehalten**
vor. Solange die Verjährungsfrist läuft, darf der Auftraggeber einen bestimmten Teil des Werklohnes einhalten. Natürlich ist der Auftraggeber
spätestens mit Ende der Verjährungsfrist der Mängelansprüche zur Auszahlung verpflichtet. Es ist durch § 205 BGB jedoch sichergestellt, dass
der Zahlungsanspruch des Auftragnehmers nicht verjährt, bis die Verjäh-

rungsfrist für Mängelansprüche vorbei ist. Der Anspruch auf Auszahlung des Gewährleistungseinbehaltes beginnt also erst zu verjähren, wenn die Verjährungsfrist für die Mängel endet.

V. Neubeginn der Verjährung

Im Unterschied zur Hemmung führt der **Neubeginn** der Verjährung **720** nicht nur dazu, dass die Verjährung vorübergehend nicht weiterläuft. Der Neubeginn hat vielmehr zur Folge, dass die Verjährung mit ihrer **vollen ursprünglichen Länge** wieder beginnt. Allerdings beginnt die Verjährung unmittelbar am Tag nach dem jeweiligen maßgeblichen Ereignis und nicht nach § 199 BGB mit dem Anfang des nächstfolgenden Jahres. Die neubegonnene Verjährung endet also nicht zwangsläufig am 31.12. Wenn das Anerkenntnis in einer Erklärung liegt, erfolgt der Neubeginn an dem Tag nach der Abgabe, nicht erst mit dem Zugang der Erklärung!

> **Fallbeispiel:**   **721**
> Auftragnehmer Amselfeld rechnet 2017 gegenüber Auftraggeber Brotgeber € 10.000,00 ab. Dieser Anspruch würde mit Ablauf des 31.12.2020 verjähren. Nachdem A mehrfach gemahnt hat, schickt ihm B am 18.11.2019 mit Eingang 20.11.2019 einen Scheck mit dem Vermerk „1. Teilzahlung, Rest folgt". Die Verjährung beginnt neu und endet drei Jahre später, also am 18.11.2022, 24.00 h.

Nach § 212 BGB erfolgt ein Neubeginn, wenn der Schuldner den An- **722** spruch anerkennt oder wenn der Gläubiger vollstreckt. Wichtigster Fall des Neubeginnes ist das **Anerkenntnis** der Forderung.

1. Anerkenntnis

Nach § 212 Abs. 1 Nr. 1 BGB beginnt die Verjährung neu, wenn der **723** Schuldner den Anspruch anerkennt. Wie dies **Anerkenntnis** aussieht, ist unwesentlich. Das Gesetz nennt als **Beispiele** Abschlagszahlungen, Zinszahlungen und Sicherheitsleistung. Diese Beispiele betreffen vor allem Zahlungsansprüche. Das Anerkenntnis kann aber nach dem Gesetz auch „in anderer Weise" erfolgen.

Ein Anerkenntnis ist in der Regel ein rein **tatsächliches Verhalten**, **724** wie die Beispiele des § 212 Abs. 1 Nr. 1 BGB zeigen. Wenn der Schuldner in einer Weise handelt, die als Anerkenntnis zu verstehen ist, beginnt die Verjährung neu. Dabei kommt es nicht darauf an, ob der Schuldner dies auch wirklich will oder ob es sich aus seiner Sicht nur um eine Verzögerungstaktik handeln soll. Maßgeblich ist stets die Sicht des Empfängers, der **Empfängerhorizont** (vgl. zum Empfängerhorizont oben Rdnr. 192). So kann auch eine Bitte um Zahlungsaufschub ein Anerkenntnis sein. Entscheidend ist, ob der Gläubiger den Schuldner so verstehen muss, dass dieser den Anspruch **unzweideutig** dem Grunde nach anerkennen will.

725 Der Auftragnehmer kann also z.b. Mängelansprüche anerkennen, indem er die Mängel beseitigt oder eine solche Mängelbeseitigung zusagt. Will ein Auftragnehmer dies ohne Anerkenntnis einer Rechtspflicht („aus Kulanz") tun, muss er dies eindeutig gegenüber dem Auftraggeber äußern! Tut er dies nicht, gilt seine Handlung als Anerkenntnis. Ein Anerkenntnis liegt auch regelmäßig dann vor, wenn er selber von seiner Schlussrechnung Abzüge für Mängel macht.

Selbstverständlich kann ein Anerkenntnis aber auch ausdrücklich erfolgen, also durch mündliche oder schriftliche Erklärung.

726 Steht dem Schuldner eine unbestrittene Forderung gegen den Gläubiger zu, so kann er die **Aufrechnung** erklären. Tut er dies, so kommt es auf den Einzelfall an, ob er dadurch die Forderung des Gläubigers gegen sich selber anerkennen will. Da das Anerkenntnis des Schuldners unmissverständlich sein muss, ist hier also Vorsicht geboten. Ein Anerkenntnis scheidet immer dann aus, wenn der Schuldner in engem zeitlichem Zusammenhang mit der Aufrechnung die Forderung gegen sich bestreitet oder die Aufrechnung nur „vorsichtshalber" erklärt.

727 **Abschlagszahlungen** nach § 632a BGB oder § 16 VOB/B sind **regelmäßig nicht** als ein solches Anerkenntnis anzusehen, da sie offensichtlich und erkennbar nur vorläufigen Charakter haben sollen und der Auftraggeber erst bei der Schlussrechnung prüft – und normalerweise erst prüfen kann – ob der abgerechnete Werklohn berechtigt ist oder nicht. Bei der Schlussrechnung kann der Auftraggeber daher alle Verteidigungsmittel geltend machen.

2. Vollstreckung

728 Der Gläubiger kann den Neubeginn der Verjährung auch herbeiführen, indem er mit einem gerichtlichen Titel eine Vollstreckung **beantragt**, § 212 Abs. 1 Nr. 2 BGB. Für diese Vollstreckungsmaßnahme müssen alle gesetzlichen Voraussetzungen vorliegen.

10. Teil
Verträge mit Verbrauchern

Das BGB sieht für Verträge mit Verbrauchern zahlreiche Sonderrege- **728a**
lungen vor (wer Verbraucher ist, wird oben in Rdnr. 32 erläutert). Diese
besonderen Vorschriften sind überwiegend in §§ 650i ff. BGB zu finden,
bei den gesetzlichen Vorgaben für Verbraucherbauverträge. Einige Besonderheiten finden sich jedoch an anderer Stelle. Diese Regelungen sind
oben jeweils mit den allgemeinen Regeln erklärt, was allerdings einen
Überblick über diese besonderen Vorschriften erschwert. Wegen der besonderen Bedeutung und des Umfangs dieser Sonderregelungen wird an
dieser Stelle auf die wichtigsten Vorschriften noch einmal hingewiesen:

– Widerrufsrecht bei Verbraucherbauverträgen und bei außerhalb von **728b**
  Geschäftsräumen geschlossenen Verträgen (vgl. oben Rdnr. 80c);

– Sonderkündigungsrecht bei Architekten- und Ingenieurverträgen (vgl.
  oben Rdnr. 80e);

– Anforderungen an die Baubeschreibung bei Verbraucherbauverträgen
  (vgl. oben Rdnr. 202a);

– Anforderungen an eine Änderungsvereinbarung nach § 312a Abs. 3
  BGB (vgl. oben Rdnr. 248);

– Herausgabe von Unterlagen bei Verbraucherbauverträgen (vgl. oben
  Rdnr. 395a)

– Abschlagszahlungen bei Verbraucherbauverträgen (vgl. oben
  Rdnr. 505);

– Sicherheitsleistung bei Verbraucherbauverträgen (vgl. oben Rdnr. 627).

11. Teil
Sonstige Regelungen

I. Zusammenarbeit von Unternehmen

1. Generalunternehmer/Generalübernehmervertrag

a) Der Generalunternehmervertrag

Der „normale" Vertrag über Bauleistungen sieht vor, dass der Auftragneh- **729**
mer eine bestimmte Leistung erbringt. Diese Leistung ist regelmäßig nur
ein Teil der insgesamt für ein Bauwerk erforderlichen Arbeiten. Beauftragt
der Auftraggeber mehrere Auftragnehmer mit einander ergänzenden Leistungen, muss der Auftraggeber die Zusammenarbeit der Auftragnehmer
steuern, er ist maßgeblich für die **Koordination** des Bauablaufes vorhanden.
Viele Auftraggeber können oder wollen diese Aufgabe nicht übernehmen.
Eine Möglichkeit, sich der Rolle als koordinierender Auftraggeber weitgehend zu entziehen, ist der Abschluss eines Generalunternehmervertrages.

Die vertraglichen Beziehungen der Beteiligten, also Hauptauftrag- **730**
geber, Generalunternehmer und Subunternehmer, lassen sich wie folgt
darstellen:

Graphik 47: Beschreibung der Vertragsverhältnisse bei Generalunternehmer-Aufträgen

Hauptauftraggeber — ist direkter Auftraggeber des Generalunternehmers und hat keine vertragliche Beziehung mit dem Subunternehmer

Bauvertrag 1
Generalunternehmervertrag

Generalunternehmer — ist Auftragnehmer von des Hauptauftraggebers und Auftraggeber des Subunternehmers

Bauvertrag 2
Subunternehmer-Vertrag

Sub-Unternehmer — ist Auftragnehmer des Generalunternehmers und hat keine vertragliche Beziehung mit dem Hauptauftraggeber

731 In typischen Fällen übernimmt der Generalunternehmer (auch **GU** oder Hauptunternehmer) für den Hauptauftraggeber die Errichtung von Gebäuden oder anderen großen baulichen Anlagen. Dabei verpflichtet er sich, **alle** dabei anfallenden Arbeiten auszuführen, unabhängig davon, ob er sie im eigenen Betrieb ausführen kann oder ob er sie an dritte Subunternehmer vergeben muss. Der Umfang der Leistung im Einzelnen bestimmt sich dabei – wie bei jeder Beauftragung – nach dem **Vertrag**. Es ist weitgehend üblich, die Leistungen dem Generalunternehmer pauschal zu übertragen. Bei einem Generalunternehmer-Pauschalvertrag ergeben im Vergleich zu anderen **Pauschalverträgen**, die oben in Rdnr. 205 dargestellt sind, keine Besonderheiten.

732 Der Generalunternehmervertrag hat für den Hauptauftraggeber im Wesentlichen folgende **Vorteile**:

– weitgehender Wegfall von Koordinationsaufgaben;

– Wegfall von Schnittstellen oder Abgrenzungsproblemen bei Leistungserbringung und Mängelansprüchen.

Nachteil dieser Vertragsform ist, dass der Generalunternehmer für die Koordinierung der Leistung seiner Subunternehmer einen sog. Generalunternehmer-Zuschlag einkalkuliert, der üblicherweise zwischen 10 – 15 % liegt. Außerdem benötigt der Auftraggeber auch weiterhin eigene Kompetenzen, um die Vertragserfüllung durch den Generalunternehmer prüfen zu können.

733 **Generalübernehmer** haben im Vergleich zum Generalunternehmer einen weiteren Pflichtenkreis. So spricht man z.B. dann von einem Generalübernehmer, wenn der Auftragnehmer neben Bauleistungen auch Planungsleistungen erbringen muss. Diese Abgrenzung zwischen Generalunternehmer und Generalübernehmer ist jedoch nicht zwingend, oft werden die Begriffe auch ohne inhaltliche Unterscheidung verwendet.

734 Zu der Frage, wann der Hauptauftraggeber die Beauftragung von Subunternehmern **genehmigen** muss und wann er seine Genehmigung verweigern kann, wird oben in Rdnr. 236 Stellung genommen. Wenn ein Vertrag als Generalunternehmervertrag bezeichnet ist, liegt regelmäßig bereits im Abschluss des Vertrages die Genehmigung, Subunternehmer zu beauftragen.

b) Gestaltung von Subunternehmerverträgen

735 Bei der Gestaltung von **Subunternehmerverträgen** sollte der Generalunternehmer folgendes beachten:

aa) Der Generalunternehmer muss auf die **Identität der Vertragsbedingungen** achten. Da er mit Hilfe der Subunternehmer seinen eigenen

Vertrag mit dem Hauptauftraggeber erfüllen will, muss er den Inhalt dieses Vertrages an seine Subunternehmer weitergeben. Dies betrifft insbesondere

– Leistungsinhalt;

– Termine/Fristen;

– Mängelansprüche;

– Abrechnungsweise;

– Kündigungsmöglichkeiten;

– Weisungsrechte.

Diese Identität der Vertragsbedingungen ist Voraussetzung dafür, dass der Generalunternehmer Forderungen des Hauptauftraggebers an seine Subunternehmer weitergeben kann. Deswegen empfiehlt es sich in der Regel nicht, vom Vertrag mit dem Hauptauftraggeber abweichende Formular-Subunternehmerverträge zu verwenden.

bb) Der Generalunternehmer sollte in folgenden Punkten von dem Vertrag zwischen ihm und dem Bauherren abweichen:

– Vereinbarung eines **Kündigungsrechts** im Falle der Kündigung des Hauptvertrages;

– **Abnahme**; diese sollte möglichst mit der Abnahme durch den Bauherren zusammenfallen.

cc) Besondere AGB-Problematik

Reicht der Generalunternehmer die Vertragsbedingungen des Generalunternehmervertrages an seine Subunternehmer weiter, muss er diese noch einmal dahingehend prüfen, ob sie AGB-rechtlich unproblematisch sind. Selbst wenn der Generalunternehmervertrag keine AGB enthält, werden die Regelungen zu AGB, wenn der Generalunternehmer sie in mehreren Subunternehmer-Verträgen verwendet.

c) Durchbrechung der Trennung der Vertragsverhältnisse

Wie oben dargestellt, sind die Vertragsverhältnisse zwischen Hauptauftraggeber, Generalunternehmer und Subunternehmer rechtlich voneinander unabhängig. Hiervon gibt es jedoch eine Reihe von **Ausnahmen**: **736**

aa) Zu Lasten des Generalunternehmers

Beim Einsatz von Subunternehmer besteht nach § 14 **Arbeitnehmerentsendegesetz** für den Generalunternehmer das **Risiko**, dass er direkt Ansprüchen von Arbeitnehmern dieser Subunternehmer aus Zahlung des **Mindestlohnes** ausgesetzt sein kann. **737**

738   Nach § 28e IIIa SGB IV kann ein Generalunternehmer für die von
seinen Nachunternehmern zu entrichtenden **Sozialversicherungsbeiträge**
haften.

739   Für **Zahlungsansprüche** des Subunternehmers enthält § 641 Abs. 2
Sonderregeln. Danach werden sie fällig, wenn und soweit der Generalunternehmer vom Hauptauftraggeber Zahlungen für die vom Subunternehmer ausgeführten Leistungen erhält oder soweit der Hauptauftraggeber die
vom Subunternehmer erbrachten Leistungen abgenommen hat. Weil der
Subunternehmer diese Umstände nicht kennen kann, enthält § 641 Abs. 2
Nr. 3 BGB die Regelung, dass der Zahlungsanspruch auch dann fällig wird,
wenn der Subunternehmer vom Generalunternehmer erfolglos Auskunft
über die Zahlung bzw. Abnahme des Hauptauftraggebers verlangt hat.

740   Auch für **Mängelansprüche** gibt es nach einer mittlerweile gefestigten
Rechtsprechung deutliche Beschränkungen des Generalunternehmers. Sobald feststeht, dass der Hauptauftraggeber die Leistungen billigt und keine
Ansprüche mehr gegen den Generalunternehmer mehr geltend macht,
kann der Hauptunternehmer keine Ansprüche mehr gegen den Subunternehmer geltend machen.

> **Fallbeispiel:**
> Der Unternehmer Unknapp ist beauftragt, für einen Investor Inkomp
> ein Gebäude mit mehreren Wohnungen zu errichten. Der Unternehmer
> Unknapp beauftragt den Subunternehmer Nepomuk mit der Ausführung
> von Trockenbauarbeiten.
>
> Nepomuk führt die Trockenbauarbeiten mangelhaft durch, die Wände
> sind nicht gleichmäßig gearbeitet, die Lärmschutzdämmung ist nicht
> ordnungsgemäß ausgeführt usw. Dem Investor Inkomp fällt das nicht auf,
> weil er die Baustelle kaum betritt. Unknapp hingegen stellt die Mängel
> fest und lässt zur Hemmung der Verjährung ein selbständiges Beweisver-
> fahren und dann eine Klage durchführen.
>
> Variante 1 (nach BGH vom 12.7.2007 – VII ZR 154/06):
>
> Weil Inkomp sich gar nicht um die Mängel kümmert – und auch seine
> Käufer diese zu spät bemerken – verjähren seine Ansprüche. Der Trocken-
> bauer wehrt sich im Klageverfahren. Weil der Investor keine Ansprüche
> mehr gegen den Unternehmer hat, habe der Unternehmer keine Ansprü-
> che mehr gegen den Nachunternehmer. Der Unternehmer sei ja in keiner
> Weise geschädigt. Der Unternehmer wendet ein, mangelhafte Arbeit
> müsse auf keinen Fall vollständig bezahlt werden.
>
> Variante 2 (nach BGH vom 28.6.2007 – VII ZR 8/06)
>
> Inkomp wird doch noch rechtzeitig wach und verklagt den Unternehmer
> wegen zahlreicher streitiger Mängel. In diesem Prozess vergleichen sich
> der Investor und der Unternehmer. Der Subunternehmer will jetzt nicht
> mehr für seine Mängel zahlen, als der Unternehmer an den Investor
> leisten muss.

In beiden Fällen hat der Subunternehmer recht bekommen. Der Unternehmer hatte durch die Untätigkeit bzw. den Vergleich mit dem Bauherren einen Vorteil. Und diesen Vorteil muss er, so der BGH, an den Nachunternehmer weitergeben.

bb) Zu Lasten des Subunternehmers

Zu möglichen Ansprüchen im Verhältnis zwischen Hauptauftraggeber **741**
und Subunternehmer folgendes Beispiel:

> **Fallbeispiel:**   **742**
> Auftraggeber Bravorös beauftragt das Unternehmen HausBau mit der schlüsselfertigen Erstellung eines Einfamilienhauses. B überwacht die Arbeiten regelmäßig und kommt dabei mit dem Estrich- und Parkettverleger Legefix ins Gespräch. Dieser ist als Subunternehmer für HausBau tätig. L und B unterhalten sich u.a. über die vorgesehene Versiegelung des Parketts und L schlägt B vor, stattdessen eine umweltfreundliche Behandlung mit einem bestimmten Öl vorzunehmen. B stimmt dem zu und in Abweichung vom Hauptauftrag kauft L für B das vorgeschlagene Öl. Weil das verwendete Parkett jedoch vorbehandelt ist, zieht das Öl nicht ein und verklebt den gesamten Parkettbereich. Weil HausBau zwischenzeitlich pleite ist, macht B Ansprüche gegen L geltend. L verteidigt sich damit, dass zwischen ihm und B kein Vertrag besteht. Vor Gericht hat er damit keinen Erfolg. B hat im Vertrauen auf **die besondere Sachkenntnis** von L die Änderung der Ausführung direkt bei L in Auftrag gegeben. Wegen dieses enttäuschten Vertrauens haftet ihm L persönlich.

Ähnlich hat die Rechtsprechung entschieden, wenn der Bauherr gegenüber **743**
dem Subunternehmer nur **Zusatzleistungen** bestellt, die mit der vom Generalunternehmer geschuldeten Leistung zwingend verbunden sind. Im entschiedenen Fall betraf der direkt erteilte Zusatzauftrag nur die Lieferung eines größeren als des ursprünglich bestellten Heizkessels. Auch in diesen Fällen gerät der Subunternehmer in Gefahr, sowohl dem Hauptauftraggeber als auch dem Generalunternehmer wegen Mängelansprüchen zu haften.

cc) Zugunsten von Subunternehmern: Direktzahlung durch den Bauherren

Diese Ausnahme setzt die Vereinbarung der **VOB/B** voraus: Der Bauherr **744**
kann nach § 16 Abs. 6 VOB/B direkt an den Subunternehmer zahlen, als sog. **Direktzahlung**.

Voraussetzung für eine Direktzahlung des Bauherren ist, dass der Generalunternehmer mit seinen Zahlungen im Verzug ist, der Subunternehmer die Fortsetzung seiner Leistung zu Recht verweigert und die Direktzahlung die Fortsetzung der Leistung sicherstellen soll. Der Subunternehmer kann sich in solchen Fällen an den Bauherren wenden, der den Generalunternehmer auffordert, zu dem Zahlungsverlangen des Subunternehmers

Stellung zu nehmen. Der Generalunternehmer ist zu dieser Stellungnahme verpflichtet. Stimmt er dieser Anfrage einer Zahlung an seine Subunternehmer zu oder widerspricht er einer solchen Direktzahlung nicht, so kann der Bauherr auf der Grundlage von § 16 Abs. 6 VOB/B den Werklohn des Generalunternehmers direkt an den Subunternehmer zahlen. Bei Schweigen des Generalunternehmers gilt es als bestätigt, dass die Voraussetzungen für die Direktzahlung an den Subunternehmer vorliegen.

2. Arbeitsgemeinschaft (ARGE)

745 Die zunehmende Beauftragung von Generalunternehmerverträgen hat dazu geführt, dass sich immer mehr Arbeitsgemeinschaften (**ARGE**) gebildet haben, die sich um solche Aufträge zu bemühen. Für kleine und mittelständische Unternehmen bietet die ARGE die Möglichkeit, sich direkt um große Aufträge zu bemühen, ohne auf die oft undankbare Rolle als Subunternehmer beschränkt zu sein. Die ARGE bietet den teilnehmenden Unternehmen außerdem die Möglichkeit, ihre jeweiligen Stärken in die ARGE einzubringen. Dies kann ein Grund sein, warum auch viele große Unternehmen der Bauindustrie sich an Arbeitsgemeinschaften beteiligen.

746 Die Mitglieder der ARGE schließen sich in der Regel auf der Grundlage eines schriftlichen **ARGE-Vertrages** zusammen.

Eine ARGE kann sich aber auch spontan und formlos bilden. Wenn der Vertrag nichts anderes vorsieht, ist die ARGE eine **BGB-Gesellschaft**. Das bedeutet im Wesentlichen, dass die ARGE-Mitglieder jedes für sich zwingend dem Auftraggeber für die gesamte Leistung haften. Wird ein Mitglied insolvent, müssen sich die anderen Mitglieder bemühen, dessen Leistungsteil zu übernehmen. Für den Auftraggeber hat diese Insolvenz grundsätzlich keine Folgen, insbesondere besteht der Vertrag mit der ARGE weiter.

747 Die ARGE kann hingegen frei festlegen, wer sie **nach außen vertritt**. Üblicherweise vertritt ein Mitglied die ARGE nach außen als Geschäftsführer. Enthält der Vertrag keine Festlegungen, können jedoch nur alle Mitglieder gemeinsam die ARGE nach außen vertreten.

748 Weiter muss die ARGE festlegen, wie sie **intern** ihre Beschlüsse fasst. Hierbei wird in der Regel entsprechend der gesetzlichen Vorgabe festgelegt, dass Beschlüsse einstimmig gefasst werden müssen.

749 Sehr wichtig ist die Regelung der **Gewinnverteilung**. Die ARGE führt die Leistungen selber als eigene Rechtsperson aus und macht daher Gewinn. Dieser muss spätestens nach Abschluss der Baumaßnahme unter die Mitglieder verteilt werden. Der Gewinnverteilungsschlüssel orientiert sich in der Regel an dem ursprünglich vorgesehenen Leistungsumfang der einzelnen Mitglieder. Veränderungen der Leistungen, insbesondere Verschiebungen zwischen den Gewerken werden regelmäßig nicht berücksichtigt.

Die ARGE ist als BGB-Gesellschaft selber rechtsfähig und kann unter ihrem Namen **klagen** und verklagt werden. **750**

II. Kaufvertrag

Wie oben in Rdnr. 25 ff. angesprochen, sind Verträge über die Lieferung von **beweglichen Sachen** immer als Kaufverträge anzusehen. Das betrifft insbesondere alle Verträge, bei denen sich der Auftragnehmer verpflichtet, bewegliche Gegenstände wie Fenster, Türen, aber auch Maschinen und Maschinenteile etc. zu liefern und der Auftraggeber sie selber einbaut bzw. einbauen lässt. Dabei kommt es nicht darauf an, ob es sich um Produkte „von der Stange" handelt, oder ob es sich um Einzel-, Sonder- oder Maßanfertigungen handelt, bei denen die Herstellung auch einen gewissen Erfolgsbezug hat. Ein Urteil des BGH betraf beispielsweise große Silos, die ein Auftragnehmer planen, herstellen und liefern sollte – weil der Auftraggeber sie selber eingebaut hat, galt hierfür das Kaufrecht! **751**

Natürlich gilt Kaufrecht aber auch bei allen Verträgen über Baustoffe und vorgefertigte Bauteile. Daher hat das Kaufrecht eine durchaus erhebliche, leider oft unterschätzte Bedeutung im Baubereich.

Da Kaufvertragsrecht und Werkvertragsrecht weitgehend ähnlich sind, werden an dieser Stelle nur die wesentlichen Unterschiede zwischen Kaufvertrag und Werkvertrag erläutert. Diese Unterschiede sind vorab zusammengefasst: **752**

– der Verkäufer hat keinen gesetzlichen Anspruch auf Abschlagszahlungen;

– der Käufer muss nur völlig mangelfreie Kaufsachen abnehmen;

– das **Wahlrecht**, ob der Verkäufer eine mangelhafte Sache nachbessern oder eine ganz neue Sache liefern muss, steht im Werkvertragsrecht dem Auftragnehmer zu (§ 635 Abs. 1 BGB) und im Kaufvertragsrecht dem Auftraggeber bzw. Käufer (§ 439 Abs. 1 BGB);

– aus dem eben Gesagten ergibt sich auch, dass der Verkäufer nicht eine bestimmte Art der Nacherfüllung verlangen kann (sofern der Käufer die durch § 439 Abs. 3 BGB gesetzten Grenzen einhält);

– beim Kaufvertrag gibt es kein **Selbstvornahmerecht** des Käufers, womit zugleich die Möglichkeit entfällt, Einbehalte wegen der voraussichtlichen Kosten der Mängelbeseitigung zu machen (die Möglichkeit, andere Zurückbehaltungsrechte geltend zu machen, bleibt natürlich unberührt);

– der Käufer hat kein freies gesetzliches **Kündigungsrecht**, wie es dem Werkbesteller nach § 648 BGB zusteht, außer bei Verträgen über unvertretbare Sachen;

– bei Kaufverträgen zwischen Unternehmen muss der Käufer die gekaufte Sache kurzfristig auf Mängel **untersuchen** und diese rügen, § 377 HGB. Sonst verliert er seine Mängelansprüche.

753 Außerdem wird auf die Besonderheiten der **Mängelansprüche** und ihrer Verjährung sowie auf die Sondervorschriften des Verbrauchsgüterkaufs eingegangen. Bei der Verjährung der Mängelansprüche ist besonders auf die Sondervorschrift für den Kauf von Baumaterialien hinzuweisen.

1. Besonderheiten des Kaufvertrages

a) Abschlagszahlungen

754 Im Kaufvertrag gibt es **keine gesetzliche Regelung**, die den Käufer zur Zahlung von Abschlagszahlungen verpflichten könnte. Abschlagszahlungen müssen daher **vereinbart** werden. Dabei müssen sich die Vereinbarungen am gesetzlichen Leitbild „Erst die Ware, dann das Geld" messen lassen. Zahlungen ohne jegliche Gegenleistung dürften zumindest in AGB gegenüber Verbrauchern problematisch sein.

b) Abnahme nur völlig mangelfreier Sachen

755 Im Werkvertragsrecht darf der Auftraggeber eine Abnahme nur dann verweigern, wenn die Leistung wesentliche Mängel hat. Anders im Kaufrecht: Hier muss der Verkäufer eine **vollständig mangelfreie** Leistung bringen. Tut er dies nicht, muss der Käufer die auch nur leicht mangelhafte Ware nicht annehmen.

c) Wahlrecht

756 Wie oben angesprochen, kann beim Kaufrecht der Käufer wählen, ob der Verkäufer im Rahmen der **Nacherfüllung** eine neue Sache liefert oder ob er den Mangel in anderer Weise beseitigt. Das kann insbesondere bei allen Individualanfertigungen natürlich ein starkes Druckmittel des Käufers sein, da die Neuanfertigung in der Regel viel teurer ist als die Mängelbeseitigung. Der Verkäufer hat – anders als im Werkvertrag – keinen Anspruch darauf, den Mangel ohne Nachlieferung zu beseitigen. Dieses Wahlrecht ist insbesondere dadurch eingeschränkt, dass sie keine unverhältnismäßigen Kosten verursachen darf, § 439 Abs. 3 BGB.

Der Verkäufer sollte daher darauf achten, dass er vertraglich von diesen **757** gesetzlichen Vorgaben abweichende Regelung vereinbart. Auch in AGB kann sich der Verkäufer ein Nachbesserungsrecht sichern. Allerdings muss er bei einem Fehlschlagen der Nachbesserung wieder die gesetzlich vorgesehene Nachlieferung eröffnen.

d) Kein Selbstvornahmerecht

Der Käufer darf einen Mangel des gelieferten Kaufgegenstandes nicht **758** selber im Wege der **Selbstvornahme** beseitigen. Er kann also insbesondere

- **keine** Ersatzvornahmekosten geltend machen;
- den Kaufpreis nicht in Höhe des Mehrfachen der Mängelbeseitigungskosten zurückhalten;
- keinen Vorschuss für die Mängelbeseitigungskosten verlangen.

Der Käufer kann aber einen Schaden bzw. Minderung geltend machen und sich im Zweifel an den Mängelbeseitigungskosten orientieren. Bis der Mangel beseitigt ist, kann er außerdem einen den Mängelbeseitigungskosten entsprechenden Betrag zurückhalten.

e) Kein freies Kündigungsrecht

Der Käufer hat kein freies **Kündigungsrecht**. Der Auftraggeber eines **759** Werkvertrages kann (sofern vertraglich nichts anderes vereinbart ist), den Vertrag jederzeit ohne wichtigen Grund kündigen. Zwar muss er dann nach § 648 BGB einen Teil der vereinbarten Vergütung an den Auftragnehmer zahlen (vgl. oben Rdnr. 654), doch kann dies für den Auftraggeber wesentlich günstiger sein, als den Vertrag durchzuführen.

Es gibt jedoch eine für den Baubereich sehr wichtige **Ausnahme**. Bei der **760** Herstellung von **unvertretbaren** beweglichen Sachen gilt zwar das Kaufrecht. Nach § 650 BGB hat der Besteller jedoch ausnahmsweise die Möglichkeit, den Vertrag nach § 648 BGB zu kündigen. Unvertretbare Sachen sind solche, die auf die Wünsche des Käufers ausgerichtet hergestellt wurden und deshalb für den Verkäufer schwer oder gar nicht absetzbar sind.

Fallbeispiel:
Glasermeister Glaslos soll im Haus des Auftraggebers Uferlos Fenster einbauen. Die Fenster entsprechen üblichen Maßen, die allerdings bei der von G sonst bedienten Klientel (Denkmalsanierer) kaum gefragt sind. G bestellt die Fenster bei dem ihm schon lange bekannten Fensterbauer Furchtlos.

Noch vor der Herstellung der Fenster wird U insolvent. G kündigt den Vertrag mit U aus wichtigem Grund. Den Vertrag mit F kann er nicht kündigen. Er muss also die Fenster abnehmen, auch wenn sie für ihn ohne den Vertrag mit U fast wertlos sind.

Variante: U hat ein denkmalgeschützten Haus. Die Fenster müssen speziell angefertigt werden und den besonderen Anforderungen der Denkmalschutzbehörde entsprechen.

In diesem Fall kann G bei der Insolvenz des U den Vertrag mit seinem Lieferanten F ordentlich kündigen.

761 Wie das Beispiel zeigt, sollte man gerade im Bereich der **Zulieferungen** auf jeden Fall ein freies Kündigungsrecht vereinbaren. Der Verfasser geht davon aus, dass im unternehmerischen Bereich ein an § 648 BGB angelehntes Kündigungsrecht wirksam vereinbart werden kann.

f) Mängelausschluss nach § 377 HGB

762 Bei Kaufverträgen zwischen zwei Kaufleuten ist bei Mängelansprüchen noch die **Rügepflicht** in § 377 HGB zu beachten. Nach dieser Vorschrift muss der Käufer die gelieferte Ware unmittelbar nach der Anlieferung **untersuchen** und vorhandene Mängel gegenüber dem Verkäufer **rügen**. Unterlässt der Käufer diese Rüge, kann er nur dann noch Mängelansprüche gegen den Verkäufer geltend machen, wenn der Mangel nicht erkennbar war. Später entdeckte Mängel sind ebenfalls unverzüglich dem Verkäufer mitzuteilen.

Diese **Untersuchungs- und Rügepflicht** sollten Bauunternehmen ernst nehmen und ihre Prozesse bei der Entgegennahme von Baustoffen, Bauteilen etc. einrichten.

2. Verjährung von Mängelansprüchen

763 Bei Kaufverträgen beträgt die Verjährungsfrist von Mängelansprüchen in den meisten Fällen zwei Jahre.

764 Für bestimmte Kaufverträge sieht das Gesetz jedoch längere Gewährleistungsfristen vor. Sehr wichtig ist dabei die Sondervorschrift für **Baustoffe**, die jedoch diesen Begriff nicht verwendet und auch **nicht** für alles gilt, was üblicherweise unter diesem Begriff verstanden wird.

Die in § 438 Abs. 1 Nr. 2 b) BGB vorgesehene Verjährungsfrist von **fünf Jahren** betrifft alle Sachen, die entsprechend ihrer üblichen Verwendungsweise für ein Bauwerk verwendet worden sind. Diese Verjährungsfrist gilt daher nur für Stoffe und Gegenstände, die im rechtlichen Sinne **Bestandteil** des Bauwerkes geworden sind. Nach einer **Faustregel** sind Bestandteile solche Gegenstände, die nicht ohne Schäden entfernt werden können, also z.B. ein Fensterrahmen oder eine Putzschicht. Gegenstände wie ein Wasserhahn oder ein nur lose verlegter Teppich lassen sich hingegen ohne Schäden entfernen und sind daher nicht Bestandteil des Bauwerkes. Damit gilt für sie auch nicht die längere, fünfjährige Verjährungsfrist.

Die Verjährung der Mängelansprüche **beginnt** mit der Ablieferung der Sachen, also anders als z.B. bei Werklohnforderungen nicht erst am Jahresende.

Die Vertragspartner können grundsätzlich von diesen gesetzlichen Fris- **765** ten **abweichen** und andere Verjährungsfristen vereinbaren. Hinsichtlich abweichender Vereinbarungen in **AGB** enthält § 309 Nr. 8 b) ff) BGB eine wichtige Sondervorschrift, insbesondere für den Kauf von Baustoffen. Danach darf man in AGB die gesetzliche fünfjährige Verjährungsfrist nicht verkürzen. Andere Verjährungsfristen können zwar verkürzt wer- den, müssen aber mindestens ein Jahr betragen. Diese Sonderstellung der fünfjährigen Gewährleistungsfrist ist ein deutliches Anzeichen für die besondere Wichtigkeit diese Regelung. Aus dieser Sonderstellung wird daher abgeleitet, dass es sich um einen wesentlichen Grundgedanken der gesetzlichen Wertung handelt, so dass abweichende Verjährungsfristen auch zwischen **Unternehmern** in AGB nicht vereinbart werden dürfen.

3. Sondervorschriften beim Verbrauchsgüterkauf

Verbraucher sind im Kaufrecht durch einige Sondervorschriften beson- **766** ders geschützt. Diese Sondervorschriften kommen immer dann zum Tra- gen, wenn der Verkäufer seine Leistungen für einen Verbraucher erbringt. Wenn der Auftraggeber hingegen ein Unternehmer ist, also in allen Fällen des Nachunternehmer-Vertrages, sind diese Vorschriften nicht zu beach- ten.

Eine ganz wichtige Vorschrift ist § 476 BGB mit einer Regelung zur **767** **Beweislastumkehr**: Dieser betrifft die ersten sechs Monate nach Übergabe der verkauften Sache. Normalerweise muss der Käufer beweisen, dass die gekaufte Sache mangelhaft ist. Während der ersten sechs Monate dreht sich dies jedoch um. Zeigt sich während dieser Zeit ein Sachmangel, so wird gesetzlich vermutet, dass die Sache von vornherein mangelhaft war. Der Verkäufer muss – wenn er es kann – das Gegenteil beweisen.

> **Fallbeispiel:**
> Bauunternehmer Unschuld verkauft an den Verbraucher Verbratnix Fens- ter, die U genau nach den von V vorgegebenen Maßen angefertigt hat. V baut die Fenster selber ein. Nach zwei Monaten brechen einige Griffe ab. Nach Auffassung von U kann dies nur daran liegen, dass die Griffe unsachgemäß stark belastet wurden. Natürlich weiß er nicht, was genau vorgefallen ist.

Deswegen hat U im Ergebnis Pech: Er muss V neue Griffe einbauen (oder nach dessen Wahl neue Fenster liefern), da zu seinen Lasten die Beweislastumkehr des § 476 BGB eingreift.

768 Diese Beweislastumkehr ist jedoch für den Verkäufer nicht unbedingt schlimm: Der Verkäufer seinerseits kann Rückgriff bei seinem Lieferanten nehmen, zu Gunsten des Verkäufers Gunsten gilt die gleiche Beweiserleichterung:

Fallbeispiel:
Unternehmer U hat die Fenster bei einem Subunternehmer Subagut anfertigen lassen. Nachdem V die Mängel angezeigt hat, hat sich U direkt an S gewandt und ebenfalls Mängelansprüche geltend gemacht. Dadurch konnte er erreichen, dass S für U die Griffe erneuert hat, so dass U im Ergebnis keinen Schaden hat.

S seinerseits hat übrigens grundsätzlich einen Anspruch gegen seinen Sub-Subunternehmer Sonichsau, der aber leider insolvent ist, weil er keine kostendeckenden Preise erzielen konnte.

769 Außerdem **verjähren** Ansprüche des Verkäufers gegen seinen Vorlieferanten frühestens zwei Monate, nachdem der Verkäufer die Ansprüche des kaufenden Verbrauchers erfüllt hat. Dadurch soll der Verkäufer eine verbesserte Rückgriffsmöglichkeit bei seinem Vorlieferanten haben.

Erst nach **sechs Monaten** hat man wieder die normale Verteilung der Beweislast, d.h. der Käufer ist beweispflichtig für den Mangel.

III. Außervertragliche Ansprüche

1. Deliktsrecht

770 Die meisten Pflichtverletzungen mit **Schadensfolge** werden von den Mängelansprüchen erfasst. Deswegen bleibt für Ansprüche aus anderen Gründen grundsätzlich nur wenig Raum. Ansprüche aus Delikt können vor allem betreffen

– Schäden bei Gelegenheit der Leistungserbringung, im Schulfall der diebische Handwerker;

– Verletzung von Verkehrssicherungspflichten, also etwa bei der Verletzung von Kindern auf einer ungesicherten Baustelle;

– Verletzung von Schutzgesetzen.

Im Hinblick auf das enge Spektrum dieser Ansprüche wird hier auf eine nähere Darstellung verzichtet.

2. Schadensersatz bei Pflichtverletzung (Positive Forderungsverletzung)

Voraussetzung für einen Schadensersatzanspruch nach § 280 BGB ist die 771 Verletzung einer „**Pflicht aus dem Schuldverhältnis**". Der Gesetzgeber spricht nicht von einer „Pflicht aus einem Vertrag", da § 280 BGB auch schon vor dem eigentlichen Vertragsschluss eingreifen kann. Durch diese Formulierung wird außerdem deutlich, dass es um Pflichten geht, die nicht ausdrücklich im Vertrag enthalten sein müssen. Für die vertraglichen Hauptleistungspflichten (Werkleistung bzw. Zahlung des Werklohnes) gibt es Spezialvorschriften, die § 280 BGB vorgehen, wie z.B. die Vorschriften zu Mängelansprüchen.

Beispiele für sonstige Pflichtverletzungen aus der bisherigen Recht- 772 sprechung sind:

- sog. Weiterfresserschäden; also Schäden an Sachen, die nicht Gegenstand der Bauleistung waren (z.B. Brandschäden am Nachbarhaus)
- Unfälle, die durch Mängel am Gebäude verursacht wurden und zu Körper- und Sachschäden führen;
- Verletzung von Nebenpflichten wie etwa eine unterlassene Absicherung von Gefahrenstellen auf der Baustelle.

Solche Pflichtverletzungen berechtigen auch weiterhin zu einem Schadensersatzanspruch auf der Grundlage von § 280 BGB.

Ansprüche aus § 280 BGB verjähren in der Regelverjährungsfrist des 773 § 195 BGB von drei Jahren. Bei der Prüfung, ob ein Anspruch verjährt ist, kommt es jedoch in besonderem Maße auf den **Beginn** der Verjährungsfrist an. Der Verjährungsbeginn setzt nach § 199 BGB nicht nur voraus, dass der Anspruch fällig ist. Darüber hinaus muss der Gläubiger auch Kenntnis von den anspruchsbegründenden Tatsachen und der Person des Schuldners haben oder dem Gläubiger müsste diese Kenntnis ohne grobe Fahrlässigkeit fehlen. Es kommt also anders als bei Mängelansprüchen **nicht** auf die Abnahme an.

3. Produkthaftungsrecht

Neben der vertraglichen Gewährleistung haftet der Hersteller für die von 774 ihnen vertriebenen Produkte nach dem Produkthaftungsgesetz (**ProdHaftG**). Lieferanten bzw. Verkäufer haften nur ausnahmsweise, wenn der Hersteller nicht festgestellt werden kann und der Lieferant dem Geschädigten auch nicht seinen Vorlieferanten benennt, § 4 Abs. 3 ProdHaftG.

775   Bei der Produkthaftung nach dem Produkthaftungsgesetz ist folgendes zu beachten:

    – Die Produkthaftung greift ein, wenn das Produkt nicht die berechtigterweise erwartete **Sicherheit** aufweist. Es kommt also nicht darauf an, ob ein Produkt mangelhaft im Sinne des Rechtes der Mängelansprüche ist, es kommt allein auf die Sicherheitsaspekte an. Dabei muss der Hersteller mit aller Sorgfalt die neuesten zugänglichen technischen und wissenschaftlichen Erkenntnisse berücksichtigen und alle nach dem neuesten Stand von Wissenschaft und Technik möglichen Sicherheitsvorkehrungen treffen.

    – Ein Verschulden des Herstellers ist nicht erforderlich, da es sich um eine sog. **Gefährdungshaftung** handelt. Der Hersteller muss nach dem gesetzgeberischen Willen das Risiko übernehmen, dass die von ihm mit Gewinn verkauften Produkte Sicherheitsrisiken haben. Der Hersteller kann sich jedoch u.a. **entlasten**, wenn er nachweist, dass es sich um einen nicht erkennbaren Sicherheitsfehler handelt, vgl. § 1 Abs. 2 ProdHaftG mit weiteren Ausschlussgründen. Bei fehlerhaft hergestellten Produkten (sog. Ausreißern) besteht diese Möglichkeit nicht, diese Entlastung betrifft nur Konstruktionsfehler.

    – Ansprüche wegen Produkthaftung kann insbesondere der Eigentümer der hergestellten Sache oder ihr Besitzer stellen – also zum Beispiel der Mieter eines betroffenen Hauses. Eine unmittelbare Vertragsbeziehung zum Hersteller ist gerade nicht notwendig.

    – Der Hersteller haftet auch für unterlassene **Hinweise** für den richtigen Gebrauch seiner Produkte.

    – Der Hersteller muss die **Verwendung** seines Produktes in der Praxis überprüfen und sicherstellen, dass bisher unbekannte Gefahren und Risiken unterbleiben bzw. rechtzeitig dem Benutzer bekannt werden. Gegebenenfalls muss er sein Produkt (oder die Verwendungshinweise) dem neuesten Stand von Wissenschaft und Technik anpassen.

    – Das Produkthaftungsgesetz gibt **Schadensersatzansprüche** bei der Verletzung von Leben, Körpergesundheit und Eigentum. Schäden an der Sache selber sind allein durch das Gewährleistungsrecht geregelt.

776   Die **Verjährung** von Ansprüchen aus dem ProdHaftG ist dort in § 12 ProdHaftG geregelt. Die Verjährungsfrist beträgt drei Jahre und beginnt ab Kenntnis vom Schaden und vom Ersatzpflichtigen.

4. Bauforderungssicherungsgesetz

Um Bauherren und Lieferanten vor Forderungsausfällen zu schützen, hat   777
der Gesetzgeber bereits vor einigen Jahren das Gesetz über die Sicherungen
der Bauforderungen (Bauforderungssicherungsgesetz oder **BauFordSiG**)
neu belebt.

Dieses Gesetz ist umstritten und eine Änderung wird im politischen
Bereich diskutiert, aber in seiner geltenden Fassung für Bauunternehmer
ist es wegen des Risikos einer persönlichen Haftung sehr ärgerlich und
gefährlich.

Im Mittelpunkt des Gesetzes steht die Sicherung des sog. **Baugeldes**.   778
Baugeld im Sinne des BauFordSiG gibt es in **zwei Varianten**. Die erste
Variante betrifft die Bauherren, die mit einem Kredit arbeiten und diesen
Kredit am Baugrundstück absichern. Die zweite Variante Baugeld ist viel
weitreichender als die erste. Baugeld liegt nach zweiten Variante immer
dann vor, wenn der Bauunternehmer vom Auftraggeber Zahlungen erhält
und an der Vertragsausführung andere Unternehmen beteiligt sind. Diese
Beteiligung anderer Unternehmen muss auf der Grundlage eines Werk-,
Dienst- oder Kaufvertrages erfolgen. Weil kaum ein Bauvorhaben ohne
den Ankauf von Baustoffen durchgeführt werden kann, ist also immer
ein Unternehmen beteiligt und damit liegt praktisch immer Baugeld vor.

Die Kernpflicht des Unternehmers beim Umgang mit diesem Baugeld   779
ist in § 1 S. 1 BauFordSiG so formuliert: „Der Empfänger von Baugeld ist
verpflichtet, das Baugeld zur Befriedigung solcher Personen, die an der
Herstellung oder dem Umbau des Baues auf Grund eines Werk-, Dienst-
oder Kaufvertrags beteiligt sind, zu verwenden." Damit schützt es andere
Vertragspartner des Bauunternehmers gegen eine Zweckentfremdung des
Baugeldes.

Der Unternehmer muss also das erhaltene Baugeld für die **Bezahlung
anderer Verträge** verwenden, soweit diese Verträge zur Bauleistung ge-
hören. Bei einem Verstoß haftet derjenige, der **unternehmensintern** für
die Mittelverwendung zuständig ist – und zwar persönlich mit seinem
eigenen Vermögen!

Weil das Gesetz Vermutungen zugunsten des Anspruchsstellers enthält,   780
muss sich derjenige entlasten, der in Anspruch genommen wird. Grundsätzlich stehen ihm eine Reihe von Verteidigungsmöglichkeiten offen:

– Er kann die Behauptung widerlegen, dass er mit Baugeld gearbeitet hat.
  Dies ist zum Beispiel der Fall, wenn mit eigenem Geld Bauleistungen
  für eigene Zwecke ausgeführt wurden.

– Da es erlaubt ist, in angemessener Weise Baugeld für die eigene Leistung
  einzubehalten, kann anhand von Abrechnungsunterlagen nachgewie-

sen werden, dass von dem Unternehmen werthaltige Arbeiten erbracht wurden.

— Weiter muss die geltend gemachte Forderung natürlich berechtigt sein. Sie muss dem Grunde nach bestehen und der Höhe nach prüffähig abgerechnet sein. Dies muss der Kläger in vollem Umfang nachweisen. Es gibt insoweit keinerlei Erleichterungen für einen klagenden Lieferanten und Subunternehmer.

781 Der Nachweis ordnungsgemäßer Verwendung ist geführt, wenn feststeht, dass Baugläubiger in Höhe des Baugeldbetrages befriedigt worden sind. So hat es der Bundesgerichtshof 2010 entschieden (BGH v. 19.8.2010, Az.: VII ZR 169/09).

Ganz grob muss also der jeweils betroffene Geschäftsführer bzw. sonst Verantwortliche nachweisen, dass es bei der Baustelle andere Gläubiger gab, dass diese tatsächlich Geld erhalten haben und dass diese Zahlungen in der Summe dem erhaltenen Baugeld entsprechen. Es ist also nicht erforderlich, dass die Gelder einer Baustelle irgendwie gesondert auf einem Konto liegen und von diesem Konto – und nur von diesem Konto – Zahlungen an andere geleistet werden. Dies ist natürlich für die Buchhaltung eine ganz enorme Erleichterung. Baugläubiger sind alle Personen, die an der Herstellung oder dem Umbau des Baues auf Grund eines Werk-, Dienst- oder Kaufvertrags beteiligt sind. Ganz klar gemeint sind also alle Subunternehmer, die Bauleistungen ausführen sowie Lieferanten von Baustoffen oder Einzelanfertigungen. Ebenso klar nicht gemeint sind z.B. Gerüstbauer, da diese ihr Gerüst vermieten.

12. Teil
Verträge über andere für das Bauvorhaben erforderliche Leistungen

I. Überblick über das Recht der Architekten- und Ingenieurverträge

Nachfolgend werden die Grundzüge der Architekten- und Ingenieurverträge dargestellt. Lediglich der **sprachlichen Vereinfachung** halber wird im Folgenden nur von **Architekten** und deren Leistungen geschrieben, die gleichen Regeln gelten natürlich auch für **Ingenieure**.   **782**

1. Die gesetzlichen Grundlagen

a) Die HOAI

Auch bei einer kurzen Darstellung des Architektenrechts muss vorweg kurz die Rolle der **HOAI** erläutert werden. Diese ist immer wieder unklar. Ohne ein klares Verständnis von Inhalt und Zweck der HOAI kann man die Rechte und Pflichten aus einem Architektenvertrag jedoch nicht vollständig verstehen.   **783**

> **Hinweis:**
> Die HOAI ist reines **Preisrecht**. Anders als BGB und VOB/B regelt sie **nicht den Inhalt** des Architektenvertrages.   **784**

Die HOAI und die in ihr enthaltenen Regeln für die Honorarbildung greifen nur dann und jeweils nur insoweit ein, als der Architekt/Ingenieur in der HOAI beschriebene Leistungen erbringt. Mit der 2009 neu gefassten HOAI wurde der Anwendungsbereich stark verschlankt und auf Planungs- und Bauüberwachungsleistungen eingeschränkt. Die HOAI gilt nur für Büros mit Sitz in Deutschland.   **785**

Für die Anwendung der HOAI kommt es dabei nicht darauf an, ob der Leistende Architekt oder Ingenieur ist oder nicht, sondern allein auf die **Art** der ausgeführten **Leistungen**.

786   Ob und in welcher Weise der Architekt Leistungen erbringen muss, richtet sich allein nach dem Vertrag.

Dies wird in folgendem Beispiel erläutert:

Fallbeispiel:
Bauherr Bedeutungslos beauftragt den Architekten Anagramm für ein kleines, nicht baugenehmigungspflichtiges Gartenhäuschen mit der Erstellung einer Ausführungsplanung. Über das Honorar wird nicht gesprochen. A erbringt eine Reihe von Leistungen (z.B. macht er dem Auftraggeber für das Gesamtobjekt mehrere Vorschläge und setzt einen in eine Ausführungsplanung um) und rechnet auf der Grundlage von § 33 ff. HOAI die Leistungsphase 5 ab. B will dies auf keinen Fall bezahlen, die HOAI sei nicht vereinbart. Zu Recht?

Lösung:
Die HOAI gilt von Gesetz wegen für die von A ausgeführten Arbeiten, selbst wenn er kein Ingenieur oder Architekt ist. Daher muss der Auftraggeber auf jeden Fall die in der HOAI geregelten Mindestsätze bezahlen.

Abwandlung:
A erbringt außerdem noch einzelne Bauleistungen selber. Kann er hierfür einen im Vertrag für sonstige Architektenleistungen vorgesehenen Stundensatz verlangen?

Lösung:
Grundsätzlich gilt die HOAI für Bauleistungen nicht. Die Vertragspartner können also den Werklohn frei vereinbaren. Ob der vereinbarte Stundensatz gilt, ist erneut nur durch Auslegung zu ermitteln.

b) Regelungen des BGB

786a   Für Verträge, die ab dem 1.1.2018 geschlossen werden, enthält das BGB auch im Bereich der Leistungen von Architekten und Ingenieuren besondere Regelungen, in §§ 650p ff. BGB.

786b   Nach § 650p Abs. 1 BGB sind Verträge betroffen, bei denen es um Planung und Überwachung der Ausführung eines Bauwerks oder einer Außenanlage geht. Bei diesen Verträgen muss der Auftragnehmer alle Leistungen erbringen, die für diese Planungs- bzw. Überwachungsziele erforderlich sind.

786c   Sind solche Planungs- bzw. Überwachungsziele noch nicht vereinbart, soll der Unternehmer zuerst eine Planungsgrundlage zur Ermittlung dieser Ziele erstellen und sie dem Auftraggeber zusammen mit einer Kosteneinschätzung vorlegen, § 650p Abs. 2 BGB. Ziel der Vorlage ist die Zustimmung des Auftraggebers. Diese Phase wird auch als Zielfindungsphase bezeichnet. Der Auftraggeber hat nach § 650r BGB ein Sonderkündigungsrecht innerhalb zwei Wochen nach Vorlage, ein Verbraucher muss auf die Kündigungsmöglichkeit hingewiesen werden. Der Gesetzgeber geht also davon aus, dass in dieser Phase bereits ein Vertrag vorliegt, auch wenn dessen Inhalt vor Zustimmung des Auftraggebers nur sehr unbestimmt ist. Im Falle einer Kündigung muss der Auftraggeber erbrachte Leistungen bezahlen.

Es gelten für einen solchen Vertrag einige Regeln, die auch für Bauverträge anwendbar sind, u.a. auch das **Änderungsrecht** des Auftraggebers nach § 650b Abs. 2 BGB. Allerdings ist eine besonderer Vergütungsanpassung in § 650q Abs. 2 BGB vorgesehen. Danach ist vorrangig, soweit anwendbar, die HOAI zu beachten. Wenn keine Einigung zustande kommt und es um Leistungen geht, die nicht der HOAI unterfallen, gilt § 650c BGB. Danach sind die tatsächlich erforderlichen Kosten oder, nach Wahl des Auftragnehmers, seine fortgeschriebene Kalkulation maßgeblich.   **786d**

§ 650s BGB sieht ein Recht des Architekten vor, eine **Teilabnahme** seiner Leistungen ab der Abnahme der letzten Leistung des bauausführenden Unternehmens oder der bauausführenden Unternehmen zu verlangen. Diese neue Regelung ist wohl so zu verstehen, dass jeweils nach Beendigung von Arbeiten eines Bauunternehmens eine solche Abnahme verlangt werden kann, unabhängig vom Leistungsstand der Leistungen des Architekten. Dies führt im Vertrag mit dem Architekten zu einer Vielzahl von potentiellen Gewährleistungsfristen und dürfte daher erhebliche praktische Schwierigkeiten mit sich bringen.   **786e**

Für die **gesamtschuldnerische Haftung von bauausführendem Unternehmen und Bauüberwacher** sieht § 650t BGB vor, dass der Auftraggeber zuerst den Bauunternehmer in Anspruch nehmen muss, wenn es auch um einen Überwachungsfehler geht. Es reichen Aufforderung zur Mangelbeseitigung und Fristsetzung. Eine Klage muss der Auftraggeber nicht versuchen.   **786f**

2. Zustandekommen eines Architektenvertrages

a) Vertragsschluss

Ein Architektenvertrag kommt wie jeder andere Vertrag dadurch zustande, dass die Vertragspartner deckungsgleiche **Willenserklärungen** (Angebot und Annahme) abgeben.   **787**

Beim Architektenvertrag müssen diese Willenserklärungen folgende wesentlichen Punkte enthalten:

– **Umfang** der Leistungen des Architekten; bei einem Vertrag i.S.d. § 650p Abs. 1 BGB kann auch eine Einigung dahin erfolgen, dass der Auftragnehmer gemäß § 650p Abs. 2 BGB die Planungsgrundlage zur Ermittlung der Planungs- und Überwachungsziele erstellt;

– Wille zum **entgeltlichen** Vertragsabschluss;

– zusätzliche Einigungen zum **Honorar** des Architekten sind immer dann erforderlich, wenn die HOAI keine zwingenden Vorgaben macht. In den anderen Fällen sind sie im Rahmen der HOAI möglich.

b) Form

788 Der Architektenvertrag ist an keine **Form** gebunden und kann daher mündlich ebenso wie schriftlich abgeschlossen werden. Die HOAI verlangt jedoch, dass die jeweiligen Vereinbarungen zum Honorar schriftlich abgeschlossen werden – jedenfalls wenn ein Honorar vereinbart werden soll, das **über den Mindestsätzen** liegt. Aus Beweisgründen empfiehlt sich natürlich auch hier ein schriftlicher Vertrag.

c) Abgrenzung von Akquisitionsleistungen

789 In der Praxis besonders problematisch ist immer wieder die Abgrenzung von honorarpflichtigen Leistungen und für den Auftraggeber honorarfreien **Akquisitions-Leistungen.** Hierbei gibt es keine zwingenden und in allen Fällen deutlichen Abgrenzungskriterien, zumal es je nach Marktsituation nicht ungewöhnlich ist, dass ein Architekt unentgeltlich erhebliche Vorarbeiten erbringt. Es kommt jeweils auf den Einzelfall an, wobei jedoch der Architekt die Erteilung eines (honorarpflichtigen) Auftrages und dessen Umfang **beweisen** muss, wenn er seine Vergütung geltend machen will. Es ist daher im Interesse des Architekten, frühzeitig die verbindliche Auftragserteilung und den Umfang des Auftrages beweissicher festzuhalten. Hat der Architekt Umstände vorgetragen und bewiesen, nach denen eine Leistungserbringung nur gegen Vergütung zu erwarten ist (z.B. bei einer Verwertung der Leistung durch den Auftraggeber), muss der Auftraggeber beweisen, dass der Architekt seine Leistungen dennoch unentgeltlich erbringen wollte.

790   Die Grenze zur entgeltlichen Tätigkeit ist meist (spätestens) dann überschritten, wenn der Architekt vom Auftraggeber aufgefordert wird, in die konkrete Planung überzugehen.

Nach § 650p Abs. 2 BGB ist davon auszugehen, dass bereits die Einigung darüber, dass der Auftragnehmer eine **Planungsgrundlage** zur Ermittlung von Planungs- und Überwachungszielen zu erstellen soll, als Vertragsschluss anzusehen ist.

3. Leistungsinhalt

a) Leistungsumfang/rechtliche Einordnung

Welche **Leistungen** der Architekt schuldet, ist eine der wesentlichen Fest- 791
legungen des Architektenvertrages. Es ist aber sehr üblich, die Leistung
durch Bezugnahme auf die HOAI zu beschreiben. Das hat nicht zuletzt
den Vorteil, dass die HOAI die üblicherweise notwendigen Leistungen
benennt und damit das Risiko einer lückenhaften Beauftragung sinkt. Bei
einer solchen Verweisung sind im Zweifel die in den Anlagen zur HOAI
als Grundleistung beschriebenen Leistungen beauftragt, nicht die dort
genannten Besonderen Leistungen. Nach § 650p BGB kann ein Vertrag
auch so aussehen, dass der Auftragnehmer **in einer ersten Phase eine Planungsgrundlage zur Ermittlung von Planungs- und Überwachungszielen erstellt** und diese dann nach Zustimmung den Inhalt des Vertrages in
einer zweiten Phase den endgültigen Vertragsinhalt darstellen.

In der Regel muss der Architekt eine bestimmte **Werkleistung** erbrin- 792
gen, sei es eine bestimmte Planung, sei es die Bauüberwachung. Nur in
Ausnahmefällen ist die Leistung des Architekten nicht so erfolgsorientiert,
dass sie als Dienstleistung anzusehen ist. Letztlich hängt die Einordnung
Werk- oder Dienstvertrag jedoch immer von den im **Einzelfall** übernommenen Pflichten des Architekten ab.

b) Vollmacht

aa) Umfang der Vollmacht

Sehr oft betritt der Auftraggeber die Baustelle selten oder nie. Der Ar- 793
chitekt ist in solchen Fällen der wichtigste Ansprechpartner der bauausführenden Unternehmen. Ob und in welchem Umfang der Architekt
berechtigt ist, den Auftraggeber zu **vertreten**, ist daher eine wichtige
Frage. **Ohne** ausdrückliche Vollmacht ist der Architekt regelmäßig nur
zur untergeordneten Handlungen ohne wesentliche finanzielle Folgen
berechtigt. Der Umfang dieser Handlungen ist oben in Rdnr. 71 ff. mit
Beispielen erläutert.

bb) Folgen einer fehlenden Vollmacht

Wenn der Architekt für den Auftraggeber Erklärungen abgibt, ohne eine 794
Vollmacht zu haben, hat dies gravierende **Folgen** sowohl für den Auftragnehmer als auch für den Architekten.

> **Fallbeispiel:**
> Architekt Achtlos bestellt nach Abschluss des Vertrages eine zusätzliche
> Leistung, die zu einer Verdoppelung des Auftragswertes führt. A ist

hierzu in keiner Weise bevollmächtigt. Als Bauunternehmer Bullig diese Leistungen abrechnet, weigert sich Auftraggeber Correct zu zahlen.

795 Die Bestellung von Architekt A wirkt nicht für und gegen den Auftraggeber C. C kann also mit Recht die Zahlung verweigern. Nur ausnahmsweise wird B in der Lage sein, eine Zahlung von C zu erhalten. Sei es, dass es sich um eine notwendige Leistung im Sinne des § 2 Abs. 8 VOB/B handelt oder dass C ausnahmsweise die Bestellung von A genehmigt. In allen anderen Fällen hat B keinen Zahlungsanspruch gegen C. Für das gesamte Material und die geleistete Arbeit erhält er also vom Auftraggeber nichts. B kann sich aber an den **Architekten** wenden und von diesem Zahlung oder Schadensersatz verlangen, die Voraussetzungen hierfür sind in § 179 BGB geregelt und oben in Rdnr. 75 ff. näher dargelegt.

c) Urheberrecht

796 Architekten können unter bestimmten Umständen ein **Urheberrecht** an ihren Entwürfen und Plänen haben und aufgrund dieses Urheberrechts z.B. Änderungen verhindern. Auf ein solches Urheberrecht berufen sich oft auch Firmen hinsichtlich ihrer Ausführungsunterlagen.

aa) Bestehen von Urheberrecht

797 In **technischen Bereichen**, also auch im Baubereich, entsteht ein solches Urheberrecht jedoch nur unter ganz engen Voraussetzungen. Ein Bauwerk (oder die Entwürfe/Planungen hierfür) muss aus der Masse des alltäglichen Bauschaffens herausragen und das Ergebnis einer persönlichen geistigen Schöpfung des Architekten sein. Das Bauwerk muss ein originelles eigenschöpferisches Element enthalten und künstlerisch gestaltet sein. Die Beurteilung, ob ein Urheberanspruch besteht, kann nur im Einzelfall erfolgen und ist daher mit Risiken belastet, da nun einmal fast jedes Bauwerk ein Einzelstück ist und sich schon allein deswegen von allen anderen Bauwerken unterscheidet.

798 „Normale" und im Wesentlichen funktionsbezogene Bauwerke sind hingegen nicht urheberrechtlich geschützt. Kein Urheberrecht entsteht erst recht für rein funktionelle Planungen wie einfache Schaltpläne und deren Ausführung und reine Funktionsbauten wie einfache Fertiggaragen etc. Man kann die Faustregel aufstellen, dass Urheberschutz im Baubereich die **Ausnahme** ist und dass im Zweifel kein Urheberrecht besteht.

799 Es ist denkbar, dass auch bei einem Bauwerk, das nicht urheberrechtlich geschützt ist, allein die **Zeichnungen** urheberrechtlich geschützt sind. Dies hat jedoch keine Folgen für das geplante Bauwerk, sämtliche urheberrechtlichen Ansprüche können sich nur auf die Zeichnungen selber beziehen.

Reine **Leistungsbeschreibungen**, also z.B. von einem Architekten 800
aufgestellte Leistungsverzeichnisse, sind ebenfalls regelmäßig nicht urheberrechtlich geschützt.

> **Hinweis:**
> Voraussetzungen für einen Urheberschutz:
> – persönliche Schöpfung des Urhebers, ggf. mehrerer gemeinsam
> – individuelle Gestaltung, also keine Nachahmung oder Allgemeingut
> – Gestaltungshöhe: Das Werk muss durch eine besondere schöpferische
>   Gestaltung aus der Masse des alltäglichen Bauschaffens herausragen.

bb) Folgen des Urheberschutzes

Durch den Abschluss des Planungsvertrages überträgt der Architekt regel- 801
mäßig die urheberrechtliche **Nutzungsbefugnis** auf den Auftraggeber, soweit dies zur Errichtung des Bauwerkes erforderlich ist. Anderenfalls wäre
es für den Auftraggeber völlig sinnlos, den Architekten zu beauftragen.
Deswegen ist der Architekt auch verpflichtet, dem Auftraggeber sämtliche
erforderlichen Pläne **herauszugeben**, ggf. in Form von Kopien oder Mut-
terpausen. Der Auftraggeber kann auch ein zerstörtes oder beschädigtes
Gebäude (unverändert) wiederherstellen, ohne gegen das Urheberrecht des
Architekten zu verstoßen.

Nur wenn der Architekt ausschließlich die Vorplanung erbringt, findet
eine solche Übertragung der Nutzungsrechte nicht statt.

Der Architekt kann verlangen, dass am Gebäude auf sein Urheberrecht 802
hingewiesen wird und er kann in bestimmten Grenzen auch das Bauwerk
betreten.

Wenn ausnahmsweise ein geplantes Bauwerk urheberrechtlich ge- 803
schützt ist, kann der Architekt möglicherweise Änderungen verhindern
oder verlangen, dass ausgeführte Änderungen rückgängig gemacht werden. **Planungsänderungen** während der Ausführungsphase muss der Architekt ggf. hinnehmen, wenn z.B. ein bestimmter Kostenrahmen eingehalten werden muss. Eine **Änderung** des fertigen Bauwerkes setzt voraus,
dass in die Substanz des Werkes eingegriffen wird. Der Architekt muss die
Änderung jedoch hinnehmen, wenn aufgrund einer **Interessenabwägung**
sein Urheberrecht hinter das Interesse des Bauherren, das Gebäude zu
nutzen, zurücktreten muss.

Muss der Architekt eine Änderung nicht hinnehmen, kann er die Beseitigung der Änderung verlangen oder bei drohenden Änderungen eine
Unterlassung verlangen.

804   Eine **Vernichtung** des Bauwerkes – also den Abriss – kann der Architekt aufgrund seines Urheberrechts übrigens nicht verhindern, diese steht
dem Auftraggeber frei.

4. Vergütung

805   Nur der Klarstellung halber muss darauf hingewiesen werden, dass die
HOAI die Höhe der Vergütung für den Fall regelt, dass dem Architekten
eine Vergütung überhaupt zusteht. Die Frage, **ob** der Architekt überhaupt
eine Vergütung fordern kann, ist aus dem Vertrag zwischen Architekt
und Auftraggeber zu beantworten. Wenn der Architekt dem Grunde
nach keinen Anspruch hat (z.B. weil es sich um unentgeltliche Akquisiti-
onsleistungen handelt, vgl. dazu oben Rdnr. 789 ff.), spielt die HOAI von
vorneherein keine Rolle.

806   Die Ermittlung, ob ein Honoraranspruch dem Grunde nach besteht, ist
in der folgenden Graphik dargestellt.

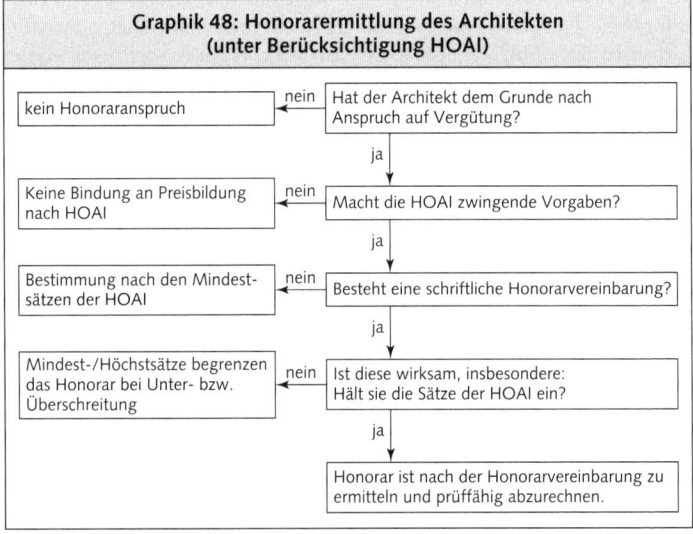

a) Grundlage des Honorars

807   Bereits mit der HOAI 2009 wurden die für das Honorar anrechenbaren
Kosten von den tatsächlichen Baukosten zumindest teilweise **entkoppelt**.

So ist im Regelfall die Kostenberechnung auf der Grundlage der Entwurfsplanung maßgeblich. Später eintretende **Kostenerhöhungen** wirken sich für den Architekten nicht honorarerhöhend aus.

Die in § 6 Abs. 2 HOAI vorgesehene Möglichkeit, dass sich die Vertragspartner auf nachprüfbarer Basis auf Baukosten **einigen** und diese dem Honorar zugrunde legen, ist nach der Entscheidung des BGH v. 24.04.2014, VII ZR 164/13, **unwirksam**. 808

Vorschriften zur **Honoraranpassung** bei Änderungen des Leistungsumfangs finden sich in § 7 Abs. 5 HOAI. 809

b) Höhe

Wenn feststeht, dass der Architekt dem Grunde nach Anspruch auf Honorar hat, ist die **Höhe** des Honorars zu ermitteln. Nachfolgend wird die Ermittlung für den Fall dargestellt, dass die vom Architekten geschuldete Leistung einem in der HOAI geregelten Leistungsbild entspricht. Wenn der Architekt Leistungen schuldet, die **nicht** in der HOAI geregelt sind, ist die HOAI nicht anwendbar und die Vertragspartner sind frei in der Vereinbarung des Honorars. 810

Wenn die HOAI anwendbar ist, können die Vertragspartner das Honorar des Architekten auch gemeinsam vertraglich festlegen. Diese Vereinbarung ist dann wirksam, wenn sie 811

– schriftlich erfolgt **und**

– die Höchst- und Mindestgrenzen der HOAI eingehalten werden.

Eine **schriftliche Honorarvereinbarung** setzt voraus, dass 812

– Architekt und Auftraggeber die Vereinbarung eigenhändig **unterschreiben**, und zwar entweder in einem gemeinsamen Vertrag oder durch Gegenzeichnung des für den anderen Partner bestimmten Exemplars;

– die Vereinbarung **gleichzeitig** mit dem Abschluss des Architektenvertrages erfolgt.

Die Honorarvereinbarung muss außerdem die **Höchst- und Mindestsätze** der HOAI einhalten, § 7 Abs. 3, 4 HOAI. Innerhalb dieses Rahmens sind die Vertragspartner völlig frei. Nur in **Ausnahmefällen** dürfen die Vertragspartner diese Sätze unter- bzw. überschreiten. 813

Die Vertragspartner können die **Mindestsätze** z.B. unterschreiten, wenn die Vertragspartner enge Beziehungen rechtlicher, wirtschaftlicher, sozialer oder persönlicher Art haben. Auch wenn sonstige Umstände wie die mehrfache Verwendung einer Planung vorliegen oder die Leistung 814 einen besonders geringen Aufwand erfordert, können die Vertragspartner die Mindestsätze unterschreiten.

Wenn kein solcher Ausnahmefall vorliegt, kann der Architekt die Mindestsätze der HOAI verlangen. Die Rechtsprechung hat dem **Auftraggeber** jedoch die Möglichkeit gegeben, sich gegen ein solches Verlangen des Architekten zu verteidigen. Wenn beiden Seiten klar ist, dass die Mindestsätze der HOAI unterschritten werden, verhält sich der Architekt offensichtlich selbst widersprüchlich und vertragsuntreu, wenn er die Mindestsätze verlangt. Wenn der Auftraggeber auf die ursprüngliche Honorarvereinbarung vertraut hat und er sich hierauf eingestellt hat, kann er die Zahlung der Mindestsätze verweigern, wenn ihm diese Zahlung nach Treu und Glauben nicht zugemutet werden kann. Der BGH (BGH v. 22.5.1997, VII ZR 290/95, BauR 1997, S. 677) hat dies für den Fall entschieden, dass der Auftraggeber die bei Zahlung der Mindestsätze entstehenden, höheren Kosten nicht an seinen Hauptauftraggeber weitergeben konnte, da er den Vertrag mit dem Hauptauftraggeber auf der Grundlage des (niedrigeren) vereinbarten Honorars kalkuliert und abgeschlossen hatte.

815 Die **Höchstsätze** dürfen überschritten werden, wenn es sich um außergewöhnliche oder ungewöhnlich lange dauernde Leistungen handelt, § 7 Abs. 4 HOAI. Liegen diese Voraussetzungen nicht vor, so ist die Honorarvereinbarung nur teilweise unwirksam, nämlich hinsichtlich des die Höchstsätze überschreitenden Honoraranteiles. Der Architekt kann maximal die Höchstsätze der HOAI verlangen, nicht aber das darüber hinausgehende, ursprünglich vereinbarte Honorar.

816 Haben die Vertragspartner **keine wirksame Honorarvereinbarung** getroffen, richtet sich das Honorar nach den **Mindestsätzen** der HOAI, § 7 Abs. 5 HOAI.

c) Fälligkeit

817 Das Honorar des Architekten wird fällig, wenn er seine **Leistungen** erbracht hat und eine **prüffähige Rechnung** erstellt und dem Auftraggeber **überreicht** hat, § 15 Abs. 1 HOAI.

818 Eine Rechnung ist **prüffähig**, wenn sie angibt:

– die anrechenbaren Kosten nach DIN 276;

– die Honorarzone;

– die Honorartafel;

– das Leistungsbild.

Ob eine Schlussrechnung prüffähig ist, muss jeweils im Einzelfall nach dem Informations- und Kontrollinteressen festgestellt werden, da sie kein Selbstzweck ist. Die Prüffähigkeit darf also **nicht** anhand von abstrakten

Prüfschemata ermittelt werden. Es ist allerdings festzustellen, dass Gerichte in der Regel eine „schulmäßige" Abrechnung verlangen und nur ausnahmsweise geringere Anforderungen anerkennen.

Bei einem **Pauschalhonorar** muss der Architekt nur das vereinbarte 819 Pauschalhonorar und erfolgte Abschlagszahlungen nennen.

Es ist eine „beliebte" Verteidigung von Auftraggebern, die fehlende 820 Prüffähigkeit von Rechnungen der Architekten zu rügen. Hat der Auftraggeber mit diesem Argument Erfolg, hat der Architekt völlig ungeachtet der von ihm erbrachten Leistungen zum Zeitpunkt der Klageabweisung keinen fälligen Honoraranspruch. Außer den Kosten des Verfahrens trägt er auch das Risiko, dass sein Auftraggeber insolvent werden kann.

Im Rahmen dieser Darstellung kann dieses Thema nur gestreift werden, auch wenn es für Architekten von zentraler Bedeutung ist.

Hinweis:
Architekten sollten daher ihre Rechnungen mit großer Sorgfalt erstellen und großen Wert auf die Prüffähigkeit legen.

Abschlagszahlungen kann der Auftragnehmer nach § 15 Abs. 2 HOAI in 821 angemessenen zeitlichen Abständen verlangen, hierfür muss er die erbrachten Leistungen durch Vorlage einer prüffähigen Rechnung nachweisen. In der Schlussrechnung müssen die Abschlagszahlungen ausgewiesen sein, ansonsten ist die Schlussrechnung nicht prüffähig.

Wenn der Architekt auch Leistungen übernimmt, die nach den ei- 822 gentlichen Bauarbeiten auszuführen sind (z.B. Objektbetreuung und Dokumentation) sollten die Vertragspartner unbedingt eine Zahlungsvereinbarung treffen, da das Architektenhonorar sonst erst nach Ablauf der Verjährungsfristen für die Bauleistungen bzw. nur als Abschlagszahlung fällig werden kann.

Die Fälligkeit des Honorars setzt **keine Abnahme** voraus, allerdings 823 muss die Leistung ordnungsgemäß erbracht und damit **abnahmefähig** sein.

d) Rügefrist

Auftraggeber müssen erhaltene Rechnungen prüfen. Ist die Rechnung 824 nicht prüffähig, müssen sie die **fehlende Prüffähigkeit** innerhalb von zwei Monaten nach Erhalt rügen. Versäumt der Auftraggeber diese Frist, kann er sich später nicht mehr auf die fehlende Prüffähigkeit berufen und muss die Rechnung so wie sie ist hinnehmen.

e) Verjährung

825   Auch Honoraransprüche von Architekten verjähren in der Regelverjäh-
       rungsfrist des § 195 BGB von **drei Jahren**. Die Verjährung **beginnt** mit
       dem Schluss des Jahres, in dem der Honoraranspruch fällig wird.

826   Für Beginn, Ende und Hemmung der Verjährungsfristen gilt im Übri-
       gen das zu Bau-Werklohnforderungen oben näher Ausgeführte (vgl. oben
       Rdnr. 720 ff.).

5. Haftung des Architekten: Übersicht

827   Auch Architekten haften für Fehler bei den von ihnen ausgeführten Leis-
       tungen. Ganz grob lassen sich dabei zwei große Gruppen unterscheiden:

       – Mängel der **Leistung** wie falsche/unvollständige Planungen;

       – Haftung für sonstige **Pflichtverstöße** wie Nichteinhaltung einer Bau-
         summenzusage oder Beratungspflichten als Nebenpflichten.

       Diese beiden großen Gruppen sind unten in Rdnr. 829 ff. und Rdnr. 842 ff.
       dargestellt. Andere Pflichtverstöße des Architekten wie z.B. Verzug rich-
       ten sich nach den allgemeinen Regeln, wie sie für Bauleistungen dargestellt
       werden. Nachstehend werden nur wesentliche Besonderheiten der Ansprü-
       che gegen Architekten dargestellt.

828   Bei der **Verantwortung mehrerer** für einen Mangel haftet der Archi-
       tekt grundsätzlich neben den anderen am Bau Beteiligten. Wenn also z.B.
       ein Mangel auf fehlerhafte Planung, fehlerhafte Bauüberwachung und
       eine mangelhafte Ausführung zurückzuführen ist, kann der Auftraggeber
       wählen, ob er den Planer, den Bauüberwacher oder den ausführenden Un-
       ternehmer in Anspruch nimmt. Er kann auch alle drei als Gesamtschuldner
       verklagen. Allenfalls im Innenverhältnis zwischen den drei Haftenden
       kann es passieren, dass der Architekt von einem anderen die Freistellung
       von den Ansprüchen des Auftraggebers verlangen kann.
       Allerdings hat der BGH (Urteil vom 27.11.2008, VII ZR 206/06)
       entschieden, dass der Auftraggeber verpflichtet ist, dem Bauüberwacher
       mangelfreie Pläne zur Verfügung zu stellen. Sind die Pläne mangelhaft
       und kommt es deswegen zu Ausführungsfehlern, muss sich der Auftrag-
       geber ein Verschulden seines Planers anrechnen lassen – allerdings wird ein
       völliger Ausschluss der Haftung des Bauüberwachers nur ganz ausnahms-
       weise in Frage kommen, wie der BGH ausdrücklich in seiner Entscheidung
       sagt. Es kommt im Übrigen auf den Einzelfall an.

6. Mängelansprüche

a) Mängel der Leistung

Der Architekt schuldet immer eine **Leistung**, die den anerkannten Regeln 829
der Technik entspricht. Dies betrifft nicht nur seine Leistung, sondern
auch und gerade die von seiner Leistung betroffene Bauausführung. So
kommt es beim planenden Architekten natürlich auch darauf an, dass er
seine Zeichnungen DIN-gerecht erstellt und kennzeichnet. Wesentlich
wichtiger ist es aber natürlich, dass das geplante Bauvorhaben den Regeln
der Technik entspricht und dass der Bauherr eine Baugenehmigung erhalten wird. Entsprechend den typischen Aufgaben des Architekten wird
nachfolgend erst auf Planungsfehler und anschließend auf sonstige Fehler bei Bauüberwachung und Koordinierung eingegangen. Die in diesen
Fällen mögliche gesamtschuldnerische Haftung von Bauüberwacher und
ausführendem Unternehmen ist oben in Rdnr. 786f angesprochen.

    Fehler der **Planung** liegen immer dann vor, wenn die geplante Leistung 830
gegen

– anerkannte Regeln der Technik,

– öffentlich-rechtliche Vorschriften oder

– Vorgaben des Bauherren

verstößt.

    Ein Verstoß gegen **anerkannte Regeln der Technik** liegt z.B. vor, 831
wenn der Architekt eine unzureichende Dämmung plant oder die geplante
Fundamentausführung nicht den Grundwasserverhältnissen entspricht.
Worauf die Fehlplanung beruht, spielt dabei keine Rolle. Nur wenn die
falsche Planung auf besonderen örtlichen Umständen beruht, ist zu prüfen,
ob der Architekt diese erkennen konnte. Die Rechtsprechung ist z.B. bei
den Grundwasserverhältnissen jedoch recht hart für den Architekten und
erwartet von ihm als Fachmann, dass er für den meist nicht vorgebilde-
ten Auftraggeber alle notwendigen örtlichen **Feststellungen** trifft oder
diesen zumindest auf erforderliche Feststellungen hinweist. Übernimmt
der Architekt die **Vorleistungen** anderer Planer, kann er sich auf deren
Richtigkeit nicht verlassen, sondern muss sie vor der Verwendung prüfen.
Ein Fehler der Planung kann auch daran liegen, dass sie unvollständig ist.

    Die Planung des Architekten muss natürlich auch den öffentlich-recht- 832
lichen Vorschriften entsprechen und dauerhaft **genehmigungsfähig** sein.
Der Auftraggeber will die Planung dafür verwenden, ein Bauvorhaben
auszuführen und die gebauten Anlagen zu nutzen. Kann der Auftraggeber
die Planung aber nicht ausführen, weil er keine Baugenehmigung erhält,
liegt ein Mangel der Planung vor. Genau so ist es, wenn die Baugeneh-

migung später zurückgenommen wird (BGH v. 10.2.2011, VI ZR 8/10). Hat ein Architekt Bedenken wegen der vom Auftraggeber gewünschten Planung und befürchtet er Probleme bei der Genehmigung, so sollte er den Auftraggeber hierauf hinweisen. Der Auftraggeber trägt zwar ein Mitverschulden, wenn sich ein Verstoß gegen öffentliches Recht aufdrängt, doch muss der Auftragnehmer dies vortragen und nachweisen können.

833   Weiter muss der Architekt die sonstigen **Vorgaben** des Auftraggebers beachten. So ist die Planung mangelhaft, wenn sie die vom Auftraggeber vorgegebene vermietbare Fläche nicht verwirklicht. Dies kann für den Auftraggeber enorme Probleme mit sich bringen, weil er bei Unterschreitung dieser vermietbaren Fläche nicht die Mieterträge erhält, die er für die Finanzierung des Bauvorhabens benötigt.

834   Der Architekt, der die **Bauüberwachung** erbringt, schuldet dem Auftraggeber eine plangerecht und mangelfrei ausgeführte Bauleistung. Auch wenn er selber keine Bauleistungen ausführt, trägt er die Verantwortung für die unter seiner Leitung ausgeführten Arbeiten. Der bauüberwachende Architekt kann aber natürlich nicht rund um die Uhr überall auf der Baustelle gleichzeitig sein und die Ausführung der Arbeiten überwachen. Wenn der bauausführende Auftragnehmer mangelhaft arbeitet, haftet der bauüberwachende Architekt immer dann, wenn er die Leistung überwachen musste und den Fehler feststellen musste. Bei einfachen Arbeiten kann sich der Architekt darauf verlassen, dass ein Bauunternehmer sie auch ohne Überwachung ordnungsgemäß ausführen muss. Der Architekt muss jedoch die Ausführung von Leistungen **überwachen**, die

– ungewöhnlich sind;

– ein besonders hohes Mängelrisiko aufweisen oder die

– von besonderer Bedeutung für die Ausführung des Gesamtbauvorhabens sind.

Der Architekt kann sich zu seiner Entlastung **nicht** darauf berufen, dass der planende Architekt und/oder der bauausführende Unternehmer einen Fehler gemacht hat. Er muss vielmehr selbstverantwortlich prüfen, ob die auszuführende Leistung mangelfrei sein wird. Nach § 650t BGB ist der Auftraggeber verpflichtet, **zuerst das bauausführende Unternehmen** in Anspruch zu nehmen.

835   Der Architekt schuldet außerdem eine **Koordinierung** unter technischen, wirtschaftlichen und natürlich zeitlichen Aspekten. Diese Verpflichtung hat der Architekt bereits während der Planung, besonders aber während der Bauüberwachung.

b) Inhalt der Mängelansprüche

Ebenso wie der bauausführende Auftragnehmer hat der Architekt das **836** Recht, seine mangelhafte Leistung nachzubessern. Eine nicht genehmigungsfähige Planung kann der Architekt **nachbessern** und so die Genehmigungsfähigkeit herbeiführen.

Der Auftraggeber muss dem Auftragnehmer grundsätzlich erst eine **837** **Nachfrist** setzen, bevor er zu Nacherfüllung, Minderung etc. greifen kann.

In vielen Fällen ist eine solche Nachfrist jedoch **nicht** notwendig. Im- **838** mer dann, wenn bereits ein Schaden eingetreten ist, kann der Auftraggeber direkt und ohne Nachfristsetzung Schadensersatz verlangen. Wenn der Architekt z.B. durch mangelhafte Bauüberwachung einen Mangel verursacht hat, muss ihn der Auftraggeber nicht mit einer Nachfrist zur ordnungsgemäßen Bauüberwachung auffordern. Der Schaden ist entstanden und kann im Nachhinein nicht mehr ungeschehen gemacht werden.

Ein Schadensersatzanspruch entsteht jedoch nur insoweit, als dem Auf- **839** traggeber tatsächlich ein **Schaden** entstanden ist.

Fallbeispiel:
Der Architekt weiß, dass früher das Baugrundstück von einer chemischen Firma als Waschplatz für Lieferwagen genutzt wurde. Dennoch rät er den Auftraggeber nicht, ein Bodengutachten über etwaige Bodenbelastungen zu beauftragen. Bei Beginn des Aushubes stellt der Tiefbauer erhebliche Bodenbelastungen fest. Die gesamten Tiefbauarbeiten dauern erheblich länger und verteuern sich wegen der Entsorgung erheblich. Außerdem macht der Hochbauer einen Schadensersatzanspruch nach § 6 Abs. 6 VOB/B wegen der Behinderung seiner Arbeiten geltend. Muss der Architekt diese Zusatzkosten tragen?

Lösung:
Der Architekt muss die zusätzliche Vergütung des Tiefbauers nicht übernehmen, da diese „sowieso" bei Erstellung des Bodengutachtens angefallen wären. Allerdings hätte der Auftraggeber auf der Grundlage des Bodengutachtens mit anderen Ausführungszeiten kalkuliert und dem Hochbauer von vornherein andere Zeiten vorgegeben. Der Hochbauer hätte also keinen Schadensersatzanspruch nach § 6 Abs. 6 VOB/B gehabt. Diesen Schaden des Auftraggebers muss der Architekt übernehmen.

c) Verjährung

Die **Verjährungsdauer** von Mängelansprüchen richtet sich nach § 634a **840** BGB. Dort wird hinsichtlich der Verjährungsdauer danach unterschieden, wofür die Leistung des Architekten bestimmt war. Wenn seine Planungs- oder Überwachungsleistungen für die Herstellung, Wartung oder Veränderung einer Sache bestimmt war, verjährt sie nach § 634a Abs. 1 Nr. 1

BGB in zwei Jahren. Wenn die Planung- oder Überwachungsleistungen aber die Errichtung eines Bauwerkes betrafen, verjähren sie hingegen erst nach fünf Jahren, § 634a Abs. 1 Nr. 2 BGB.

841   Die Verjährungsfrist **beginnt** jeweils mit der Abnahme der Architektenleistung. Diese Abnahme ist in der Regel **nicht** identisch mit der Abnahme der Bauleistung, insbesondere bei Planungsleistungen liegt die Abnahme meist viel früher, z.B. in der Verwendung der Planung für einen Bauantrag. Nach § 650s BGB hat der Auftragnehmer das Recht, ab der Abnahme der letzten Leistung des bauausführenden Unternehmens oder der bauausführenden Unternehmen die Abnahme seiner eigenen Leistungen zu verlangen.

7. Haftung

a) Haftung wegen Bausummenzusage

842   Der Architekt haftet dem Auftraggeber, wenn er eine **vertragliche** Verpflichtung zur Einhaltung einer bestimmten Bausumme verletzt.

Voraussetzung für eine solche Haftung ist, dass eine solche Verpflichtung des Architekten vertraglich festgelegt ist. Ohne ausdrückliche vertragliche Vereinbarung haftet der Architekt seinem Auftragnehmer **nicht** für die Einhaltung bestimmter Kostengrenzen.

843   Wenn sich im Vertrag **Festlegungen** zu den Baukosten finden, ist zu prüfen, ob es sich um

– eine **Baukostengarantie** handelt, für die der Architekt ohne Rücksicht auf sein Verschulden haftet;

– eine feste **Kostenobergrenze** handelt, bei deren schuldhafter Überschreitung der Architekt haftet oder

– um einen **Kostenrahmen**, bei dem eine Haftung des Architekten erst nach Überschreitung einer Toleranzgrenze eintritt.

Welche Art der Baukostenzusage vorliegt, muss jeweils im Einzelfall festgestellt werden.

844   Bei der **Baukostengarantie** haftet der Architekt ohne Rücksicht auf sein Verschulden. Deswegen wird der Architekt nur ganz ausnahmsweise eine solche Garantie übernehmen, die Nachweispflicht des Auftraggebers ist entsprechend hoch.

845   Die Vereinbarung einer festen **Kostenobergrenze** bzw. eines **Kostenrahmens** unterscheiden sich vor allem darin, dass bei der Kostenobergrenze jede schuldhafte Überschreitung zu einer Haftung des Architekten führt, beim Kostenrahmen muss die Verteuerung eine Toleranzgrenze überschreiten. Die Toleranzgrenze ist je nach Genauigkeit der Kostenangabe zu ermitteln. Grob gesagt steigen mit Fortschreiten der Planung die Anforderungen an die Genauigkeit der Kostenangaben.

Anders als bei der Garantie haftet der Architekt auch nur für **verschul-** 846 **dete** Überschreitungen. Er hat die Verteuerung z.B. dann nicht verschuldet, wenn sie auf Sonderwünsche des Auftraggebers zurückzuführen ist.

Ein weiterer wesentlicher Unterschied zur Garantie ist auch, dass der 847 Architekt bei der Überschreitung von Kostenobergrenze/Kostenrahmen nur für **Schäden** des Auftraggebers haftet. Bei der Schadensermittlung muss sich der Auftraggeber Wertsteigerungen und sog. Sowieso-Kosten entgegenhalten lassen. Deswegen bleiben Kostenüberschreitungen in vielen Fällen folgenlos. Ganz grob gesagt führt eine Kostenüberschreitung vor allem dann zu einer Haftung des Architekten, wenn der Auftraggeber die höheren Kosten nicht tragen kann oder wenn feststeht, dass er die Verteuerung vermieden hätte durch eine einfachere Bauausführung oder indem er die Baumaßnahme gar nicht durchgeführt hätte. Angesichts der Bedeutung dieser Frage für die Architekten und Bauherren überrascht es nicht, dass es hierzu eine ausgefeilte Rechtsprechung gibt.

b) Verstoß gegen Nebenpflichten

Außer seinen Hauptleistungspflichten hat der Architekt auch **Neben-** 848 **pflichten**, insbesondere Beratungs- und Hinweispflichten.

Beratungspflichten können beinhalten die Beratung 849

– über Grundzüge der Rechtsgrundlagen für das Bauen wie Bauordnungsrecht, Nachbarrecht und Werkvertragsrecht;
– bei Rechtsstreitigkeiten, insbesondere natürlich technische Hinweise und Risiken;
– bei der Feststellung von Mängeln und deren Ursache, die der Architekt unverzüglich und umfassend treffen muss, wobei er sogar eigene Fehler offenlegen muss.

Hinweispflichten bestehen beispielsweise 850

– bei Bedenken gegen die Genehmigungsfähigkeit des Bauvorhabens;
– betreffend Hinweise zur Vermeidung unnötiger Kosten und
– Hinweise auf drohende Kostenüberschreitungen bei Sonderwünschen des Bauherren.

c) Verjährung

Diese sonstigen Haftungsansprüche verjähren **nicht** in den Fristen des 851 § 634a BGB, sondern innerhalb der regelmäßigen Verjährungsfrist des § 194 BGB von **drei Jahren**. Die Verjährung beginnt nach § 199 BGB, wenn der Anspruch fällig ist und der Gläubiger die den Anspruch begründenden Umständen und die Person des Schuldners kennt (oder nur aus grober Fahrlässigkeit nicht kennt).

II. Sonstige Verträge

1. Projektsteuerer

852 Auftraggeber verfügen oft nicht über die entsprechende Ausbildung und/oder Erfahrung, um bei ihrem Bauvorhaben selber die Steuerung und Koordinierung der Bauarbeiten zu übernehmen. Deswegen beauftragen sie Andere damit, diese Bauherrenaufgaben wahrzunehmen.

853 Die **Kosten- und Terminkontrolle** als Teil dieser Aufgaben wird oft einem Projektsteuerer übertragen. Im nicht mehr geltenden § 31 HOAI 1996 findet sich eine Beschreibung der Aufgaben eines Projektsteuerers. Beispielhaft seien daraus genannt

– Klärung der Aufgabenstellung, Erstellung und Koordinierung des Programms für das Gesamtprojekt

– Aufstellung und Überwachung von Organisations-, Termin- und Zahlungsplänen, bezogen auf Projekt und Projektbeteiligte

– Koordinierung und Kontrolle der Projektbeteiligten, mit Ausnahme der ausführenden Firmen

– Fortschreibung der Planungsziele und Klärung von Zielkonflikten

– laufende Information des Auftraggebers über die Projektabwicklung und rechtzeitiges Herbeiführen von Entscheidungen des Auftraggebers

– Koordinierung und Kontrolle der Bearbeitung von Finanzierungs-, Förderungs- und Genehmigungsverfahren.

854 Diese Aufgaben beinhalten jedoch keinesfalls, dass der Projektsteuerer aktiv in das Baugeschehen eingreift bzw. eingreifen darf. Nach dem Verständnis des früheren § 31 HOAI 1996 war dies sogar eigentlich ausgeschlossen. Der genaue Aufgabenumfang ergibt sich aus dem jeweiligen Vertrag.

855 Je nach den übernommenen Aufgaben ist dann auch festzustellen, ob und wie der Projektsteuerer für Mängel seiner Leistung haftet. Hat er eine bestimmte Erfolgshaftung im Sinne eines Werkvertrages übernommen, sind dessen Haftungsregeln anzuwenden. Übernimmt der Projektsteuerer aber nur dienstvertragliche Tätigkeitspflichten, so ist eine Haftung eher problematisch.

2. Bauüberwachung

Die Bauüberwachung ist ein Teil der Aufgaben, die ein Architekt oder 856
Ingenieur bei der Ausführung eines Bauvorhabens übernehmen kann.
Sehr häufig wird bei größeren Bauvorhaben nicht derjenige beauftragt,
der die Planung erbracht hat. Dies ist sinnvoll, um von einem Dritten eine
unabhängige Zuordnung von Fehlern entweder an den ausführenden Auftragnehmer oder an den Planer zu erhalten. Muss baubegleitend geplant
werden, ist der Planer in der Regel auch aus Kapazitätsgründen nicht in
der Lage, die Bauüberwachung auszuführen.

In der **HOAI** ist das Leistungsbild des Bauüberwachers in mehreren 857
Leistungsbildern sehr ausführlich beschrieben. Nur zur Klarstellung muss
noch einmal darauf hingewiesen werden, dass sich die Pflichten eines
Bauüberwachers primär aus seinem **Vertrag** ergeben und dass die HOAI
nur eine preisrechtliche Vorschrift ist.

Nach dem in der HOAI geregelten Leitbild übernimmt der Bauüber- 858
wacher die Aufgabe, die Errichtung des Bauvorhabens zu kontrollieren
und zugleich das Versprechen, das Bauwerk frei von Mängeln zu übergeben. Der Bauüberwacher **haftet** daher neben dem ausführenden Unternehmen für Bauwerksmängel (vgl. dazu auch oben Rdnr. 786f), bei
Planungsmängeln auch noch neben dem Planer. Dem Auftraggeber steht
es grundsätzlich frei, wen er in die Haftung nimmt, wobei dem Auftraggeber Fehler des Planers zuzurechnen sind, was haftungsmindernd für den
Bauüberwacher wirkt.

Die Bauüberwachung ist daher eine wichtige und ernstzunehmende
Aufgabe mit erheblichen Haftungsrisiken.

Die **Vergütung** für die Bauüberwachung ist anhand der HOAI zu 859
ermitteln und bei vertraglicher Vereinbarung an dieser zu überprüfen.

13. Teil
Sonstige wichtige Vorschriften: Grundzüge

I. Arbeitsschutzrecht

Das Arbeitsschutzrecht ist Teil des öffentlichen Rechts und dient dazu, im **860** Zusammenwirken von Arbeitgebern und Beschäftigten die Sicherheit am Arbeitsplatz zu gewährleisten.

1. ArbSchG: Pflichten von Arbeitgebern, Beschäftigten und Sanktionsmöglichkeiten

In §§ 3, 4 ArbSchG sind **allgemeine Grundsätze** des Arbeitsschutzes auf- **861** gestellt. Adressat ist der **Arbeitgeber**. Er muss u.a. Gefährdungen der Beschäftigten möglichst vermeiden, Gefahren an der Quelle bekämpfen und hierauf Planung und Organisation seines Betriebes ausrichten. Ganz wesentlich ist die Pflicht aus § 4 Nr. 5 ArbSchG, wonach individuelle Schutzmaßnahmen stets nachrangig sind zu anderen Maßnahmen: Der Gesetzgeber will erreichen, dass das Arbeitsumfeld – im Rahmen des Machbaren – so sicher ist, dass der einzelne Beschäftigte nach Möglichkeit mit möglichst wenigen Schutzmaßnahmen belastet wird.

Der Arbeitgeber muss nach § 5 ArbSchG die für die Beschäftigten **862** auftretenden Gefährdungen analysieren, um auf der Grundlage dieser **Gefahrenanalyse** die Maßnahmen des Arbeitsschutzes festzulegen. Dies ist ein weiterer Ausfluss des vom Gesetzgeber gewünschten, präventiv wirkenden Schutzes der Beschäftigten.

Arbeitgeber mit mehr als 10 Beschäftigten müssen die Gefahrenanalyse **863** und die daraufhin getroffenen Maßnahmen des Arbeitsschutzes gemäß § 6 ArbSchG **dokumentieren**. Bei kleineren Unternehmen kann die zuständige Stelle eine solche Dokumentation verlangen, wenn besondere Gefährdungssituationen vorliegen. Unfälle muss der Arbeitgeber unabhängig von der Anzahl seiner Beschäftigten erfassen.

Weitere Pflichten des Arbeitgebers finden sich beispielsweise in **864** § 12 ArbSchG, danach muss der Arbeitgeber die Beschäftigten über Sicherheit und Gesundheitsschutz **unterweisen**.

865 Die **Beschäftigten** selber werden durch § 15 ArbSchG ebenfalls in die Pflicht genommen. Sie müssen die Unterweisung des Arbeitgebers beachten und für ihre Sicherheit und Gesundheit Sorge tragen. Sie müssen außerdem die Maschinen bestimmungsgemäß verwenden und die Schutzvorschriften einhalten. Nach § 16 ArbSchG müssen sie die von ihnen festgestellten unmittelbaren erheblichen Gefahren melden.

866 Die **Überwachung** des Arbeitsschutzes erfolgt durch die von den Ländern bestimmten Behörden und die Träger der gesetzlichen Unfallversicherung, also im Baubereich in der Regel durch die Berufsgenossenschaften. Die **Befugnisse** der Behörden ergeben sich aus § 22 ArbSchG. Danach können die Behörden Auskünfte und Unterlagen verlangen, Betriebe besichtigen und prüfen und im Rahmen des § 22 Abs. 3 ArbSchG im Einzelfall Maßnahmen anordnen.

867 **Verstöße** gegen das ArbSchG (oder eine nach § 19 ArbSchG erlassene Verordnung, falls sie dies bestimmt) können nach §§ 25, 26 ArbSchG eine Ordnungswidrigkeit und eine Straftat darstellen.

868 Verstöße gegen Vorschriften des ArbSchG können außerdem **zivilrechtliche** Folgen haben, wobei allerdings im Verhältnis von Arbeitgebern und Beschäftigten grundsätzlich der Haftungsausschluss des §§ 104 ff. SGB VII eingreift.

2. BaustellV und andere Verordnungen

869 Nach § 19 ArbSchG kann die Bundesregierung mit Zustimmung des Bundesrates europarechtliche Vorgaben durch **Rechtsverordnung** umsetzen. Auf der Grundlage dieser Bestimmung hat die Bundesregierung unter anderem erlassen:

 — Verordnung über Sicherheit und Gesundheitsschutz bei der Benutzung persönlicher Schutzausrüstung bei der Arbeit

 — Lastenhandhabungsverordnung

 — Arbeitsmittelbenutzungsverordnung

 — und die Baustellenverordnung (BaustellV), deren vollständiger Titel „Verordnung über Sicherheit und Gesundheitsschutz auf Baustellen" lautet.

870 Diese Vorschriften müssen Arbeitgeber ebenfalls beachten. Verstöße können neben zivilrechtlichen Folgen auch Eingriffe der zuständigen Stellen sowie Straf- und Ordnungswidrigkeitsverfahren sein.

871 Die BaustellV hat auf den Gesamtablauf von Bauvorhaben einen großen Einfluss, da sie dem Bauherren (oder einem von ihm beauftragten Dritten) unter bestimmten Voraussetzungen die Koordination der auf der Baustelle

tätigen Arbeitgeber vorschreibt. Die BaustellV sieht nach Art eines **Stufenplanes** folgende Pflichten des Bauherren vor:

Baustellenverordnung		872
1. Stufe	Bei jedem Bauvorhaben im Sinne der BaustellV	Berücksichtigung der allgemeinen Grundsätze von § 4 ArbSchG bei Planung der Ausführung
2. Stufe	Wenn • die voraussichtliche Dauer der Arbeiten mehr als 30 Arbeitstage betragen wird **und** mehr als 20 Beschäftigte gleichzeitig tätig werden **oder** • der Umfang der Arbeiten voraussichtlich 500 Personentage überschreitet	Zusätzlich Vorankündigung
3. Stufe	Wenn mehrerer Arbeitgeber tätig werden	Zusätzlich Bestellung eines Koordinators mit Aufgaben gemäß § 3 BaustellV
4. Stufe	Wenn auf einer Baustelle mehrere Arbeitgeber tätig werden und **entweder** • eine Vorankündigung einzureichen ist **oder** • besonders gefährliche Arbeiten gemäß Anhang II zur BaustellV ausgeführt werden.	Zusätzlich Aufstellung Sicherheits- und Gesundheitsschutzplanes

Der Bauherr kann die Pflichten nach der BaustellV auch auf Dritte über- 873 tragen. Soweit er dies tut, ist allein der Dritte für die Pflichterfüllung verantwortlich. Nicht auf diesen Dritten übertragene Pflichten verbleiben beim Bauherren. Ein solcher Dritter ist – auch als Koordinator – nicht gegenüber dem Auftragnehmer weisungsbefugt.

II. Strafrecht/Ordnungswidrigkeitenrecht

Der Hauptteil dieses Buches widmet sich den Fragen, welche **Ansprüche** 874 die Partner von Verträgen oder daran unbeteiligte Dritte gegeneinander geltend machen können, also zivilrechtlichen Fragen. Völlig losgelöst von diesen Fragen können Handlungen und Gesetzesverstöße natürlich noch ganz andere Folgen haben, insbesondere können sie eine **Straftat** oder eine **Ordnungswidrigkeit** darstellen. Die umfassenden Rechtsgebiete des Strafrechts und des Ordnungswidrigkeitenrecht können hier nicht umfassend dargestellt werden, nachfolgend werden nur die wichtigsten Vorschriften genannt.

1. § 319 StGB

875 Die wichtigste Strafvorschrift, die bei Bauarbeiten zum Tragen kommen kann, ist § 319 StGB, der den Tatbestand der sog. **Baugefährdung** enthält.

876   Nach § 319 Abs. 1 StGB macht sich strafbar, wer

– bei der Planung, Leitung oder Ausführung eines Baues oder des Abbruches eines Bauwerkes

– gegen die allgemein anerkannten Regeln der Technik verstößt und

– dadurch Leib und Leben eines anderen gefährdet.

877 Außerdem kann nach § 319 Abs. 2 StGB bestraft werden, wer

– in Ausübung eines Berufes oder Gewerbes

– bei der Planung, Leitung oder Ausführung

– eines Vorhabens, technische Einrichtungen in ein Bauwerk einzubauen oder eingebaute Einrichtungen dieser Art zu ändern

– gegen die allgemein anerkannten Regeln der Technik verstößt und

– dadurch Leib oder Leben eines anderen gefährdet.

Gemäß § 319 Abs. 3 StGB ist auch die **fahrlässige Gefährdung** strafbar.

878   Die wesentlichen **Tatbestandsvoraussetzungen** lassen wie folgt gestrafft darstellen:

– **Bauplaner** sind z.B. der planende Architekt und der Statiker.

– **Bauleiter** ist derjenige, der die Errichtung des Baus als Ganzes bestimmt. Dabei kommt es auf die tatsächlichen Verhältnisse an. Der **Bauherr** wird z.B. in der Regel nicht Bauleiter im Sinne des § 319 StGB sein, da er normalerweise auf die technische Ausführung in der Regel nur wenig Einfluss nimmt, gleiches gilt nach der Rechtsprechung auch für bauleitende Architekten und wahrscheinlich auch für Projektsteuerer. In der Hauptsache sind Bauleiter im Sinne des § 319 StGB die Verantwortlichen bei den ausführenden Unternehmen.

– **Bauausführende** sind diejenigen, die bei der Ausführung des Baus mitwirken, also grundsätzlich jeder auf der Baustelle Tätige. Jeder ist dabei
für seinen Pflichten- und Aufgabenkreis verantwortlich.

– Weitere Voraussetzung ist, dass für die konkrete Arbeit überhaupt
anerkannte Regeln der Technik existieren. Bei einfachen Arbeiten geringen Umfanges ist dies meist nicht der Fall. Die DIN-Normen sind
grundsätzlich ein Anhaltspunkt dafür, was derzeit zu den anerkannten
Regeln der Technik gehört. Gleiches gilt für die Unfallverhütungsvor-
schriften der Berufsgenossenschaften.

– Technische Einrichtungen im Sinne des § 319 Abs. 2 StGB sind z.B.
Aufzüge, Kühlanlagen, Klimaanlagen etc.

Als **Rechtsfolge** drohen nach § 319 StGB bis zu fünf Jahre Haft oder   879
Geldbußen.

2. Weitere Strafvorschriften

Außer im StGB gibt es noch eine Reihe von anderen Gesetzen und Ver-   880
ordnungen, die Straf- und Ordnungswidrigkeitstatbestände enthalten.
Nachfolgend nur eine kurze **Auswahl**:   881

– Im Steuerrecht enthält die Abgabenordnung (**AO**) eine Reihe von
strafbewehrten Vorschriften.

– Verstöße gegen das **ArbSchG** können nach §§ 25, 26 ArbSchG ver-
folgt werden. Auch einige Verordnungen, die auf der Grundlage des
ArbSchG erlassen wurden enthalten solche Vorschriften, so z.B. § 7
BaustellV.

– Aus dem **StGB** sind noch die Vorschriften über Insolvenzstraftaten,
§§ 282 ff. StGB besonders zu erwähnen.

III. Bauträgerrecht

Bauträger sind seit vielen Jahren in einer Reihe von Spielarten am Markt   882
tätig. Die Makler- und Bauträgerverordnung (**MaBV**) ist eine Reaktion
auf stattgefundenen oder befürchteten Missbrauch mit den Mitteln der
Auftraggeber des Baubetreuers, die oftmals existentiell von der Durchführung des Baubetreuungsvertrages abhängen. Das BGB enthält in § 650u f.
BGB ebenfalls Regelungen zum Bauträgervertrag

883   **Bauträger** ist, wer

– im eigenen Namen

– auf eigene Rechnung oder Rechnung des Auftraggebers

– auf eigenem oder einem Dritten gehörenden Grundstück

– ein Haus oder eine Eigentumswohnung

– zum Zwecke der Veräußerung errichtet.

Nach § 650u Abs. 1 BGB ist ein **Bauträgervertrag** ein Vertrag, der die Errichtung oder den Umbau eines Hauses oder eines vergleichbaren Bauwerks zum Gegenstand hat und der zugleich die Verpflichtung des Unternehmers enthält, dem Besteller das Eigentum an dem Grundstück zu übertragen oder ein Erbbaurecht zu bestellen oder zu übertragen. Gemäß § 34c Abs. 1 Nr. 2 a) GewO braucht ein solcher Bauträger eine **Erlaubnis**, um sein Gewerbe zu betreiben, wenn er für die Durchführung des Bauvorhabens **Vermögenswerte** der Auftraggeber verwendet. Eine solche Erlaubnis ist nicht notwendig, wenn der Bauträger keine Vermögenswerte seiner Auftraggeber verwenden will, also insbesondere keine Vorauszahlungen verlangen will.

884   Von anderen **Bauunternehmern** unterscheidet sich der Bauträger dadurch, dass er nicht auf dem Grundstück des Auftraggebers baut und dem Auftraggeber neben der Bauleistung auch das Eigentum oder ein Erbbaurecht am Grundstück verschaffen muss. Für die Ausführung der Bauleistungen gelten die Regelungen für Werk- und Bauverträge.

885   Der Auftraggeber (nachfolgend **Erwerber**) ist verpflichtet, das Bauwerk mit Grundstück nach schlüsselfertiger Errichtung zu erwerben und den vereinbarten Preis zu zahlen.

886   Aufgrund des engen Zusammenhangs von Grundstückskaufvertrag und der Vereinbarung über die Bauleistungen müssen beide Vereinbarungen gemeinsam oder getrennt voneinander notariell **beurkundet** werden. Ohne Einhaltung dieser Form ist der Vertrag insgesamt nichtig.

887   Der Bauträger, der Vermögenswerte seiner Auftraggeber für das Bauvorhaben verwenden will, darf diese nur unter bestimmten, engen Voraussetzungen entgegennehmen. Nach § 2 Abs. 1 MaBV muss er dem Erwerber **Sicherheit** leisten. Weitere Voraussetzungen sind in § 3 Abs. 1 MaBV näher beschrieben und beinhalten u.a. die Eintragung einer den Erwerber sichernden Vormerkung und die Sicherung der Lastenfreistellung. Außerdem darf der Bauträger nur die in § 3 Abs. 2 MaBV beschriebenen Raten verlangen.

888   Für **Abschlagszahlungen** gilt nach § 650v BGB die auf Grundlage des EGBGB erlassene „Verordnung über Abschlagszahlungen bei Bauträgerverträgen". Diese bestimmt im Wesentlichen, dass Bauträger von ihren

Erwerbern Abschlagszahlungen entsprechend den Raten des § 3 Abs. 2 MaBV fordern können, sofern die Voraussetzungen des § 3 Abs. 1 MaBV (Eigentumsvormerkung etc.) vorliegen. Weitergehende Sicherheiten als nach § 2 Abs. 1 MaBV muss der Bauträger für diese Abschlagszahlungen nicht stellen. Es gelten u.a. auch die Regelungen des § 650m Abs. 2, 3 BGB mit den Anforderungen an eine **Sicherheit**, sofern der Auftragnehmer nicht nach der genannten Verordnung abrechnet.

14. Teil
Grundsätze des Bauprozesses

Um Enttäuschungen bei Bauprozessen vorzubeugen, muss man sich kurz **889** vor Augen halten, welche Schwierigkeiten ein Bauprozess für Richter und Rechtsanwälte mit sich bringt. Bei technischen Sachverhalten müssen Rechtsanwälte versuchen, Richtern die entscheidenden Tatsachen und Probleme zu vermitteln, Richter müssen dann den Fall entscheiden – dabei verfügen beide in der Regel nicht über eine technische Ausbildung. Und oft sind sich auch Fachleute und Sachverständige nicht einig über die Anwendung und Auslegung von technischen Regeln – wenn sie sich überhaupt ermitteln lassen. Daher sollte man bei unvermeidbaren Prozessen frühzeitig den Streitstoff konzentrieren und die Prozessrisiken fortlaufend im Auge behalten.

Aus berufenem Mund ist zu Bauprozessen zu hören: **890**

> **Hinweis:**
> *„Die Statistik beweist, dass Bauprozesse nach wie vor zu den kostenspieligsten, schwerfälligsten und dementsprechend auch längsten Prozessen zählen." (Werner/Pastor, Der Bauprozess, 13. Aufl., Rdnr. 568).*
>
> *„In Bausachen sollte ein Vergleich das primäre Ziel des Prozesses sein." (Kniffka/Koeble, Kompendium, 4. Auflage, 18. Teil, Rdnr. 53)*

I. Vorbereitung des Prozesses

Jeder, der sich mit Baurecht in der Praxis beschäftigt, weiß, dass jedes **891** Bauvorhaben eine Reihe von Meinungsverschiedenheiten mit sich bringt. Viele dieser kleinen oder großen Auseinandersetzungen kann man einvernehmlich und außergerichtlich beenden und gemeinsam eine Lösung finden. Leider gelingt dies nicht immer und es bleibt für eine Seite nur die Wahl, auf ihre Rechte zu verzichten oder gerichtliche Hilfe in Anspruch zu nehmen.

Bauprozesse sind bei Gerichten nicht besonders beliebt. Oft erreichen **892** die Akten einen großen Umfang, da beide Parteien zu einer Vielzahl von einzelnen Punkten vortragen müssen. Anders als z.B. bei gesellschaftsrechtlichen Fragen müssen sich die Richter in einem technischen Gebiet bewegen, von dem sie meist wenig verstehen. Anwälte stehen vor ähnlichen Problemen. Wenigstens sofern sie auf Bausachen spezialisiert sind, können sie aufgrund ihrer Erfahrung besser mit diesen Anforderungen umgehen.

893   Natürlich ist es möglich, einen Bauprozess zu führen. Wichtige Voraussetzungen für eine erfolgversprechende Vorbereitung eines solchen Prozesses sind:

– Saubere **Dokumentation** während der Baudurchführung. Nur aufgrund einer sauberen Dokumentation ist festzustellen, wo die Risiken eines Prozesses liegen. Ohne ausreichende Informationen kann der Vortrag in den Schriftsätzen auch nicht deutlich genug sein. Wenn es z.B. um mündliche Zusagen oder Vereinbarungen geht, muss man vor Gericht Zeit, Ort, Teilnehmer und den genauen Inhalt des Gespräches benennen können. Ohne diese Angaben sinken die Chancen, sich auf eine mündliche Zusage oder Vereinbarung berufen zu können, ganz erheblich.

– **Abschichten** von Problemen im Vorfeld, um nur wirklich strittige Fragen vor Gericht zu bringen. Im Einzelfall ist zu prüfen, ob man sich Äußerungen und Meinungen der Gegenseite zu eigen machen kann.

– Es kann sich im Einzelfall empfehlen, außergerichtliche **Gutachten** einzuholen. Ein solches Parteigutachten ist strenggenommen kein Beweismittel vor Gericht. Als solches gelten u.a. vom Gericht eingeholte Gutachten. Ein Parteigutachten kann aber helfen, den Eindruck zu beseitigen, man klage „aus dem Bauch heraus" oder nur, um irgendwie um jeden Preis eine Zahlung zu vermeiden. Außerdem hat das Gericht eine bessere Grundlage für Vergleichsvorschläge und die Parteien haben eine bessere Entscheidungsgrundlage. Darüber hinaus kann ein Parteigutachten hilfreich sein, wenn das vom Gericht eingeholte Gutachten zu einem anderen Ergebnis kommt. Das Parteigutachten ist dann als Vorbringen der Partei zu werten und kann dazu beitragen, dass das Gericht eine Ergänzung des gerichtlichen Gutachtens anfordert oder sogar einen weiteren Gutachter beauftragt.

– Als letztes sei noch auf einige Selbstverständlichkeiten hingewiesen. In keinem anderen Wirtschaftszweig werden so viele **mündliche** Verträge geschlossen oder Verträge mündlich abgeändert (z.B. durch Anordnungen auf der Baustelle) – und das vor dem Hintergrund, dass es bei Bauaufträgen fast immer um erhebliche Auftragswerte geht. Die **Beweisschwierigkeiten** werden hierdurch für beide Seiten potenziert. In keinem anderen Wirtschaftszweig achten Auftragnehmer so sehr darauf, es sich mit dem Bauherren nicht zu verderben. Es muss nicht immer zum Streit führen, wenn man auf seinem guten Recht besteht! Auch Auftraggeber müssen verstehen, dass es etwa legitim ist, wenn der Auftragnehmer eine Sicherheit nach § 650f BGB verlangt (so auch BGH v. 23.11.2017, VII ZR 34/15). Viele Unternehmen werden wegen eines einzigen, großen misslungenen Auftrages insolvent! An die Stelle undokumentierter und von falsch verstandener Rücksichtnahme geleiteter Wurstelei muss in vielen Unternehmen ein professioneller Umgang miteinander treten. Dies würde bereits dazu führen, noch mehr Prozesse zu vermeiden und die unvermeidlichen Prozesse zu vereinfachen.

II. Grundsätze des Prozessrechts

Nachfolgend werden einige wesentliche **Grundsätze** des Prozessrechts sowie der **Instanzenzug** dargestellt. 894

1. Beweislast

Im Streit zwischen Privatpersonen vor den Zivilgerichten berücksichtigen 895 die Gerichte grundsätzlich nur die Tatsachen, die ihnen von den Parteien vorgetragen werden. Sie ermitteln also **nicht** von Amts wegen wie Staatsanwaltschaften. Deswegen muss jede Partei grundsätzlich die für sie günstigen Tatsachen vortragen. Tatsachen, die eine Partei vorträgt und von der anderen Seite nicht bestritten wird, muss ein Gericht als wahr hinnehmen.

Die Gegenseite wird den Vortrag oft bestreiten. In diesem Moment 896 stellt sich für das Gericht die Frage, wer für diesen bestrittenen Vortrag die **Beweislast** trägt und ob die betroffene Partei ausreichend vorgetragen hat. Für Anwälte und Parteien stellt sich diese Frage natürlich schon viel früher, jetzt allerdings kann die Antwort entscheidend für den Ausgang des Verfahrens sein. Je nach Lage erhebt das Gericht Beweis oder es berücksichtigt bestimmten Vortrag nicht, weil die betroffene Partei ihrer Beweispflicht nicht nachgekommen ist.

Hinweis: 897
Eine **Beweiserhebung** kommt nur dann in Frage, wenn Vortrag:
– entscheidungserheblich
– und strittig ist
– und die beweispflichtige Partei Beweis angeboten hat.

Das Gericht wird also keinen Beweis erheben, wenn nur die Seite Beweis angeboten hat, die nicht beweispflichtig ist. Der von dieser Seite angebotene Beweis kann nur im Rahmen des **Gegenbeweises** erhoben werden.

Ist also ein Tatsachenvortrag entscheidend für den Ausgang des Verfahrens und bestreitet die Gegenseite diesen Vortrag, kann das Gericht keinen Beweis erheben, wenn die beweispflichtige Partei keinen anbietet. Die Folge ist, dass das Gericht die von der beweispflichtigen Partei vorgetragenen Tatsachen nicht berücksichtigen darf.

898 Die gleiche Folge hat es, wenn in der Beweisaufnahme der zu beweisenden Vortrag nicht nachgewiesen werden kann, aus welchen Gründen auch immer. Auch diesen Sachverhalt kann ein Gericht nicht zugunsten dessen berücksichtigen, der beweispflichtig ist.

899 Deswegen ist die Frage der Beweislast entscheidend dafür, welche **Risiken** ein Prozess hat: Kann eine Partei für alle Tatsachen Beweis anbieten, für die sie beweispflichtig ist? Sind die vorhandenen Beweismittel wirklich geeignet, die behauptete Tatsache zu beweisen? Ist ein bestimmter Ausgang der Beweisaufnahme vorhersehbar? Die bei der Beantwortung dieser Fragen erkennbaren Risiken sollte jeder bereits im Vorfeld von Prozessen abwägen.

2. Ausschluss wegen Verspätung

900 Der „Kampf" vor Gericht unterliegt bestimmten formalen Regelungen. Hinter diesen formalen Regelungen stehen mehrere Prinzipien, die teilweise miteinander kollidieren. Ein solcher Konflikt ist besonders häufig: Der Zivilrichter soll einerseits für Rechtsfrieden und Gerechtigkeit sorgen, zum anderen darf das Verfahren nicht verzögert werden. Konflikte zwischen diesen beiden Zielen gibt es immer dann, wenn eine Partei in einer späten Phase des Verfahrens neue Tatsachen vorträgt oder neue Beweismittel anbietet. Berücksichtigt der Richter diesen Vortrag, dient dies wahrscheinlich der Gerechtigkeit – aber das Verfahren wird verzögert. Hinhalte- und Verschleppungstaktiken muss aber entgegengewirkt werden. Die ZPO sieht daher vor, dass **verspäteter Vortrag** nur unter bestimmten Voraussetzungen berücksichtigt werden muss.

901 Der vom Gesetzgeber eingeschlagene Weg ist in seiner Reinform ausgewogen und zwingt eigentlich nicht dazu, so früh wie möglich alles auch nur irgendwie möglicherweise Entscheidungserhebliche vorzutragen. Die Handhabung durch die Gerichte sieht oft anders aus. Angesichts des Umfanges von Bausachen erscheinen Richter manchmal froh, wenn sie Teile des Sachvortrages mit dem Argument des verspäteten oder unvoll-

ständigen Vortrages „loswerden" können. Der vorsichtige und sorgfältige Anwalt wird daher von Anfang an sehr ausführlich und umfangreich vortragen. Damit schließt sich aber ein Teufelskreis, weil genau dieser ausführliche Vortrag dazu führt, dass der Umfang der Prozessakten zunimmt und die Gerichte mit allen Mitteln versuchen müssen, die Sache handhabbar zu halten.

In der **ersten Instanz** bleibt es grundsätzlich dabei, dass alle Angriffs- 902 und Verteidigungsmittel grundsätzlich so früh als möglich vorgebracht werden sollen. Werden bestimmte Tatsachen oder Angriffsmittel zu spät vorgetragen, kann es dazu kommen, dass ein Gericht diesen Vortrag wegen Verspätung nicht berücksichtigt. Abgesehen von diesem möglichen Problem kann jede Partei alles ihr günstige vortragen, Rechtsauffassungen können z.B. zu jedem Zeitpunkt während des Prozesses ohne Risiko der Verspätung vorgetragen werden.

In der **Berufung** wird neuer Vortrag nur noch zugelassen 903

– betreffend einen Gesichtspunkt, der vom erstinstanzlichen Gericht erkennbar **übersehen** oder für unerheblich gehalten worden ist,

– sofern er infolge eines **Verfahrensmangels** nicht geltend gemacht wurde (z.B. wegen eines Verstoßes gegen die nachstehend beschriebene Hinweispflicht);

– der nicht geltend gemacht wurde, **ohne** dass dies auf Nachlässigkeit der Partei beruht.

3. Hinweispflichten des Gerichts

Die ZPO enthält in § 139 ZPO eine **Hinweispflicht** der zuständigen Rich- 904 ter. Diese Hinweise sollen dazu beitragen, dass eine Partei nicht nebensächliche Dinge über die Maßen betont, vor allem aber nicht bei wichtigen Dingen zu wenig vorträgt. Denn das Gericht kann eben grundsätzlich nur das berücksichtigen, was die Parteien selber vortragen. Bei von der Partei erkennbar übersehenen/für unwichtig gehaltenen Punkten soll der Hinweis dazu dienen, der Partei vertieften Vortrag zu ermöglichen und sie so vor einer überraschenden Entscheidung zu schützen.

Durch die Hinweise des Gerichts sollen die Parteien die Möglichkeit 905 haben, „maßgeschneidert" vorzutragen. Es ist deswegen wichtig und im Gesetz ausdrücklich vorgesehen, dass die Hinweise des Gerichts **so früh wie möglich** erfolgen. In der Praxis wird diese Hinweispflicht sehr unterschiedlich wahrgenommen. Manche Richter verschicken einige Zeit vor der mündlichen Verhandlung mehrseitige Hinweise, andere machen im Protokoll der mündlichen Verhandlung eher kursorische Ausführungen.

906   Die erteilten Hinweise sind vom Gericht **aktenkundig** zu machen, dies dient dem Nachweis. Der Beweis, ob ein Hinweis erteilt oder nicht erteilt wurde, ist entgegen den Gerichtsakten nur möglich, wenn die Fälschung der Gerichtsakten nachgewiesen wird.

4. Anwaltszwang

907   Bei der Frage, ob ein gerichtliches Verfahren **ohne Anwalt** geführt werden kann, muss man sich vor allem darauf konzentrieren, vor welchem Gericht das Verfahren stattfindet. Vor Amtsgerichten kann jeder auch ohne anwaltliche Hilfe auftreten. Handelt es sich um Verfahren vor einem Landgericht, einem Oberlandesgericht oder dem Bundesgerichtshof, so muss man fast immer einen Anwalt beauftragen, § 78 ZPO.

908   Es gibt jedoch einige, teilweise auch sehr praxisrelevante **Ausnahmen**. Immer dann, wenn man eine bestimmte prozessuale Erklärung nach der ZPO auch zu **Protokoll** einer Geschäftsstelle erklären kann, muss man nicht zwingend einen Anwalt beauftragen. Dies wird von der ZPO z.B. zugelassen:

– bei Anträgen auf Durchführung eines **selbständigen Beweisverfahrens**. Nur wenn es zu einer mündlichen Verhandlung über den Antrag kommt und diese Verhandlung vor dem Landgericht stattfinden, muss man sich anwaltlich vertreten lassen. Dies ist allerdings nach Erfahrung der Verfasser sehr oft der Fall.

– bei Anträgen auf Erlass von **einstweiligen Verfügungen**. Der Auftragnehmer kann beispielsweise selber den Antrag stellen, dass für ihn eine Vormerkung betreffend eine Sicherheit nach § 650e BGB (vgl. oben Rdnr. 588 ff.) eingetragen wird.

– bei der **Streitverkündung**.

909   Die Streitverkündung ist dann sinnvoll, wenn der Bauherr nicht sicher ist, welches der von ihm beauftragten Unternehmen die Mängel zu vertreten hat (graphisch ist dies oben in Rdnr. 710 erläutert).

Die Streitverkündung ist dann sinnvoll, wenn der **Generalunternehmer** die vom Bauherrn bemängelten Leistungen durch den Subunternehmer ausführen ließ.

Die Streitverkündung ist ein wichtiges Mittel, um andere, **Dritte** an das Ergebnis eines Verfahrens zu binden. In einem Verfahren zwischen dem Bauherren und einem Generalunternehmer kann der Generalunternehmer seinen Subunternehmern den Streit verkünden. Stellt das Gericht jetzt fest, dass der Generalunternehmer mangelhaft gearbeitet hat, kann ein Subunternehmer nicht behaupten, die entsprechende Leistung sei mangelfrei. Er kann natürlich beispielsweise weiterhin sagen, er habe die betroffene Leistung nicht erbracht, sich auf Verjährung berufen etc. Aber das Vorhandensein des Mangels, der oft erst durch teure und langwierige Sachverständigengutachten nachzuweisen ist, steht ihm gegenüber fest.

Die Möglichkeit der Streitverkündung ohne anwaltlichen Beistand ist vor allem dann interessant, wenn derjenige, der den Streit verkünden will, selber nur durch eine Streitverkündung an einem Verfahren beteiligt ist. Um im Beispiel zu bleiben: Verkündet der Generalunternehmer seinem Subunternehmer den Streit, kann dieser wiederum seinen (Sub-) Subunternehmer den Streit verkünden, ohne dass Anwaltskosten anfallen.

Auch dann, wenn es aus rechtlichen Gründen nicht zwingend erforder- **910** lich ist, sollte man es sich aber genau überlegen, ob man nicht doch einen Anwalt beauftragt. Gerichtsverfahren haben nun einmal ihre eigenen „Spielregeln", in denen sich Anwälte in aller Regel besser auskennen. Außerdem können sie den Ausgang eines Verfahrens oft besser abschätzen, da sie beispielsweise das Gericht oder den Sachverständigen kennen. Anwälte stehen der Sache auch erst einmal unbefangen gegenüber und können daher mit einer gewissen Distanz beraten. Und nicht ganz selten ist es auch von großem Vorteil, dass Anwälte zwingend eine Haftpflichtversicherung haben. Für Fehler, die man selber macht, muss man selber zahlen – für nachgewiesene Fehler des Anwaltes zahlt seine Haftpflicht.

III. Instanzenzug für Hauptsacheklagen

Für Bauprozesse gibt es im grundsätzlich **zwei Instanzenzüge**: Einer läuft **911** über das Amtsgericht, der andere beginnt beim Landgericht. Die nachfolgende Darstellung der Instanzenzüge betrifft nur die üblichen Streitigkeiten in Bauverfahren, also Streitigkeiten wegen Mängeln, Herausgabe von Sicherheiten, Zahlung etc. Sondervorschriften für familienrechtliche oder sachenrechtliche Streitigkeiten werden nicht betrachtet.

Bei welchem Gericht der jeweilige Prozess beginnt, hängt vom **912** **Streitwert** und vom **Gegenstand** ab. Bei **Streitwerten** bis einschließlich € 5.000,00 ist das Amtsgericht zuständig, bei allen Streitwerten ab einschließlich € 5.000,01 das Landgericht. Eine Zuständigkeit der Landgerichte besteht außerdem, wenn es in dem Verfahren um das **Anordnungsrecht des Auftraggebers nach § 650b BGB und die Höhe des Vergütungsanspruches nach § 650c BGB** infolge einer Anordnung des Auftraggebers geht. Bei diesen Ansprüchen kommt auch eine einstweilige Verfügung in Frage (vgl. dazu unten Rdnr. 925 f.)

1. Ermittlung des Gegenstandswertes

913   Der Streitwert bei Zahlungsklagen bestimmt sich nach der Höhe der geltend gemachten Forderung und bei Klagen wegen Gewährleistungsansprüchen nach der Höhe der geltend gemachten Forderung, also z.b. bei einer Klage wegen Minderung nach dem geltend gemachten Minderwert.

2. Instanzenzug ab dem Amtsgericht

914   Verfahren mit einem Streitwert von bis zu € 5.000,00 und solchen, in denen es nicht um das **Anordnungsrecht** nach § 650b BGB und eine **Vergütungsanpassung** gemäß § 650c BGB nach einer solchen Anordnung geht, werden grundsätzlich beim **Amtsgericht** geführt. Das Gesetz gibt jedoch mittlerweile den Bundesländern die Möglichkeit, Gütestellen einzurichten und dort sog. **Güteverfahren** durchzuführen. Existiert in einem Bundesland eine solche Gütestelle, muss man zuerst die Gütestelle anrufen, bevor man Klage erheben kann.

In Ländern, in denen **keine** Gütestellen existieren, kann das Amtsgericht natürlich angerufen werden, ohne dass vorher ein Güteverfahren durchzuführen ist.

915   Das Hauptsacheverfahren vor dem Amtsgericht wird – wenn es nicht zu einem Vergleich oder einer Klagerücknahme kommt – durch das Urteil beendet.

916   Ob man die Möglichkeit einer **Berufung** erhält, hängt erst einmal von der **Beschwer** ab. Die Beschwer einer Seite ist grob gesagt der Teil des eingeklagten Anspruches, mit dem sie keinen Erfolg hatte und wird nach den gleichen Grundsätzen wie der Gegenstandswert ermittelt. Die Berufung ist automatisch zulässig, wenn die Beschwer über € 600,00 liegt. Unterhalb dieser Beschwer ist eine Berufung nur nach ausdrücklicher **Zulassung** durch das erstinstanzliche Gericht zulässig. Die Berufung ist zuzulassen, wenn

– die Rechtssache grundsätzliche Bedeutung hat oder
– die Fortbildung des Rechts oder die Sicherung einer einheitlichen Rechtsprechung eine Entscheidung des Berufungsgerichts erfordert.

Das Berufungsgericht ist an die Zulassung gebunden.

917   Das **Berufungsverfahren** wegen Urteilen des Amtsgerichts wird grundsätzlich vor dem Landgericht durchgeführt.

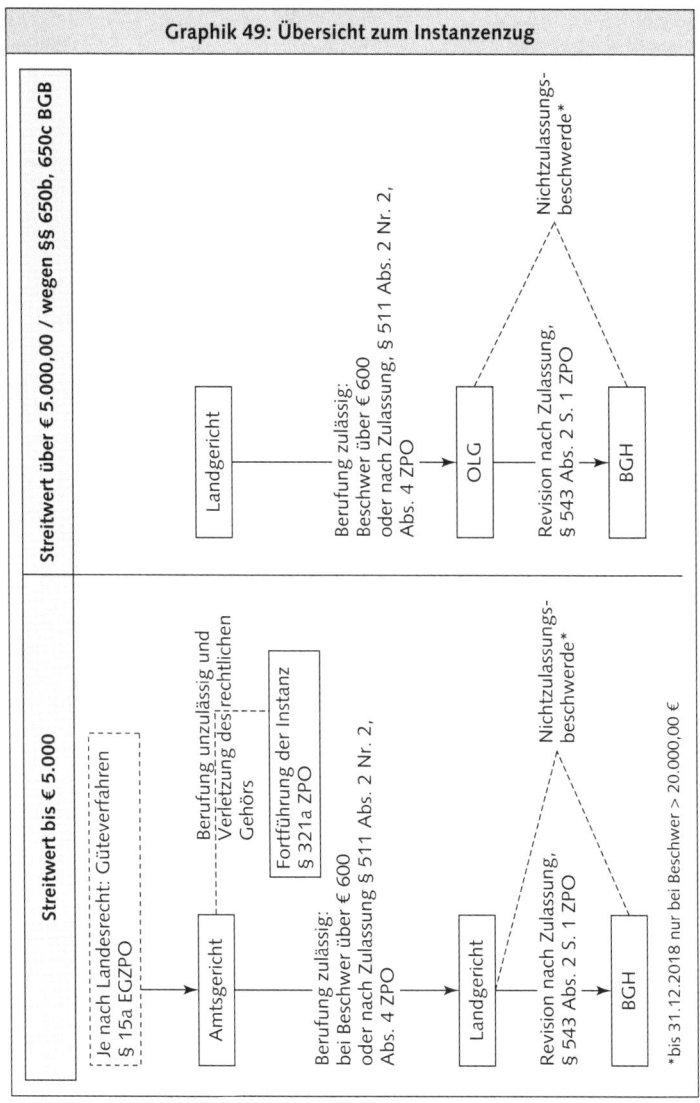

Graphik 49: Übersicht zum Instanzenzug

Allerdings gibt es außer der Berufung noch eine weitere Möglichkeit, **918**
das Verfahren weiterzuführen. Wenn die Berufung unzulässig ist **und**

in der ersten Instanz das rechtliche Gehör verletzt war, kann die erste Instanz nach § 321a ZPO fortgeführt werden. Dies soll u.a. dazu dienen, das Bundesverfassungsgericht vor einer erklecklichen Anzahl von Verfassungsbeschwerden zu bewahren.

919   Es gibt auch die Möglichkeit, gegen zweitinstanzliche Urteile des LG (bei entsprechender Zuweisung auch gegen Urteile des OLG) **Revision** einzulegen. Die Revision muss im Urteil des Berufungsgerichtes zugelassen sein. Nach § 543 Abs. 2 ZPO ist die Revision zuzulassen, wenn

– die Rechtssache grundsätzliche Bedeutung hat oder

– die Fortbildung des Rechts oder die Sicherung einer einheitlichen Rechtsprechung eine Entscheidung des Revisionsgerichts erfordert.

920   Wird die Revision nicht zugelassen, besteht die Möglichkeit, Nichtzulassungsbeschwerde einzureichen und die Zulassung zu erreichen. Das Verfahren über diese Nichtzulassungsbeschwerde findet vor dem BGH statt und verhindert ebenfalls, dass das zweitinstanzliche Urteil rechtskräftig wird.

Bis 31.12.2018 ist die Nichtzulassungsbeschwerde allerdings nur zulässig, wenn die Beschwer 20.000,00 € übersteigt, § 544 ZPO, § 26 Nr. 8 EGZPO.

3. Instanzenzug für Streitwerte oberhalb € 5.000,00

921   Klagen mit Streitwerten oberhalb € 5.000,00 und solchen, in denen es um das **Anordnungsrecht** nach § 650b BGB und eine **Vergütungsanpassung** gemäß § 650c BGB nach einer solchen Anordnung geht, müssen zu den **Landgerichten** eingereicht werden, wo das erstinstanzliche Verfahren durchgeführt wird. Ein außergerichtliches Güteverfahren gibt es nicht.

922   Eine **Berufung** ist immer dann zulässig, wenn die Beschwer der unterlegenen Partei € 600,00 übersteigt. Darüber hinaus besteht auch bei geringerer Beschwer für das Landgericht die Möglichkeit, die Berufung zuzulassen. Nach § 511 Abs. 4 ZPO ist die Berufung zuzulassen, wenn

– die Rechtssache grundsätzliche Bedeutung hat oder

– die Fortbildung des Rechts oder die Sicherung einer einheitlichen Rechtsprechung eine Entscheidung des Berufungsgerichts erfordert.

Die Berufung wird zwingend vor den **Oberlandesgerichten** durchgeführt.

923   Gegen Berufungsurteile der Oberlandesgerichte ist die **Revision** möglich, wenn sie im Urteil **zugelassen** ist. Nach § 543 Abs. 2 ZPO ist die Revision zuzulassen, wenn

- die Rechtssache grundsätzliche Bedeutung hat oder
- die Fortbildung des Rechts oder die Sicherung einer einheitlichen Rechtsprechung eine Entscheidung des Revisionsgerichts erfordert.

Wenn das Oberlandesgericht die Revision nicht zulässt, kann sich die Partei, die Revision einlegen will, mit der Nichtzulassungsbeschwerde gegen diese Entscheidung wehren. Das Verfahren über diese Nichtzulassungsbeschwerde findet vor dem BGH statt und verhindert ebenfalls, dass das zweitinstanzliche Urteil rechtskräftig wird. Eine **automatische** Zulässigkeit der Revision ab einer bestimmten Beschwer kennt die ZPO nicht.

    Nach einer inzwischen mehrfach verlängerten Regelung ist bis zum 31.12.2018 die Nichtzulassungsbeschwerde allerdings nur zulässig, wenn die Beschwer 20.000,00 € übersteigt.   **924**

IV. Einstweiliger Rechtsschutz

Gegenstand von Verfahren des einstweiligen Rechtsschutzes sind bisher vor allem die Eintragung einer Vormerkung auf Sicherungshypothek, vermutlich werden im Hinblick auf § 650d BGB zukünftig auch Verfahren wegen Anordnungen aus § 650b BGB und Vergütungsanpassung nach § 650c BGB durchgeführt werden.   **925**

    Die in solchen Verfahren angestrebte einstweilige Verfügung gibt, wie der Name schon sagt, nur einen einstweiligen Rechtsschutz. Es kann sich also ein ordentliches Verfahren anschließen.   **926**

    Die erstinstanzliche Zuständigkeit liegt bei dem örtlich zuständigen Amts- bzw. Landgericht, abhängig vom Streitwert sowie wegen Anordnungen aus § 650b BGB und Vergütungsanpassung nach § 650c BGB ausschließlich beim Landgericht.   **927**

    Über den Antrag auf einstweilige Verfügung wird praktisch immer durch Beschluss ohne mündliche Verhandlung entschieden. Als Mittel der Glaubhaftmachung dienen vor allem eidesstattliche Erklärungen. In einer mündlichen Verhandlung kann es auch zur Vernehmen anwesender Zeugen kommen.   **928**

    Eine endgültige Regelung und insbesondere eine Zahlung könne nach gefestigter Rechtsprechung im einstweiligen Rechtsschutz nur ausnahmsweise erreicht werden. Es ist davon auszugehen, dass für den Baubereich keine Ausnahmen gemacht werden, dass also z.B. bei Streit um eine Vergütungsanpassung im Zweifel nur über den Rechtsgrund, nicht aber über die Höhe und einen daraus resultierenden Zahlungsanspruch entschieden wird.   **929**

930   Wird die einstweilige Verfügung erlassen, muss der Antragsteller für die Zustellung an den Antragsgegner sorgen. Der Antragsgegner kann gegen die Verfügung Widerspruch einlegen. Dann kommt es zu einer mündlichen Verhandlung vor dem erstinstanzlichen Gericht und die Entscheidung ergeht in Urteilsform. Gegen dieses Urteil ist die Berufung möglich. Eine Revisionsmöglichkeit gibt es im einstweiligen Rechtsschutz nicht.

931   Wird die einstweilige Verfügung auch in der Berufungsinstanz aufrechterhalten, kann der Antragsgegner einen Antrag stellen, dass gegenüber dem Antragsteller die Klageerhebung angeordnet wird. Dann muss der Antragsteller innerhalb der vom Gericht gesetzten Frist eine Hauptsacheklage erheben. Tut er dies nicht, wird die einstweilige Verfügung aufgehoben. Dieses Verfahren wird wiederum vor dem erstinstanzlich zuständigen Gericht zu führen, ggf. mit einer Berufungs- und einer Revisionsinstanz.

932   Wird der Antrag auf Erlass der einstweiligen Verfügung erstinstanzlich durch Beschluss ohne mündliche Verhandlung zurückgewiesen, kann der Antragsteller sofortige Beschwerde einlegen. Erfolgt die Zurückweisung nach Widerspruch des Antragsgegners und folgender mündlicher Verhandlung durch Urteil, kann der Antragsteller in Berufung gehen.

Sachregister

Sachregister

Sachregister

Sachregister

Sachregister